DE LA

RÉHABILITATION

EN

MATIÈRE PÉNALE ET DISCIPLINAIRE

Histoire et droit comparé

Étude théorique et pratique de la réhabilitation judiciaire
et de la réhabilitation de plein droit

PAR

Paul REUTENAUER

DOCTEUR EN DROIT

JUGE SUPPLÉANT AU TRIBUNAL CIVIL DE BEAUNE

PARIS

MARCHAL & BILLARD

IMPRIMEURS-ÉDITEURS, LIBRAIRES DE LA COUR DE CASSATION

Maison principale : Place Dauphine, 27
Succursale : Rue Soufflot, 7

1900

DE LA RÉHABILITATION

EN

MATIÈRE PÉNALE ET DISCIPLINAIRE

DE LA

RÉHABILITATION

EN

MATIÈRE PÉNALE ET DISCIPLINAIRE

Histoire et droit comparé

Etude théorique et pratique de la réhabilitation judiciaire
et de la réhabilitation de plein droit

PAR

Paul REUTENAUER

DOCTEUR EN DROIT

JUGE SUPPLÉANT AU TRIBUNAL CIVIL DE BÉAUNE

PARIS

MARCHAL & BILLARD

IMPRIMEURS-ÉDITEURS, LIBRAIRES DE LA COUR DE CASSATION

Maison principale : Place Dauphine, 27
Succursale : Rue Soufflot, 7

1900

AVANT-PROPOS

DÉFINITION DE LA RÉHABILITATION
PLAN DE CETTE ÉTUDE

Au sens étymologique, la réhabilitation *(re-habi-lis)* consiste dans le fait de restituer à une personne une capacité qu'elle a perdue ; elle suppose une privation de droits, une *dégradation juridique* qu'elle a pour but de faire disparaître.

Un individu a commis une infraction grave, le jugement prononcé contre lui donne la preuve légale de sa perversité : à titre de peine et surtout pour protéger les tiers contre les actes indélicats auxquels on redoute qu'il ne se livre, il peut se voir enlever la jouissance de certains droits civils ou politiques considérés comme l'apanage de la probité et de l'honneur. Mais que, par un retour au bien sur la sincérité duquel il ne puisse s'élever aucun doute, le condamné vienne à détruire cette présomption d'immoralité, que, par les efforts d'une honnêteté soutenue, il rachète sa faute et se montre digne d'exercer à nouveau les droits dont il a été privé : une loi pénale bien faite devra lui tenir compte de sa bonne conduite et mettre fin à des incapacités désormais sans fondement. A celui qu'elle a frappé, non dans un but de vengeance ni pour lui infliger une flétrissure ineffaçable, mais par mesure de précaution et de défense, la société doit réserver cette justice, quand il a expié, quand il s'est repenti, quand il s'est amendé.

A cet effet originaire de la réhabilitation, notre législation la plus récente est venue en ajouter un autre. Lorsqu'un délinquant, malgré le châtiment subi, commet une nouvelle infraction, cette persistance dans la volonté d'enfreindre la loi commande de le frapper avec plus de rigueur. « *La constance en délict ag-* « *grave le péché* », disaient nos vieux juristes. D'où l'augmentation de la pénalité par suite de la récidive. Mais si le premier avertissement a porté ses fruits, si l'amendement du condamné fait espérer qu'il vivra désormais sans reproches, ne serait-ce pas se montrer trop dur que de le menacer encore d'une répression plus sévère en cas de rechute, et ne vaut-il pas mieux oublier le passé ? Celui qui a dépouillé « le viel homme » ne mérite-il pas d'être traité comme s'il n'avait jamais failli ? On l'a pensé, de sorte qu'aujourd'hui la réhabilitation, effaçant toutes les conséquences pénales de la faute, offre aux condamnés une récompense assez enviable pour que l'espoir de l'obtenir les invite à marcher d'un pas résolu dans la voie largement ouverte de la régénération.

La réhabilitation existait en germe dans la législation romaine ; admise par notre ancien droit, elle y reste une forme de la grâce : c'est le prince qui l'accorde suivant son bon plaisir. Peu à peu cependant l'usage s'établit de la soumettre à des conditions spéciales. L'Assemblée constituante abolit le droit de grâce, mais comprenant toute la puissance moralisatrice de la réhabilitation, elle la maintient, en fait l'œuvre de l'opinion et l'accompagne d'une cérémonie destinée à publier que le condamné vient de « renaître à l'honneur par la pratique de la vertu (1) ».

On vit bientôt l'inconvénient de ces solennités. La réhabilitation se fit alors plus discrète et n'en devint que plus efficace. Son utilité s'accrut à mesure qu'augmenta le nombre des incapacités de toute nature encourues à titre de peines accessoires ou complémentaires. On fut ainsi amené à la rendre plus facile en simplifiant sa procédure et en la soumettant à des conditions moins rigoureuses. Avec la loi du 14 août 1885, elle prend place parmi les mesures préventives destinées à lutter contre la récidive. Enfin, la loi du 26 mars 1891 crée pour les condamnés conditionnels la réhabilitation de plein droit que la loi du 5 août 1899, inspirée par des sentiments trop généreux, étend à des cas beaucoup moins intéressants, au risque de compromettre l'avenir de la réhabilitation judiciaire.

Quoi qu'il en soit, la réhabilitation s'obtient actuellement à la suite de toute condamnation criminelle ou correctionnelle. Les notaires et officiers ministériels destitués y sont également admis (loi du 19 mars 1864). Elle constitue un droit pour le condamné primaire ou récidiviste, lorsqu'il a satisfait aux conditions prescrites. Tantôt elle est accordée par un acte de juridiction gracieuse, œuvre exclusive du pouvoir judiciaire, tantôt elle s'acquiert de plein droit et n'a pas besoin d'être sollicitée Ses conditions et ses effets peuvent se résumer ainsi :

---

(1) Rapport de Le Pelletier-Saint-Fargeau à l'Assemblée constituante, sur le *Projet de Code pénal* (Séance du 1er juin 1791).

1º Conditions. — La réhabilitation suppose :

a) l'expiation, c'est-à-dire l'exécution des condamnations qui ont frappé le délinquant dans sa liberté ou dans ses biens. A l'exécution, on assimile la grâce et la prescription (loi du 10 mars 1898).

b) l'amendement, c'est-à-dire une bonne conduite continuée pendant plusieurs années après l'exécution de la peine ou sa prescription. En règle générale, cette bonne conduite doit être établie par une minutieuse enquête (réhabilitation judiciaire), mais, dans les cas prévus par les lois des 26 mars 1891 et 5 août 1899, l'expiration du délai d'épreuve sans nouvelle condamnation suffit (réhabilitation de plein droit).

2º Effets. — La réhabilitation *efface la condamnation*, mais seulement en ce sens qu'elle fait disparaître *pour l'avenir* toutes les conséquences pénales et toutes les incapacités qui résultaient du jugement.

Ainsi définie, la réhabilitation se distingue de *la revision*, de *l'amnistie* et de *la grâce*, avec lesquelles il importe de la comparer dès maintenant, afin de préciser davantage ses caractères essentiels.

La revision est une mesure de réparation destinée à corriger les erreurs de la justice. Acte de juridiction contentieuse, elle s'en prend, dans des hypothèses limitativement déterminées, au jugement lui-même qu'elle anéantit en proclamant l'innocence méconnue. « Elle attaque le principe et le fondement de l'incapacité, et, dès que l'innocence paraît, non seulement toutes les suites du crime sont effacées de plein droit, mais on juge qu'elles n'ont jamais subsisté (1) ». Tout au contraire, la réhabilitation res-

---

(1) D'Aguesseau, 57º plaidoyer.

pecte le jugement et le maintient avec toutes ses
conséquences dans le passé, elle supprime seulement
ses effets dans l'avenir ; elle se fonde non sur l'innocence du condamné mais sur son amendement.

L'amnistie produit comme la revision un effet
rétroactif. Intervenant à un moment quelconque, soit
avant soit après la condamnation, elle s'oppose à l'application de la loi pénale. On l'a définie : « un acte par
lequel le pouvoir législatif défend de faire ou de con-
tinuer aucunes poursuites, ou bien d'exécuter des
condamnations contre plusieurs personnes coupables,
désignées seulement par le genre de délit qu'elles ont
commis (1) ». En un mot, l'infraction elle-même
disparaît, on la considère fictivement comme n'ayant
jamais existé.

La réhabilitation, loin d'avoir cet effet rétroactif,
n'efface pas le délit et ne peut précéder le jugement ;
elle ne met pas obstacle à l'exercice de l'action publique, elle exige au contraire l'expiation ; elle est accordée enfin non comme une mesure générale et réelle
motivée d'ordinaire par des considérations politiques,
mais comme une mesure spéciale et personnelle déterminée par la bonne conduite du condamné.

De même que la réhabilitation, *la grâce* suit le
jugement et le confirme en quelque sorte ; mais tandis que la première est un droit pour le condamné qui
a expié et donné des preuves suffisantes de régénération, la seconde ne constitue qu'une faveur du pouvoir
exécutif faisant remise, à titre de pure bienveillance,
de tout ou partie de la peine. Elle n'exige d'autres conditions que celles qu'il plaît au chef de l'Etat d'impo-

---

(1) Nouveau Denizart, v° *Amnistie.*

ser ; elle ne peut jamais être réclamée comme un droit. « La grâce suppose que le souverain pardonne, la réhabilitation que le condamné s'est replacé par son repentir dans les rangs de la société (1) ».

Différentes de nature, ces deux institutions se séparent nettement dans leurs effets. A l'inverse de la grâce, la réhabilitation ne peut remettre que les incapacités et ne dispense jamais de l'exécution de la peine corporelle ou pécuniaire. D'autre part, la réhabilitation exerce aujourd'hui sur les conséquences de la condamnation, au point de vue de la récidive, de la relégation et du casier judiciaire, une influence que la grâce ne saurait incontestablement produire. Mais celle-ci ne pourrait-elle au moins relever des incapacités, à l'exemple de la réhabilitation ? La doctrine et la jurisprudence ont répondu par la négative ; nous croyons qu'elles ont bien fait : à la fin de ce travail nous indiquerons pourquoi.

Notre étude comprendra deux parties.

La première sera consacrée à l'histoire et au droit comparé. Nous verrons les principes fondamentaux de la réhabilitation se dégager lentement et s'affirmer quand l'on comprend enfin qu'il faut s'efforcer de rendre le coupable meilleur plutôt que de le frapper d'un châtiment impitoyable, pour l'unique satisfaction de la vindicte sociale et dans un but de cruelle intimidation. Nous chercherons surtout à mettre l'institution dans son cadre, en précisant le rôle qu'elle était appelée à jouer et en insistant sur ses effets.

Dans notre seconde partie, nous étudierons la théo-

---

(1) Dalloz, *Répert.* V° Droits civils, n° 737.

rie actuelle de la réhabilitation judiciaire et de la réhabilitation de plein droit. En les comparant point par point, nous nous demanderons si toutes deux méritent une égale part d'éloges, et si l'on pourrait dire de la réhabilitation de droit ce que l'on a très justement dit de sa sœur aînée, la réhabilitation judiciaire, qu'elle forme « la pierre angulaire de tout régime pénitentiaire ».

PREMIÈRE PARTIE

Histoire de la Réhabilitation et Droit comparé

CHAPITRE PREMIER

LA RÉHABILITATION DANS L'ANTIQUITÉ

SECTION PREMIÈRE

Grèce

On a prétendu découvrir jusque dans l'histoire de la Grèce antique des exemples de réhabilitation (1). On cite notamment une loi de Solon (3ᵉ table de la 8ᵉ loi) portant que ceux qui auraient été notés d'infamie (ἄτιμοι) avant son archontat seraient réhabilités (ἐπίτιμοι), à l'exception des criminiels condamnés pour brigandage ou meurtre ou pour avoir aspiré à la tyrannie (2), et une autre loi athénienne dont on ne connaît ni l'auteur ni la date, statuant qu'à l'avenir les personnes frappées d'infamie ou débitrices d'amendes envers les temples des dieux ou le trésor public ne

---

(1) Voy. Lair : *De la Réhabilitation des condamnés dans le droit romain et dans le droit français ancien et moderne*, 1859, p. 14. — Sarraute : *Traité théorique et pratique de la Réhabilitation*, 1884, p. 13.

(2) Plutarque. *Vie de Solon.*

pourraient être réhabilitées que par l'assemblée des
Athéniens au nombre de six mille au moins et au scru-
tin secret (1). Le caractère général et impersonnel de
la première de ces mesures ainsi que son but évidemment politique, le fait que la seconde vise aussi bien
les individus condamnés à l'amende que ceux frappés
d'infamie, tout cela paraît indiquer que, dans l'un et
l'autre cas, il s'agissait bien plutôt d'amnisties ou de
grâces que de réhabilitations (2). En réalité, nous
avons trop peu de renseignements sur le système pénal grec pour pouvoir décider si la réhabilitation y
tenait quelque place, et nous sommes tentés d'en douter
quand nous voyons les poètes, fidèles interprètes des
sentiments populaires, et des croyances religieuses,
faire de leurs héros les instruments irresponsables et
inconscients de l'implacable Fatalité. La philosophie
s'élève toutefois avec la doctrine platonicienne jusqu'à
l'idée de la régénération morale du coupable par la
peine. La loi de l'âme, dit Platon, c'est la conformité
à l'ordre, c'est-à-dire à la justice et à la vérité; le
crime, acte d'injustice et d'erreur, est une faiblesse de
l'esprit, un vertige, et le coupable mérite d'être traité
comme un malade (3). S'il est désespéré, qu'on le re-
tranche de la société et qu'on le mette à mort; s'il peut
être guéri, qu'il se soumette de lui-même à une peine
qui le corrige, de même qu'un malade accepte le re-

(1) Samuel Petit. *Leges Atticae.*

(2) L'histoire grecque fournit d'autres exemples d'amnisties :
c'est ainsi qu'au vᵉ siècle avant J.-C., Thrasybule, après avoir
délivré Athènes des trente tyrans, fit proclamer une amnistie en
faveur de la plupart des coupables. — Voy. Daremberg et Saglio : *Dict. des antiquités grecques et rom.* Vᵉ *Amnestia.*

(3) Dareste. *La Science du droit en Grèce*, p. 84.

mède (1). La peine a donc pour but de rétablir la santé de l'âme, en lui rendant la conformité avec l'ordre qu'elle avait perdue ; quand elle aura été subie, quand elle aura produit son effet salutaire, le coupable méritera de rentrer dans la société avec laquelle il s'est réconcilié et d'y reprendre tous ses droits (2). C'est, on le voit, une véritable réhabilitation, fondée sur l'expiation et l'amendement. Mais combien de siècles devaient s'écouler avant qu'une conception aussi exacte de notre institution ne sorte du domaine philosophique pour pénétrer dans celui de l'application pratique !

SECTION II

Droit romain

La peine, en droit romain, a pour but exclusif d'assurer la réparation du tort causé à la victime ou de l'injure faite soit au magistrat dont les ordres ont été violés, soit à la cité dont la sécurité a été troublée. D'où la distinction des *delicta privata* et des *delicta publica* et le droit de coercition reconnu aux magistrats (3). On ne se préoccupe donc que du pré-

---

(1) « De telle sorte que si la faute qu'on a faite mérite des « coups de fouet, on se présente pour les recevoir ; si elle mé- « rite les fers, on leur tende les mains ; une amende, on la paye ; « le bannissement, on s'y condamne ; la mort, on la subisse » (Platon, *Gorgias*).

(2) Platon. *Lois.*

(3) Le droit de coercition est le moyen par lequel un magistrat qui a émis un ordre dans les limites de ses attributions

judice causé ; jamais on ne s'inquiète de l'influence que l'exécution de la peine pourra exercer sur l'esprit du coupable ; les inflictions les plus en usage (mort, *aqua et igni interdictio* ou déportation, *relegatio*, amende) sont fort peu de nature à modifier sa moralité et l'on considère le fait de se soustraire au châtiment par l'exil volontaire, non comme une aggravation de culpabilité, mais presque comme un devoir : « *exitium tibi, exilium mihi* » dit Cicéron (1). Ces remarques suffisent pour indiquer *à priori* que les Romains, n'ayant pas songé à l'effet éducatif et réformateur que doit avoir la peine, n'ont pu connaître la réhabilitation telle que nous la comprenons aujourd'hui. Cela s'explique d'ailleurs : à Rome, le droit criminel est demeuré, surtout pendant la période républicaine, étroitement lié à la politique ; appliqué par des autorités politiques qui changeaient souvent, transformé, bouleversé par des lois politiques de circonstance, il n'a pu se développer scientifiquement et réaliser des progrès suffisants pour permettre aux jurisconsultes

---

— ou le collègue de ce magistrat — se fait légalement justice à lui-même contre le citoyen qui refuse de lui obéir. Ce droit de coercition qui permet au magistrat d'ordonner l'emprisonnement *(jubere in carcerem duci)*, de condamner à l'amende *(jus multae dictionis)* et de saisir un gage *(jus pignoris capionis)* est distinct du pouvoir en vertu duquel le magistrat poursuit la réparation des *delicta publica* par voie de *cognitio* inquisitoriale, soit devant les comices au début de la République, soit par délégation du prince, pendant la période impériale.— Voy. : Momsen. *Hist. du droit public romain* (trad. Girard), t. I, p. 158. — Willems : *Droit public romain, passim.*

(1) Cicéron : De *nat deorum*, liv. III. Cette idée repose sur le caractère d'inviolabilité attaché à la personne du citoyen romain.

de découvrir les vrais principes de la pénalité d'abord,
puis de la réhabilitation (1).

Mais de ce que, en droit romain, la cessation des
incapacités résultant des condamnations criminelles
n'a jamais été regardée comme la conséquence logi-
que de l'amendement du coupable, dont on ne se sou-
cie point, il ne faudrait pas conclure qu'on ne connût
aucun moyen de mettre fin à ces incapacités. Bien au
contraire, et à ce point de vue, mais à ce point de vue
seul, on peut dire qu'à Rome la réhabilitation a
existé (2). Pour déterminer ses caractères, nous étudierons la nature et l'étendue des incapacités encourues, puis nous rechercherons par qui et comment les
condamnés pouvaient en être relevés.

I. — On sait combien les Romains se montraient
jaloux des prérogatives attachées à la *civitas* et spécialement, dans l'ordre politique, au *jus suffragii*
et au *jus honorum*. Non seulement la qualité de

---

(1) On trouve dans Sénèque des considérations très justes sur
le but de la peine qui doit non seulement intimider et instruire,
mais aussi corriger, et qu'il faut tempérer pour ne pas désespérer le coupable et pour lui inspirer le désir de s'amender.
« *Hæc tria lex secuta est... aut ut eum quem punit emendet,*
« *aut ut pœna ejus meliores cæteros reddat aut ut, sublatis*
« *malis, securiores cæteri vivant* » *(De Clementia I. 22).* Mais
bien rares sont les jurisconsultes qui, sous l'influence de l'école
stoïcienne, se sont élevés jusqu'à l'idée de correction par la
peine. Nous citerons cependant ce passage de Paul (l. 20 *Dig.*
XLVIII-19) : *Si pœna alicui irrogatur, receptum est commen-
titio jure, ne ad heredes transeat : cujus rei illa ratio videtur,
quod pœna constituitur in emmendationem homimum : quae
mortuo eo, in quem constitui videtur, desinit.*

(2) Le mot *rehabilitatio* ne se rencontre dans aucun texte
latin.

citoyen ne peut être acquise que sous des conditions étroites, mais pour en conserver les privilèges il faut s'en montrer toujours digne, en obéissant aux lois et en se conformant aux mœurs. De là cette institution si originale des censeurs qui, armés d'un pouvoir absolu et sacré *(sanctissimus magistratus)*, personnifiant dans leur action irresponsable ce que nous appelons la puissance de l'opinion publique (1), jugent la conduite de chacun d'après les *mores majórum*, infligent une flétrissure *(nota censoria* ou *ignominia)* à ceux dont les agissements ont porté atteinte à la puissance matérielle ou morale de l'Etat, vont même jusqu'à exclure un sénateur du Sénat, un chevalier de l'ordre équestre, un citoyen des tribus.

Il était par suite naturel d'attacher certaines déchéances aux condamnations pénales et c'est ce qui arriva. On doit distinguer à cet égard suivant la nature de la peine encourue.

L'échelle des peines comprend en droit romain :

1° *Les peines capitales*, ainsi désignées parce qu'elles modifient le *caput* ou *status*. Ce sont : la mort, la condamnation aux mines, *l'aqua et igni interdictio* remplacée sous l'empire par la déportation. Les deux premières emportent perte de la *libertas* et de la *civitas*, c'est-à-dire *maxima capitis deminutio ;* de la troisième résulte la privation de la *civitas* seule, c'est-à-dire *capitis deminutio media.* L'une et l'autre de ces *capitis deminutiones* entraînent la perte complète de l'*œxistimatio*, ou dignité du citoyen romain que Callistrate définit : *dignitatis illesœ status, legibus ac moribus comprobatus* (2).

---

(1) Laboulaye. *Lois criminelles des Romains*, p. 48.

(2) L. 5, Dig. L-13.

Dans ces trois cas, la flétrissure provenant de la nature même de la peine, il n'y avait lieu de frapper le condamné d'aucune incapacité nouvelle et d'ailleurs on n'aurait pu le faire, puisque l'*œxistimatio* est détruite *(consumitur)* (1).

2° *Les peines non capitales* : corporelles *(verbera)*; privatives de liberté *(relegatio* perpétuelle ou temporaire, — emprisonnement à temps ou à vie), pécuniaires (amendes). Aucune d'elles n'emporte *capitis deminutio,* mais il peut en résulter une atteinte partielle à l'*œxistimatio* (2), atteinte que l'on désigne sous le nom d'*infamia* (3).

Par suite de quelle évolution juridique la théorie de l'infamie en matière criminelle a-t-elle pris naissance et comment les déchéances de fait prononcées par l'opinion publique à la suite d'un *judicium turpe* ont-elles passé dans l'édit du préteur, dans les lois et

---

(1) L. 5, Dig. L, 13.

(2) Certains auteurs, notamment M. Lair *(op. cit.,* p. 45), paraissent croire que l'infamie était une perte complète de l'*œxistimatio.* C'est une inexactitude : l'infamie la restreint seulement *(minuitur œxistimatio,* l. 5, § 2, Dig. L-13).

(3) L'*infamia* était encourue non seulement à la suite de condamnations pénales, mais encore :

a) Pour s'être livré à un acte déshonorant, comme la bigamie ou la permission donnée par le père à sa fille veuve de se remarier avant l'expiration du temps légal de deuil, ou le mariage d'un citoyen avec une veuve dans ces conditions ;

b) Pour exercer une profession déshonorante, comme celle de *leno,* d'acteur dramatique, de gladiateur, etc. ;

c) Pour avoir été condamné, *suo nomme,* dans une action directe née de certains contrats (actions *pro socio, tutelæ, mandati, depositi.)*

On voit que l'*infamia,* pas plus que l'*indulgentia* qui l'efface ainsi que nous l'indiquerons plus loin, n'était une institution spéciale au droit criminel.

dans les plébiscites, c'est ce que l'on ne saurait dire avec certitude (1). Quoiqu'il en soit, les premiers délits qui ont entraîné l'infamie paraissent avoir été la *calumnia* et la *prævaricatio*, et, depuis l'institution des *quæstiones perpætuæ*, les lois *de ambitu, de vi, de repetundis* établissent comme sanction accessoire l'inéligibilité à temps ou à perpétuité. L'exclusion des honneurs a probablement été étendue, à la fin du IIᵉ siècle avant J.-C., à tous les citoyens condamnés par un jury criminel. Les causes d'infamie figurent en effet dans l'édit du préteur (2), dont les principales dispositions remontent à cette époque. Formée définitivement vers la fin de la République, la théorie de l'infamie se développe sous les empereurs qui multiplient ses cas d'application. Elles est alors encourue :

a) A la suite de toute peine *non capitale* prononcée dans un *judicium publicum* (3).

---

(1) Voy. sur les hypothèses faites à ce sujet : Daremberg et Saglio. *Dict. des Antiquités grecques et rom.* Vᵒ *Infamia.*

(2) L. 1, Dig. III, 2.

(3) L. 7, Dig. XLVIII, 1. — Nous citerons les délits suivants qui sont punis d'une peine non capitale : *calumnia, prævaricatio, crimen repetundarum, crimen de residuis, plagium, brigue, vis privata,* adultère de l'homme, *lenocinium,* délation à prix d'argent.

Afin de préciser le sens de l'expression *judicium publicum,* il nous paraît utile de rappeler dans ses grandes lignes le système usité à Rome pour la poursuite des infractions. Ce système repose sur la distinction des délits en *privés* et *publics.*

Les *delicta privata,* considérés comme ne lésant que des intérêts particuliers, donnent seulement naissance à une action en réparation pécuniaire poursuivie par la victime d'après les règles de la procédure civile (actions *pœnæ persequendæ gratia* ou mixtes). Il n'en résulte aucune peine, sauf parfois l'infamie. Les *crimina publica,* compromettant la sûreté de l'Etat, don-

b) A la suite d'une condamnation pécuniaire en réparation des délits privés de *furtum, vis bornorum*

---

nent lieu à des *judicia publica* ou poursuites criminelles en vue de faire prononcer contre le coupable l'une des peines que nous avons énumérées au texte. La forme de ces poursuites a varié suivant les époques :

1° A l'origine, la juridiction criminelle fait partie de l'*imperium regium* déféré au roi, exceptionnellement assisté des *duoviri perduellionis* et des *quæstores parricidii*. Lors de l'établissement de la République, les consuls héritent de ce pouvoir qui se trouve de suite limité par le *jus provocationis* permettant à tout citoyen d'en appeler au peuple des condamnations à la peine capitale et aux coups de verge *(lex Valeria de provocatione*, Cicéron, *De Repub.*, II, 31). Bientôt les consuls chargent de la poursuite des délits publics les *duoviri perduellionis,* les *quæstores parricidii,* puis les *tribuni plebis.* Pour éviter la *provocatio*, ceux-ci se bornent à instruire l'affaire ; ils font ensuite réunir les comices, dirigent devant eux des débats contradictoires et indiquent la peine qu'ils se proposent de prononcer. Les comices centuriates sont compétents pour les peines capitales, les *comitia tributa* pour les peines non capitales. L'affaire est examinée devant quatre assemblées successives *(contiones)*, puis le peuple vote pour l'adoption ou le rejet de la peine proposée par le magistrat.

2° A partir du VII° siècle *(lex Calpurnia* pour les *judicia repetundarum)*, on voit apparaître les *quæstiones perpetuæ* ou commissions permanentes chargées de juger certains crimes déterminés. Chaque *quæstio perpetua* est instituée par une loi qui précise le fait spécial dont elle devra connaître, la composition du tribunal, la procédure à suivre et les pénalités encourues. Présidées par un préteur ou un édile sortant de charge et composées de jurés (sénateurs ou chevaliers suivant les époques), les *quæstiones perpetuæ* jugent sur l'accusation *(delatio nominis)* présentée par un citoyen quelconque, chargé de réunir lui-même les éléments du procès *(inquisitio)*. Après des débats contradictoires entre l'accusateur et l'accusé, et lorsque les deux tiers des juges se sont déclarés suffisamment éclairés *(sibi liquere)*, on passe au vote (A : *absolvo* — C : *condemno)* sur la peine fixe édictée par la loi, puis on apprécie le montant des restitutions pécuniaires.

Jusqu'à la fin de la République, la compétence criminelle des comices subsiste pour les crimes qui n'ont pas été déférés à

raptorum, injuria, dolus malus (1), violation de sépulture (2).

---

une *quæstio perpetua*, mais ils délèguent généralement leurs pouvoirs à une *quæstio extraordinaria*.

3° Sous l'empire, les comices judiciaires ont disparu ; les *quæstiones perpetuæ* subsistent et leur procédure est unifiée par les *leges Juliæ judiciorum publicorum et privatorum* d'Auguste. Mais bientôt s'établit à côté d'elles la juridiction extraordinaire du Sénat remplaçant les comices et, celle de l'empereur. Le Sénat a une compétence générale, mais il n'accepte d'ordinaire que les causes politiques importantes, celles où sont impliqués des sénateurs ou des chevaliers ou celles qui, à défaut d'une loi, ne peuvent être poursuivies devant une *quæstio perpetua*. Il suit à peu près la procédure des *quæstiones perpetuæ* et se prononce par un sénatus-consulte. A la fois pouvoir législatif et pouvoir judiciaire, il n'est pas lié dans ses décisions par les lois pénales.

L'empereur a, lui aussi, une compétence générale. Il peut juger en personne, sans être astreint à aucune forme de procédure ou déléguer ses pouvoirs à un *judex datus* ou à certains fonctionnaires (*præfecti urbis, vigilum annonæ* à Rome, *præfecti prætorio* en Italie) chargés de connaître de délits déterminés. L'empereur ou ses délégués agissent sur une dénonciation, mais suivent la procédure inquisitoriale et réunissent eux-mêmes les preuves ; l'empereur peut se faire assister d'un fonctionnaire *a cognitione* pour l'instruction préalable et d'un *consilium* pour le jugement.

Au début de l'empire, le délinquant peut être traduit devant l'une des trois juridictions que nous venons d'indiquer. Celle qui est saisie la première connaît du procès. Peu à peu cependant, les *quæstiones perpetuæ* tombent en désuétude ; elles perdent le jugement des causes capitales et disparaissent complètement au III° siècle de l'empire. La juridiction du Sénat cède, elle aussi, devant celle de l'empereur et, sauf pour les affaires concernant des membres de la curie, elle n'existe plus guère qu'en droit. Enfin le prince agit de plus en plus par délégation générale, et, à partir de la séparation des deux empires, la poursuite des infractions est confiée à Rome au *præfectus urbis* et au *præfectus vigilum* et dans les provinces aux gouverneurs, sauf appel à l'empereur.

(1) L. 1, Dig. III, 2.
(2) L. 1, Dig. XLVII.

c) A la suite d'une peine prononcée *extra ordinem* pour certains faits qui, tout en donnant lieu à une action privée, peuvent être également poursuivis par la voie criminelle : stellionat (1), *crimen expilatœ hereditatis* (2), violation de sépulture (3), *furtum* (4), injures (5), *vis bonorum raptorum* (6).

Quant à ses conséquences on peut les résumer ainsi :

L'infâme reste citoyen, mais il perd tous les droits politiques, notamment le *jus suffragii* (7) et le *jus honorum* (8). Il ne peut remplir aucune fonction publique, militaire (9) ou municipale (10). Il perd les honneurs de la curie sans être exempté des charges qu'elle impose (11); il est incapable d'être jugé ou assesseur (12), accusateur dans une action populaire ou publique, sauf dans son propre intérêt (13), peut-être témoin (14). De même il est sous le coup de déchéances de droit privé : il peut agir en justice pour lui-même mais non par l'intermédiaire d'un *cognitor* ou d'un *procurator* et se trouve par suite dans l'impossibilité de céder

---

(1) L. 3, Dig. XLVII, 20. — L. 13. § 8, Dig. III, 2.
(2) L. 3, Dig. XLVII, 11.
(3) L. 8, Dig. XLVII, 12.
(4) L. 92, Dig. XLVII, 2.
(5) Paul *Sent.* V, 4, § 8. — Loi *Cornelia*.
(6) L. 1, § 2, Dig. XLVIII, 16. — Loi *Julia*.
(7) Cicéron. *Pro Cluentio.* — M. de Savigny, t. II, p. 202.
(8) Sigonius. *De Judiciis : Infamia jus munerum honorumque ferme adimit.*
(9) L. 4, § 4, Dig. XLIX, 16.
(10) L. 5, Dig. L, 2.
(11) L. 1, Code X, 57.
(12) L. 2, Dig. I, 22. — Argt. de la l. 12, Dig. V, 1.
(13) L. 8, Dig. XLVIII, 2.
(14) L. 3, *pr.* et § 5, Dig. XXII, 5.

une action (1). Il ne peut postuler pour autrui, si ce n'est pour ses proches parents ou pour son patron (2). Depuis Dioclétien, les dispositions faites à son profit peuvent être attaquées par la *querela inofficiosi testamenti* (3). Signalons enfin cette disposition de la loi *Julia, de adulteriis* aux termes de laquelle le meurtre par le mari du complice de sa femme adultère surpris en flagrant délit dans la maison de celle-ci était excusable, si la victime avait été condamnée par un *judicium publicum* (4).

Dernier et important caractère : l'infamie est perpétuelle (5), elle survit à l'exécution de la peine principale (6).

En un mot, soit les condamnations capitales par la *capitis deminutio maxima* ou *media* qui en résulte, soit les condamnations non capitales par l'infamie qui les accompagne, entraînent de nombreuses et graves incapacités (7). Comment pouvait-on en être relevé, c'est ce qu'il faut maintenant examiner.

II. — A Rome, on a toujours considéré que la grâce pouvait non seulement dispenser de l'exécution de la peine, mais encore mettre fin aux incapacités. D'au-

---

(1) *Inst. just.* IV, 13, § 11. — Paul *Sent.* I, 2, § 1.

(2) L. 1, §§ 9 et 11, Dig. III, 1.

(3) L. 27, Code III, 28.

(4) L. 27, *pr.* Dig. XLVIII, 5.

(5) L. 5, Dig. I, 2 ; l. 4, § 4, Dig. XLIX, 16 ; Cicéron. *Pro Cluentio*, 42.

(6) L. 6, Code II, 12.

(7) En dehors de l'infamie, il existe quelques déchéances spéciales à certains délits : *intestabiles* (ll. 14 et 15 *pr.* Dig. XXII, 5 ; l. 18 § 1. XXVIII, 1 ; l. 5 § 9. XLVII, 10), interdiction des assemblées soit pour toujours soit à temps, interdiction de certaines fonctions (l. 9. Dig. I, 16), etc.

tre part, on ne voit pas qu'il ait jamais existé une institution autre que la grâce qui eût ce dernier effet. Pour justifier cette double proposition, nous nous placerons au temps de la République et à l'époque impériale.

A. *Période républicaine.* — Pendant la période républicaine, l'histoire ne nous fournit que quelques exemples de grâces accordées à des condamnés à *l'aqua et igni interdictio.* Cicéron signale trois citoyens ayant bénéficié de cette faveur (1) : Cæso Quinctus, Furius Camillus et M. Servilius Ahala ; on peut y ajouter le cas de Popilius Lænas (2), celui de Q. Cæcilius Numidicus (3), celui enfin de Cicéron lui-même : ces derniers, il est vrai, s'étaient exilés volontairement, mais, après leur départ, le peuple avait prononcé contre eux *l'aqua et igni interdictio.*

Durant les premiers siècles de la République, le droit de grâce appartint exclusivement au peuple qui en fit d'ailleurs rarement usage (4). Agissait-il alors à titre de juge ou de législateur? Il est difficile de le décider, puisque le peuple réuni dans ses comices centuriates ou tributes avait à la fois le pouvoir législatif et le pouvoir judiciaire en matière criminelle (5). En réalité, le peuple, lorsqu'il vote une grâce, statue dans sa souveraineté : « de par la nature de son institution,

---

(1) Cicéron. *Pro Domo,* 32-86.

(2) Cicéron. *Brutus,* 34.

(3) Appien. *G. civ.,* 1, 33.

(4) Diodore de Sicile (Fr. XXXVI). Cicéron dit que quelques citoyens seulement (*nonnullos*) avaient été graciés avant lui.

(5) Voy. note 3, p. 18. — La grâce était votée tantôt par les comices centuriates (Cic., *ad Senat.* 11), tantôt par les comices tributes (Cic., *eod loco in fine*).

non seulement il doit absoudre le citoyen condamné à tort (*provocatio*), mais il peut gracier le citoyen condamné à bon droit par un recours formé devant lui dans une affaire légalement vidée (1) ».

Quand le jugement de certaines affaires fut confié aux *quæstiones perpetuæ*, le droit de grâce fut reconnu d'abord au tribunal qui avait infligé la condamnation (2). Bientôt cependant s'établit l'usage de le refuser aux juges pour l'attribuer au peuple. Cet usage existait vers la fin de la République (3). Les comices s'arrogèrent le même droit à l'égard des dé-crets du Sénat, déclarant un citoyen ennemi de la République (*hostis judicatio*) (4). Enfin, les citoyens que les triumvirs avaient proscrits furent graciés par le peuple sur la proposition de L. Numatius Plancus.

Dès lors, le droit de grâce fut considéré comme une attribution du pouvoir législatif et réservé au peuple. Le rôle du Sénat se borna à prendre l'initiative de quelques lois de rappel qui furent soumises aux comices (5), ou à faire revenir des citoyens vivant en exil sans y avoir été judiciairement contraints.

La grâce ne constitua donc pas, sous la République,

---

(1) Momsen. *Droit public rom.*, trad. Girard; t. VI, première partie, p. 441.

(2) Val. Max. V, 47. Pline. *Hist. nat.*, VII, 36. Voy. Momsen, *op. cit.*, t. V, p. 161.

(3) Cicéron, *ad Herenn*, II, 28.

(4) Tel fut le but des lois proposées par Cinna pour le rappel de Marius; par Octave pour celui de P. Cornelius Dolabella, de la loi *Plotia*, soutenue par César, pour rappeler les partisans de Lepidus.

(5) Cicéron fut rappelé à la suite d'un sénatus-consulte ratifié par les comices centuriates (Cic., *ad Senat*, 11).

une institution régulière (1), un droit ouvert dans certains cas, mais seulement une mesure d'exception, inspirée tantôt par des motifs politiques, tantôt par le souvenir des vertus de l'exilé, de la gloire dont il s'était couvert, des services qu'il avait rendus à la patrie, et par l'image de son infortune présente ; elle se rapprochait, en dernière analyse, bien plus de notre amnistie (2) que de notre réhabilitation.

Que la grâce, au moins dans les exemples que nous en connaissons, ait mis fin aux incapacités, on n'en saurait douter. *L'aqua et igni interdictio* n'est autre chose que l'exclusion de la *civitas*. La grâce fait rentrer le condamné dans la cité ; il y reprend tous ses droits : *jus honorum, jus suffragii, jus commercii*, droits de famille et de patronat. Biens, honneurs, rang, dignités lui sont rendus (3). Il recouvre, en un

---

(1) Il n'existe pas de terme technique pour désigner la grâce : les mots *restitutio* et *indulgentia* ont un sens très général : *restitutio* s'emploie en droit civil aussi bien qu'en droit criminel et sa signification se détermine *secundum subjectam materiam ;* *indulgentia* s'applique non seulement à la grâce (*indulgentia criminum*) mais à la remise des impôts (*indulgentia debitorum*) et s'entend de toute mesure de clémence.

(2) A Rome, l'amnistie (*abolitio*) intervenait avant toute poursuite, « après l'exécution d'un crime politique, engendré par l'esprit de parti, quand le peuple et le Sénat s'accordaient pour sauvegarder le repos public, pour empêcher la poursuite et accorder l'impunité à tous ceux qui avaient participé au crime. De semblables décrets d'amnistie furent rendus à plusieurs reprises, toujours avant que l'instruction de l'affaire fût commencée ». (Rein. *Das criminal Recht*). L'amnistie fut appliquée deux fois aux amis des Tarquins, après l'expulsion des rois, à la plèbe après ses trois soulèvements, aux peuples italiques après la deuxième guerre punique, aux adversaires de Jules César après son retour victorieux, à ceux enfin qui le mirent à mort.

(3) *Jam vero honos, dignitas, locus, ordo... fortunæ, beneficia Vestra.* (Cicéron. *Post Redit. ad quirites,* 1).

mot, son ancien *status : in integrum restituitur*, d'où le nom d'*in integrum restitutio* donné à la mesure. Aussi Quintilien a-t-il pu dire : « *An restitutio pro sublatione judicii sit et proinde valeat ac si judicium non fuisset* » (1). Cicéron appelle Lentulus qui a proposé son retour, un second père, et le jour où il est rentré à Rome, un autre jour natal : « *Parens mihi natalem Lentulus constituit!* (2) ».

Seule d'ailleurs la grâce pouvait détruire les incapacités résultant de *l'aqua et igni interdictio*, car la perte de la *civitas* était de l'essence même de l'exil, elle faisait partie intégrante du mode d'exécution de la peine (3).

Quant à l'*infamia*, dans les cas peu fréquents où elle était déjà encourue à cette époque, il est difficile, en l'absence de documents, de préciser par quelle autorité et à quelles conditions elle pouvait disparaître. Par *a fortiori* nous sommes portés à penser qu'ici encore une décision populaire devait intervenir, lorsque nous voyons Jules César faire effacer *judicio populi* l'*ignominia* dont les censeurs avaient frappé quelques-uns de ses partisans (4). César avoue qu'il avait surtout obéi à des motifs politiques ; de même pour les infâmes, les considérations politiques ne demeuraient sans doute pas étrangères aux mesures gracieuses dont ils bénéficiaient.

B. Empire. — A la fin de la République, le pouvoir

---

(1) Quintilien, VII, 1-60.

(2) Cicéron. *Post redit. ad Sen.*, 15.

(3) L'*interdictio* était ordinairement accompagnée de la confiscation des biens du condamné. (Tacite. *Ann.* III, 23, 68, IV, 20).

(4) César. *De B. civ.*, III, 1. Suétone. *J. Cœs.*, 41.

législatif passe du peuple au Sénat, qui, en même temps, hérite du droit de grâce. Il le conserve sous le principat (1) ; mais, en fait, ce droit est le plus souvent exercé par l'empereur. Au milieu du ii⁰ siècle, au temps du jurisconsulte Pomponius, l'empereur et le Sénat étaient considérés comme en jouissant l'un et l'autre (2) ; d'autre part, on l'interdit formellement aux magistrats (3). Enfin et tout naturellement, le rôle du Sénat s'effaçant de jour en jour, le prince en vint à l'exercer seul et, dans la période moderne de l'empire, les juristes le lui attribuent à titre exclusif (4).

Quels en furent alors les conditions et les effets ?

Aucune condition n'était requise pour bénéficier de la clémence du prince, qui en usait selon son bon plaisir. Un texte paraît indiquer qu'il ne restituait jamais sans causes, mais n'en fait connaître aucune (5). L'empereur graciait soit par une décision individuelle (*indulgentia specialis*) prise dans les circonstances les plus diverses (6) soit par une mesure

---

(1) Suétone. *Claud.* 12. *Neminem exulum nisi ex senatus auctoritate restituit.*

(2) L. 1 § 10. Dig. III, 1. *De qua autem restitutione prœtor loquitur, utrum de ea quœ a principe, vel a senatu, Pomponius quœrit : et putat de ea restitutione sensum quœ princeps vel senatus indulsit.*

(3) L. 55. Dig. XLII, 1.

(4) L. 4. Dig. XLVIII, 19 ; l. 45 §, 1. Dig. XLII, 1 ; Pline le Jeune. *Lettres*, liv. 10, let. 56. Voy. Momsen, *op. cit.*, t. V, p. 161.

(5) *Nemo potest commeatum remeatumve dare exuli, nisi imperator ex aliqua causa* (L. 4. Dig. XLVIII, 19).

(6) On connaît l'exemple de Caracalla graciant J. Licinianus, qui avait été condamné à la déportation et qui lui était présenté par ses officiers au moment où il sortait de ses appartements (l. 1, Code IX, 51).

générale comprenant toute une catégorie de condamnés (*indulgentia generalis*) (1). Pour lui permettre d'exercer son droit, un intervalle de dix jours devait s'écouler entre le prononcé d'une condamnation par le Sénat et son exécution (2). Cet intervalle fut porté à trente jours par Valentinien et Théodose, pour les sentences impériales (3).

La loi *Julia ambitus* promettait bien la *restitutio in integrum* à celui qui, ayant été condamné pour brigue, en ferait condamner un autre pour le même fait (4); mais ce n'est là qu'une de ces primes si fréquemment accordées aux délateurs à l'époque impériale.

Toutefois, sous l'influence du christianisme et par conséquent à une époque récente, l'*indulgentia generalis* subit quelques restrictions : des constitutions du Bas-Empire décident qu'elle ne pourra effacer l'infamie attachée à certains crimes particulièrement graves, d'autres que ces crimes en seront complètement exclus (5). Une constitution de Valentinien, Arcadius et Théodose, conférant une grâce générale, en déclare indignes ceux qui n'ayant pas été punis pour un premier crime étaient retombés une seconde fois dans la même

---

(1) On a de nombreux exemples d'*indulgentiæ generales*, surtout depuis le christianisme : Constantin gracie tous les chrétiens condamnés lors des persécutions. particulièrement ceux qui ont été exilés ou notés d'infamie (Sozomène, *Hist. eccles.*, I, 8-18). En 367 Valentinien, Valens et Gratien établissent l'indulgence générale de Pâques (*Cod. Théod.* IX, 38, 3).

(2) Suétone. *Tibère*, 75.

(3) L. 20, Code IX, 47.

(4) L. 1 § 2. Dig. XLVIII, 14.

(5) C. Thod. IX, 40, 7.

faute, parce qu'ils auraient dû profiter de l'impunité pour s'amender (1). « Nous voyons pour la première fois dans ce texte, dit M. Lair (2), la conduite du coupable exercer quelque influence sur le droit : l'impénitence sera désormais un obstacle à la grâce, donc aussi sans doute le retour au bien sera un titre à l'indulgence impériale ». Enfin une constitution d'Honorius excepte également d'une grâce collective accordée à tous les condamnés à la déportation, ceux qui ont refusé de se soumettre à la condamnation et de se rendre au lieu où ils devaient subir leur peine, car « *indignus est humanitate qui post damnationem commisit in legem* ». (3)

Les effets d'une grâce générale ou spéciale sont uniquement déterminés par les termes dans lesquels elle a été concédée : « La seule règle qui ait prévalu était de juger de l'effet des lettres par les clauses qui y étaient contenues. Tout ce qu'elles portaient faisait loi, mais elles ne faisaient loi que pour ce qui y était contenu ». (4) A cet égard, les jurisconsultes ont établi la classification suivante :

L'empereur pouvait accorder :

1r L'*indulgentia* (5) proprement dite : ses effets se trouvent précisés dans la loi 3, Code IX, 43 : « *Indu'-« gentia, patres conscripti, quos liberat notat,*

---

(1) L. 3. Code I, 4.

(2) Lair, *op. cit.*, p. 44.

(3) Code Théodosien, l. 10. *De indulg. crim.* Cf. loi française du 10 mars 1898.

(4) Favart de Langlade. *Rép. de la nouv. législ.* V° *grâce.*

(5) Nous avons déjà signalé (p. 25, note 1), le sens général de ce mot.

« *nec infamiam criminis tollit; sed pœnœ gra-* « *tiam facit* ». Ce n'est donc que la remise de la peine; les incapacités subsistent.

2° La *restitutio*, avec l'énumération des droits rendus au condamné, mesure restreinte dont la portée est strictement limitée aux droits indiqués. Si l'empereur a dit : « *Restituo te patriœ et bonis* », le condamné ne recouvrera pas, outre la cité et ses biens (1), les *honores* qu'il avait perdus. Qu'il dise : « *Restituo te dignitate et bonis* », la *civitas*, les biens et les dignités sont compris dans la formule (2).

3° L'*in integrum restitutio*. — Le condamné reprend tout ce que le jugement lui avait enlevé : droits, honneurs, dignités, biens. Suivant Paul, il est restitué *per omnia* (3), et Caracalla dit à Licinianus : « *Restituo te in integrum; ut autem scias quid* « *sit in integrum restituere, honoribus et ordini* « *tuo et omnibus cœteris te restituo* » (4).

La *restitutio in integrum* produit donc à l'époque impériale des effets aussi larges que sous la république; elle rend la *civitas*, elle efface l'*infamia*; on peut l'appeler une réhabilitation parce qu'elle restitue

---

(1) On sait que *l'aqua et igni interdictio*, puis la *deportatio* entraînaient la confiscation de la fortune de l'exilé (l. 8. Dig. XXVIII, 1). Par la *restitutio cum bonis*, ceux des biens qui n'avaient pas encore été vendus au profit du fisc étaient restitués. En outre, les droits d'obligation renaissaient, soit au profit du restitué contre ses débiteurs, soit contre lui, au bénéfice de ses créanciers (l. 21, Dig. L, 16).

(2) Les juristes latins s'appliquent à l'étude de ces formules et en déterminent l'étendue. C'est ainsi qu'une controverse s'était élevée entre Ulpien et Papinien sur le point de savoir si elles comprenaient la *patria potestas* (l. 13, Code IX, 51).

(3) Paul. *Sent*. IV, 8, § 21.

(4) L. 1, Code IX, 51.

au condamné tous ses droits et sa pleine capacité (1) ; mais ce dont il importe de se souvenir, et c'est la conclusion que nous tirerons de cette étude, c'est qu'elle n'a jamais été, à Rome, qu'une manifestation particulière du droit général de grâce, d'*indulgentia*, qui a successivement appartenu au peuple et à l'empereur. Comme la grâce, la réhabilitation s'opérait par lettres du prince : « Quand la restitution ne portait que sur la peine, c'était proprement la grâce ; quand elle rétablissait le condamné dans la jouissance, soit de ses biens, soit de ses dignités, soit de ses droits civils indistinctement, c'était la réhabilitation » (2).

Pas plus pour la *restitutio* partielle ou complète que pour l'*indulgentia*, le repentir n'était exigé. Avant tout, les intérêts et les passions politiques, les affections de parti, le désir de se montrer magnanime, guidaient le peuple ou l'empereur dans le choix de ceux qu'ils faisaient bénéficier de leur clémence. Sans doute aussi devaient-ils parfois obéir à des sentiments de commisération et d'humanité, mais toujours c'était de l'arbitraire, c'est-à-dire l'opposé d'un acte de justice.

---

(1) Une controverse s'était élevée sur la question de savoir si l'*in integrum restitutio* avait seulement des effets dans l'avenir ou si elle agissait également sur le passé, à la façon du *jus postliminii* (Voy. Lair, *op. cit.*, p. 52 et suiv.).

(2) Favart de Langlade. V° *Réhabilitation.*

CHAPITRE II

ANCIEN DROIT

Nous avons trop peu de renseignements sur les pratiques suivies par les Gaulois en matière pénale pour pouvoir dire si quelqu'une de leurs coutumes se rapprochait de la réhabilitation. César nous apprend que les Druides, juges criminels de droit commun, prononçaient fréquemment l'excommunication des coupables : « Si un particulier ou un homme public ne défère pas à leur décision, ils lui interdisent les sacrifices. C'est chez eux la peine la plus grave. Ceux qui encourent cette interdiction sont mis au rang des impies et des criminels : tout le monde s'éloigne d'eux, fuit leur abord et leur entretien et craint la contagion du mal dont ils sont frappés : tout accès de justice leur est refusé et ils n'ont part à aucun honneur (1). » Existait-il un moyen de lever cette excommunication, c'est ce que nous ignorons.

Sous la domination romaine, la *restitutio in integrum* se pratique en Gaule comme dans les autres

(1) César, *De bello gallico*, lib. VI, § 13.

provinces de l'empire, suivant les règles que nous avons indiquées au précédent chapitre (1).

Quelles furent, à ce point de vue, les conséquences de l'invasion germanique? D'après Tacite (2), les Germains prononçaient la peine de mort et une sorte de mise hors la loi contre ceux qui s'étaient rendus coupables de trahison, fuite, sacrilège. La perte du bouclier dans la bataille entraînait exclusion des droits politiques, le guerrier ne prenait plus part aux assemblées du peuple ni aux sacrifices religieux. Mais Tacite ne nous dit pas s'il pouvait racheter sa faute, en accomplissant par exemple un acte de bravoure.

Dans les royaumes qui se formèrent sur les débris de l'empire, sans doute le droit romain ne disparut pas entièrement; néanmoins la société politique tendit à se constituer avec des principes tout différents de ceux qui avaient présidé à l'organisation de l'Etat à Rome et à Byzance. La souveraineté royale n'était plus comme celle de l'empereur, après la République, la représentation de la souveraineté populaire et la concentration de tous les pouvoirs entre les mains d'un seul. L'autorité du *rex* ou du *dux*, devenu chef d'Etat après la conquête, se trouvait limitée par les libertés et les droits de ses compagnons. En ce qui concerne l'administration de la justice, le roi était loin d'avoir l'omnipotence d'un Trajan ou d'un Théodose. Il ne pouvait exercer qu'une faible intervention dans la répression des délits privés, la pour-

(1) Vopiscus Aurelius, 39. — Sozomène, I, 6. — Eusèbe, *Hist. ecclés.*, IX, 8; X, 5, cités par Glasson, *Hist. du Droit*, t. I, p. 534.

(2) Tacite, *Germanie*, §§ 6 et 7. — *Annales*, I, § 73.

suite de ces infractions était laissée aux victimes elles-
mêmes ou à leur famille. Dès lors, s'il avait fait
grâce il aurait usurpé un droit de pardon qui ne
pouvait appartenir qu'à celles-ci. Quant aux délits
publics, commis contre la race et contre la nation,
le roi n'était pas compétent, à lui seul, pour les punir
ou pour les gracier. Suivant les idées germaniques,
il ne le pouvait que dans les assemblées générales du
peuple où résidait la plénitude de l'autorité politique
et judiciaire.

On ne trouve nulle trace du droit de grâce dans la
loi salique, dans la loi des Burgondes et la loi des
Ripuaires. En ce qui touche les incapacités prononcées
à titre de peine, il aurait pu cependant s'exercer. Les
Francs, continuant les traditions germaniques, frappaient, en effet, de mise hors la loi, *extra sermo-
nem regis*, ceux qui déterraient et dépouillaient les
cadavres, ceux qui refusaient de comparaître au mall
ou d'exécuter les condamnations prononcées contre
eux, ceux qui vivaient de brigandage (1). Cette mise
hors la loi privait le condamné de la paix sociale, il
ne lui restait aucun droit, ses biens étaient confisqués
et le premier venu pouvait le mettre à mort (2). Il en
était réduit à errer comme un loup dans les forêts,
aussi l'appelait-on *wargus*.

Le silence des lois barbares ne permet pas d'ailleurs
de conclure que le droit de grâce ait été absolument
inconnu chez les Francs, car ces lois présentent de
nombreuses omissions que la coutume s'était char-

(1) Edit. de Childebert II. Pertz *Leges*, I, p. 10.
(2) *Eod. loco* et décret de Chilpéric, ch. 9. Pertz, *Leges*, II,
p. 11.

gée de combler. Il est même certain que les rois
mérovingiens firent usage du droit de grâce. Grégoire
de Tours en cite plusieurs exemples : il mentionne,
notamment, la remise faite par Chilpéric, à l'occasion
de la naissance de son fils, des amendes dues au fisc
et la mise en liberté de tous les prisonniers (1).

Au temps de Charlemagne, le droit de grâce s'est
étendu, multiplié et régularisé. Les capitulaires de ce
prince en supposent l'usage habituel (2) et ils vont
jusqu'à s'occuper spécialement de la position civile
des condamnés à mort qui ont obtenu leur grâce et
sont rentrés dans la société : « Ces graciés ne peuvent
« demander qu'on leur rende leurs biens qui ont dû,
« suivant la coutume des Francs, faire retour au Tré-
« sor public. Mais il peuvent acquérir d'autres biens
« et jouir de leur liberté, et ils seront protégés par la
« loi dans l'exercice de leur liberté et dans l'usage de
« leurs propriétés nouvelles. Leur témoignage n'aura
« aucune valeur en justice et ils ne pourront siéger
« parmi les scabins pour juger suivant la loi. A un
« faux serment que prêterait contre eux un adversaire
« en justice, ils ne pourront opposer leur propre ser-
« ment, mais seulement le duel judiciaire (3). » Le
même capitulaire ajoute que ceux à qui l'on a fait
grâce de la vie, après une sentence de la justice ordinaire les condamnant à mort, doivent être, à l'avenir,
jugés suivant les lois de l'équité et que ceux qui leur
feraient du mal méritent d'être punis. Pour le passé,

---

(1) Grég. de Tours. l. 6, c. 23.

(2) « *Si eis vita perdonata est propter aliquod malefactum* ».
Baluze, t. II, p. 228.

(3) Capitulaire de 809, art. 30. Baluze, t. I, p. 467-468.

la sentence recevra pleine et entière exécution (1). Les graciés n'obtenaient donc pas la complète restitution de leur état primitif; ils n'étaient pas non plus soumis à une vraie mort civile; on faisait, en quelque sorte, deux parts de leur vie : le passé était sacrifié et on leur réservait l'avenir. En outre, on laissait peser sur eux ce que nous appellerions aujourd'hui les incapacités civiques (2).

Mais aucun capitulaire, aucun historien, aucun auteur littéraire ne fait la moindre allusion à la restitution intégrale, effaçant, avec le souvenir de la peine, toutes les incapacités, à la réhabilitation réintégrant le condamné *in honoribus et ordini et omnibus cœteris*, de sorte que l'on serait bien fondé à soutenir qu'elle ne fut jamais appliquée, si une telle opinion ne paraissait un peu absolue. On peut penser que, dans quelques espèces que nous ne connaissons pas, la grâce accordée par le roi, de son autorité propre ou avec le consentement de l'assemblée de la nation, s'est étendue jusqu'à l'effacement complet de toutes

---

(1) *Eod. loco*, art. 31, p. 468.

(2) On cite comme exemple de grâce, celle accordée par Charlemagne, avec l'assentiment du peuple assemblé, au prince bavarois Tassilon. A coup sûr, ce ne fut pas une réhabilitation. Charlemagne lui fit grâce de la vie, mais au supplice de la décapitation, il substitua celui de la dégradation de la souveraineté et lui fit subir l'ignominie la plus profonde qui, dans les idées du temps, pût être infligée à un guerrier : Tassilon dut comparaître devant le plaid impérial, entendre la lecture de l'arrêt de mort, puis demander humblement sa grâce, remettre ses insignes ducaux à l'empereur, notamment son sceptre. Sa chevelure tomba sous les ciseaux ; on lui ôta son armure qu'on remplaça par la robe de moine et il dut jusqu'à sa mort se retirer dans un couvent. *(Ann. Lauriss., ap. Chesnium, ann. 787-788.)*

les incapacités pour l'avenir comme pour le passé ; mais on est réduit sur ce point à de pures hypothèses.

Avec le x⁰ siècle nous entrons dans la période féodale. L'autorité royale, consolidée par Charlemagne, s'est affaiblie entre les mains de ses successeurs ; les grands du royaume, d'abord simples concessionnaires de bénéfices, profitent du trouble général pour s'arroger sur leurs terres tous les attributs de la souveraineté. Maîtres du droit de rendre la justice, ils s'emparent aussi du droit de grâce qui se répartit entre mille seigneurs, de sorte que sa théorie ne peut se former.

Cette situation prend fin avec l'avènement de Philippe le Bel. Les légistes dont il s'entoure, les Guillaume de Nogaret, les Guillaume de Plassian, les Pierre de Flotte, les Enguerrand de Marigny, tout romains par leur éducation juridique et tout féodaux par la violence de leurs passions, travaillent à rendre la royauté absolue en matière de lois et en matière de justice. Ils ne se soucient ni des prétentions des nobles, ni des droits de l'Eglise ou du peuple, ils n'ont en vue que les prérogatives du souverain, telles que les lois romaines les ont fixées. Ces lois, ils s'en inspirent comme jurisconsultes, ils les appliquent comme juges, au besoin ils les font exécuter comme guerriers. Se substituant aux hommes d'épée et aux prélats, anciens et vrais juges, qui avaient déserté leurs sièges parce qu'ils dédaignaient des fonctions qu'ils étaient devenus incapables de remplir, les légistes soutiennent de leurs décisions le monarque dans sa lutte contre la féodalité ; ils s'appuient sur ce principe que le roi est souverain fieffeux et contestent à ses vassaux le droit de rendre la justice et celui d'accorder des grâces. Ainsi les caractères du droit de grâce ne tardent pas à se dégager. De même qu'à Rome,

on le considère comme réservé au roi : « Il y a, dit
Guy-Coquille, une autre sorte de droit royal, qui
consiste en octroi de grâces et dispenses de droit
commun. » — « Rien n'était plus digne de la bonté
de nos rois que la réserve qu'ils ont faite de ce pouvoir, en même temps qu'ils ont confié aux magistrats le soin de rendre la justice à leurs sujets, c'est-
à-dire que le pouvoir de ceux-ci est uniquement
borné à poursuivre le crime, à prononcer les peines
et à les faire exécuter ; mais la poursuite, la condamnation et cette exécution cessent d'avoir lieu aussitôt qu'il plaît au prince d'interposer son autorité et
de déclarer le crime et l'accusation éteints (1) ». C'était
l'application du principe de la *justice retenue* qui,
même en ce qui concerne l'octroi des grâces, fut exceptionnellement limité par le système de la *justice
déléguée* (2).

Définitivement établi au profit de la royauté, le
droit de grâce pouvait-il aller, au moyen âge, jusqu'à
effacer l'infamie résultant d'une condamnation criminelle et les incapacités qui en étaient la conséquence?

---

(1) Muyart de Vouglans : *Institutes de droit criminel*, p 103.

(2) Par lettres de septembre 1398, Charles VI autorise le pré-
vôt de Paris à remettre les amendes de 10 livres et au-dessous
(Isambert, t. VI, p. 826). Par un mandement du même prince en
date du 13 mars 1401, le chancelier de France reçoit la permission d'accorder en conseil toutes lettres de grâce et de rémission (Isambert t. VIII, p. 14). Mais ce ne sont là que des exceptions, et Louis XII, par ses ordonnances de 1498 et 1507, puis
Charles IX par sa déclaration de 1571, rappellent que les grâces ne peuvent être conférées que par le roi. Quant au droit de
grâce des seigneurs, il avait pris fin le jour où une ordonnance du dauphin Charles, promulguée en 1359, pendant la
captivité de Jean II, avait décidé qu'aucune grâce ne pourrait
être accordée sans l'autorisation du conseil du roi.

On a toutes raisons de le croire, quand on voit les légistes suivre, en matière pénale plus strictement encore qu'en matière civile, les principes du droit romain, dont ils étaient pour ainsi dire imprégnés et qu'ils considéraient comme la raison écrite. C'est dans les textes du Digeste et du Code qu'ils vont chercher la définition des délits, les règles sur la culpabilité, la récidive, la complicité. Ils n'ont pu, dès lors, ignorer les distinctions que les juristes de Rome avaient établies entre l'*indulgentia*, la *restitutio* simple et l'*in integrum restitutio*, ainsi que les résultats généraux de celle-ci. Et, en effet, nos vieux jurisconsultes s'attachent, eux aussi, à déterminer, d'après leurs termes, la portée des lettres que le roi accorde en vertu de son droit de grâce : « *Indulgemus ; restituimus plene, « per omnia, ita quod nihil opponi possit...* (1) », autant de formules auxquelles l'interprétation attribue une portée différente. S'inspirant de la maxime « *indulgentia, quos liberat, notat* », les légistes admettent comme un axiome que *la grâce entache,* loin de laver l'infamie, et déclarent que celle-ci ne peut disparaître que par la réhabilitation. « *Potest dici pro regula,* dit Farinacius, *quod per simplicem indulgentiam non censeatur restituta fama ; secus per restitutionem in integrum gratiosam* » (2). Si bien qu'un vieil auteur, Bleynianus, nous donne de la réhabilitation, avec le nom lui-même (3), cette définition demeurée très exacte jus-

---

(1) Farinacius : *Praxis et theoria criminalis,* I.

(2) Farinacius, *op. cit.,* I ; *quaest* 5.

(3) Le glossaire de Du Cange relève le premier emploi du mot *rehabilitatio* en l'année 1439, *in capitulo generali Ord. Cistere. apud Marten,* tome IV. *Anecdot.* col. 1597.

qu'à la dernière phase de notre législation : « *Reha-bilitatio fit quando litteris gratiæ pristinus habi-litatis status inhabili restituitur* » (1).

Dans le domaine de la pratique, nous trouvons, en juillet 1491, des lettres de restitution par lesquelles Charles VIII réhabilite les enfants du duc de Nemours frappés par la condamnation pour crime de lèse-majesté prononcée contre leur père. Ces lettres déclarent « ôtée et abolie toute note, macule, inhabileté, inca-
« pacité que ses cousins pourraient avoir encourue
« au moyen de certain arrêté que l'on disait avoir été
« donné et exécuté à l'encontre dudit feu Jacques d'Ar-
« magnac, leur père, et les habiliter, restituer et re-
« mettre, tout ainsi que s'il n'eût aucunement été
« donné, prononcé et exécuté à l'encontre de leur dit
« feu père, et sans que ores et pour le temps à venir,
« sous couleur dudit arrêt, on pût jamais leur oppo-
« ser quelque macule, incapacité et inhabileté en
« aucune manière (2) ».

Par lettres de mai 1530, François Ier rétablit la mé-moire « abolie à perpétuité » du connétable de Bour-bon et remet « du tout en tout ledit feu Charles de « Bourbon en sa bonne fame et renommée (3) ». Nous voyons encore Henri III, par des lettres de septembre 1575, rétablir la mémoire de Jacques de Coucy, sei-gneur de Vervins, et celle d'Odoard Dubiez, maréchal de France (4).

---

(1) Bleynianus : *Institut.*, p. 450, cité dans le glossaire de Du Cange, v° *Rehabilitatio.*

(2) Collection Isambert, t. XI, n° 198.

(3) Collection Isambert, t. XII, n° 171.

(4) Collection Isambert, t. XIV, n° 276.

Enfin, le 20 juin 1583, Henri III accorde des lettres par lesquelles, « voulant réhabiliter un coupable nom-« mé Jean Maucler, habitant de Senlis, à qui le poing « avait été coupé pour avoir frappé un Flamand, « nommé Jean-le-Brun », il lui permet « de rempla-« cer ce poing par un autre fait de la manière qu'il « voudrait (1) ». Moyen puéril imaginé pour faire disparaître l'infamie en dissimulant la mutilation qui en était la cause en même temps que la manifestation extérieure.

Sous quelles conditions ces grâces spéciales étaient-elles accordées? Une règle importante paraît s'être appliquée de bonne heure à toute grâce, quelle qu'en fût l'étendue : on l'octroyait sans préjudice des droits acquis par les tiers et la décision ne produisait effet que le jour où le tort causé à la victime se trouvait réparé (2). Les lettres étaient concédées « à charge « de faire amende au roi et de donner satisfaction « au plaignant (3) » — « après toutefois qu'il aura « satisfait à la partie (4) » — « à charge de satisfaire à « la partie civile (5)... » « Ainsi s'établit peu à peu, dit M. Lair, le salutaire principe de la satisfaction préa-lable, et l'on en vint à n'accorder des lettres de réha-bilitation qu'aux condamnés qui avaient subi leur peine et satisfait aux condamnations accessoires en-vers l'Etat ou la partie civile (6) ».

---

(1) Collection Isambert, t. VI, n° 50, note.

(2) Farinacius, *op. cit.*, I ; *quaest* 5.

(3) Lettres de juillet 1373.

(4) Décembre 1397.

(5) Février 1412.

(6) Lair. *Op. cit.* p. 72.

Pour faire la théorie de la réhabilitation dans notre ancien droit, nous nous en référerons à l'ordonnance de 1670 sur la justice criminelle, qui réunit, résume et complète les dispositions éparses dans les ordonnances antérieures. Le titre XVI, intitulé : *Des lettres d'abolition, rémission, pardon, pour ester à droit, rappel de ban ou des galères, commutation de peine, réhabilitation et révision de procès*, contient un exposé aussi complet qu'il peut l'être dans un premier essai de codification, des règles applicables aux diverses lettres de justice ou de grâce et en particulier à celles de réhabilitation.

« Les lettres de réhabilitation du condamné en ses biens et bonne renommée, dit Jousse, sont celles par lesquelles le roi rétablit en son honneur, droits et bonne réputation un condamné, ainsi et de la même manière qu'il était avant le jugement de condamnation et sans que ce condamné puisse être réputé avoir encouru, en vertu du jugement, aucune note d'infamie ou mort civile (1) ».

Et Muyart de Vouglans : « Les lettres de réhabilitation sont celles qui s'obtiennent par celui qui, ayant satisfait aux peines, amendes et condamnations civiles contre lui prononcées, a recours à la clémence du prince pour être réhabilité dans sa réputation, afin d'ôter la note d'infamie ou la mort civile qui l'empêche d'agir et lui ôte les moyens de pouvoir subsister (2) ».

---

(6) Jousse. *Traité de la justice criminelle*, tome II, p. 414.

(1) Muyart de Vouglans : *Lois crim. de France*, p. 600. Voir aussi les définitions des lettres de réhabilitation données par Richer : *Traité de la mort civile*, p. 521 ; Serpillon : *Code criminel*, t. II, p. 771 ; Rousseau de la Combe : *Traité des matières criminelles*, p. 388.

Ces définitions nous indiquent notre plan. Puisque les lettres de réhabilitation ont pour but d'effacer toute note d'infamie et de faire cesser la mort civile, il nous paraît indispensable, afin de savoir quand on devait y avoir recours, de nous demander quelles peines entraînaient l'infamie ou la mort civile et, afin de déterminer leurs effets, de rechercher quelles déchéances frappaient les condamnés infâmes ou morts civilement. Nous examinerons ensuite à quelles conditions et suivant quelle procédure ils pouvaient recouvrer leur ancienne capacité. Nous serons alors en mesure de fixer les traits généraux de la réhabilitation dans l'ancien droit.

I. Si l'on s'en rapporte à la classification donnée par Jousse dans son Traité de la justice criminelle (1) et qui résume les distinctions généralement admises, on peut grouper en cinq catégories les peines si variées et si multiples usitées par notre ancienne jurisprudence :

1° *Peines capitales,* emportant : privation de la vie (supplices divers), privation de la liberté à perpétuité (galères à perpétuité, réclusion à perpétuité dans une maison de force), bannissement hors du royaume à perpétuité;

2° *Peines corporelles :* mutilations, question, flétrissure avec marque au fer chaud, fouet, carcan et pilori;

3° *Peines afflictives non corporelles :* galères ou réclusion à temps, amende honorable, bannisse-

(1) Jousse : *Traité de la justice criminelle,* t. I, p.p. 36 et suiv.

ment à temps, exil, œuvres serviles, dégradation de noblesse ;

4° *Peines infamantes* : peine d'être promené par les rues sur un âne avec un chapeau de paille, blâme, amende, privation d'office, de bénéfice ou de privilège ;

5° *Autres peines non infamantes* : admonition, aumône, interdiction d'officiers à temps ou suspension, peine du double, du triple, abstention de certains lieux à temps, condamnation à faire brûler un cierge sur un autel.

Les peines de la première catégorie se nomment capitales parce qu'elles privent le condamné de la vie naturelle ou de la vie civile. La mort civile est encourue soit du jour de l'exécution de la peine sur la personne, soit cinq ans après l'exécution par effigie pour les contumaces (1). Les peines capitales entraînent également confiscation de tous les biens de l'accusé au profit du fisc ou des seigneurs hauts-justiciers, sauf dans les pays de droit écrit et dans quelques coutumes qui n'admettent pas la confiscation ou ne l'admettent qu'en partie (2).

Les peines corporelles, les peines afflictives non corporelles et les peines infamantes, frappent le condamné d'*infamie* (3).

---

(1) Jousse : *Mat. crim.*, t. I, p. 85.

(2) N'admettent pas la confiscation : les pays de droit écrit, les coutumes du Bourbonnais, Calais, Saint-Sever, Béarn, Angoumois, Auvergne, Lodunois, La Rochelle, Lille, Tournai, Cambrai, Bayonne, Flandre ; — ne l'admettent que pour les meubles, les coutumes de Normandie, Bretagne, Poitou ; — ne l'admettent que pour certains crimes, les coutumes du Poitou et du Berri.

(3) Jousse : *Op. cit.*, t. I, p. 113. Muyart de Vouglans : *Lois crim.*, p. 74. Nouveau Denizart, v° *Infâme*.

Par exception :

1° La question préparatoire, appliquée non comme une peine, mais comme un moyen de tirer la vérité de l'accusé, n'emporte pas infamie (1);

2° Le fouet *sous la custode*, donné par le geôlier au lieu d'être infligé par le bourreau et constituant plutôt une correction qu'une peine, ne rend pas non plus infâme (2);

3° L'amende ne rend infâme que si elle est prononcée *sur une procédure extraordinaire*, par un jugement en dernier ressort ou confirmé par arrêt (3). Du reste, elle ne se prononce guère seule, on la joint le plus souvent à une autre peine, comme le blâme qui est la moindre des peines infamantes (4). Lorsque l'amende est prononcée seule, les juges peuvent toujours écarter la note d'infamie en ajoutant à l'arrêt : « *sans que l'amende puisse porter aucune note d'infamie* (5) ». Sur une procédure ordinaire elle n'est

---

(1) Jousse : *Op. cit.*, t. I, p. 57.

(2) *Eod. loco*, p. 59.

(3) *Eod. loco*, p. 69. — Ordon. de 1670, tit. XXV, art. 7.— On distinguait : 1° *la procédure extraordinaire* qui se faisait par la voie du récolement des témoins et de la confrontation et s'appliquait aux procès où il y avait lieu de prononcer quelque peine corporelle ou afflictive (procès du grand criminel); 2° *la procédure ordinaire* qui se faisait par la voie de l'information, sans passer par le récolement et la confrontation, et s'appliquait aux procès où il n'y avait lieu de prononcer que des peines pécuniaires ou de simples réparations pour la partie civile (procès du petit criminel). Comme les peines étaient arbitraires, l'usage seul et l'appréciation du juge fixaient la procédure à suivre dans chaque cas particulier.

(4) Jousse : *Op. cit.*, t. I, p. 70.

(5) Jousse : *Op. cit.*, t. I, p. 70; Rousseau de la Combe : *Mat. crim.*, p. 34.

pas infamante, mais comme il ne s'agit alors que d'infractions peu graves, on n'infligera la plupart du temps que de simples aumônes, de sorte qu'en règle générale l'amende emporte infamie et c'est pourquoi Jousse la classe parmi les peines infamantes.

L'infamie atteint également :

1° Ceux qui ont été condamnés à l'aumône en matière civile, parce qu'elle ne se prononce jamais en cette matière « que pour des causes notoirement infamantes par elles-mêmes, comme en fait d'usure ou de malversation dans les offices publics (1) » ;

2° Ceux qui ont été décrétés *d'ajournement personnel* ou de *prise de corps* jusqu'à ce qu'ils se soient purgés par un jugement d'absolution (2) :

3° Ceux contre lesquels il a été rendu une décision *de plus amplement informé indéfini* en cas de crime emportant peine capitale (3).

A côté de l'*infamie de droit*, encourue dans les circonstances que nous venons d'indiquer, les auteurs placent l'*infamie de fait*. Mais ils ne paraissent pas s'accorder sur le sens qu'il convient de donner à ces mots. Jousse réserve cette qualification aux usuriers, aux femmes de mauvaise vie, aux cessionnaires et à

---

(1) Muyart de Vouglans : *Lois crim.*, p. 75 et 86 *Instit.* p. 53.

(2) Muyart de Vouglans : *Instit.*, p. 53. On distinguait pendant l'instruction préparatoire trois *décrets* ou mandats délivrés par le juge pour faire comparaître l'inculpé : *le décret d'assigné pour être ouï*, simple ordre de convoquer l'accusé ; — *le décret d'ajournement personnel*, fixant un jour et ordonnant à l'accusé de comparaître en personne ; — *le décret de prise de corps*, ordonnant que l'accusé sera pris par corps et conduit dans les prisons pour y être interrogé.

(3) Muyart de Vouglans : *Lois crim.* p. 78. Ces individus sont dans un péril continuel d'être condamnés à mort.

ceux qui, sur l'accusation d'un crime infamant, sont renvoyés avec un plus ample informé; il ajoute que ces infâmes de fait perdent l'entrée aux charges de judicature et aux charges publiques d'échevins, consuls, administrateurs d'hôpitaux, sans cependant que l'officier soit *ipso jure* privé de son office (1). Muyart de Vouglans, au contraire, appelle infâmes de fait ceux qui ont été frappés d'admonition, d'abstention de certains lieux, d'interdiction d'office à temps, de réparation d'honneur, de défense de récidiver, ceux contre lesquels a été rendue une décision de plus ample informé à temps et ceux qui, sans être absous, ont été renvoyés hors de cour. « Ces peines, dit-il, ne sont de leur nature ni infamantes, ni pécuniaires ; nous les appelons néanmoins infamantes de fait, parce qu'elles font sur l'honneur du condamné de certaines impressions qui, sans le flétrir entièrement, ne laissent pas que de le ternir, de manière que l'estime des honnêtes gens s'en trouve notablement diminuée (2). » Muyart de Vouglans n'appelle donc infâmes de fait que ceux dont la condamnation n'a été suivie d'aucune incapacité. Enfin Denizart rejette cette terminologie : « En France, dit-il, nous ne connaissons que l'infamie de droit (3) ».

La mort civile et l'infamie sont encourues de plein droit et sans avoir besoin d'être prononcées (4).

---

(1) Jousse, *op. cit.*, t. 1, p. 43.

(2) Muyard de Vouglans, *Lois crim.*, p. 79.

(3) Nouveau Denizart, vᵒ *Infâme*.

(4) Jousse, *op. cit.*, p. 113. — Muyard de Vouglans. *Inst.* p. 53. — Rousseau de la Combe fait remarquer que les jugements ne portent plus la formule « et sera noté d'infamie ». (*Traité des mat. crim.*, p. 34).

A l'encontre de cette vérité que rappelle le poète :

> Le crime fait la honte et non pas l'échafaud,

l'ancienne jurisprudence les considère comme des conséquences inévitables de la peine, quelquefois même seulement de son mode d'exécution (1).

On a dit que seules les peines du grand criminel étaient infamantes. C'est exact, mais il faut se garder d'en conclure que l'infamie n'était encourue qu'à titre exceptionnel, par les délinquants les plus dangereux. La classification des infractions dans l'ancien droit ne correspond nullement aux distinctions du code pénal de 1810, et par délits du grand criminel on ne doit pas entendre seulement celles que nous désignons aujourd'hui sous le nom de crimes, de la compétence de la cour d'assises, mais encore un grand nombre de nos délits correctionnels. Le vol simple est puni du fouet et de la marque « sans préjudice de plus grande peine s'il y échoit, suivant l'urgence des cas » (déclaration du 4 mars 1724, art. 3) ; en récidive, le voleur est condamné aux galères, et les voleurs de chevaux, bœufs et autres bêtes de labour, subissent la peine de mort. Les vagabonds sont bannis ou envoyés aux galères (déclaration du 3 août 1764) ; les mendiants sont enfermés dans un hôpital pour un temps indéterminé, et au cas de port d'armes, de menaces ou de réunion, ils sont condamnés aux galères (déclarations du 18 juillet 1724 et du 20 octobre 1750). La banque-

---

(1) Ainsi que le fouet sous la custode n'était pas infamant, à l'inverse du fouet donné par le bourreau.— Cependant, comme le fait remarquer Muyart de Vouglans (*Lois crim.*, p. 832), aucune disposition de l'ordonnance de 1604 ou des précédentes ne mentionnait les peines auxquelles était attachée l'infamie.

route simple est punie du pilori et de l'amende honorable, l'adultère du fouet, la violence publique des
galères, ainsi que le port d'armes et l'attroupement
(déclaration du 9 mai 1780). Les faits de chasse entraînent des peines afflictives et infamantes et sont répri-
més avec une sévérité contre laquelle le tiers-état,
lors de la rédaction des cahiers de 1789, élève des
protestations unanimes (1). Il en est de même pour la
contrebande, punie des galères et de la mort (2). Fort
peu nombreuses, d'ailleurs, sont les peines qui ne
rendent pas infâme, et celles qui n'ont point cet effet,
comme l'admonition ou l'aumône, devaient, si l'on
tient compte de la sévérité des magistrats d'alors (3),
n'être prononcées que pour des fautes bien légères.
Nous ne croyons donc pas exagérer en disant que,
pour la plupart, les condamnés, après avoir subi leur
peine, se voyaient frappés de mort civile ou d'infamie.

---

(1) Voy. Desjardins : *Les cahiers des Etats généraux de 1789
et la légis. crim.*, p. 109

(2) Saint-Just, dans un rapport à la séance de la Convention du
8 ventôse an II, dit que « l'on pendait par an 15.000 contreban-
diers. » M. Necker, dans ses Considérations sur la réforme de l'im-
pôt du sel, déclare que les prisons et les galères en sont remplies.

(3) Sous Louis XV, Messieurs de la Tournelle du Parlement
de Rouen « désirent de pouvoir traiter un accusé qui a abattu
un chêne comme celui qui auroit tué un homme », mais d'Aguesseau, « quoiqu'il aime autant ses avenues que chacun peut aimer
les siennes en Normandie », refuse de proposer au roi une loi
pareille, « parce que, dit-il, il faut que la qualité des peines soit
proportionnée à la nature des crimes... que la peine des galères
est bien suffisante, car l'on ne doit pas compter pour rien la
perte de la liberté, la peine de la servitude et l'infamie qui
en sont inséparables. » (D'Aguesseau, Œuvres t. IX, Mat. crim.,
lettre XCIX, 8 avril 1730).

4

II. — Examinons maintenant les effets de ces déchéances.

Jousse (1) résume de la façon suivante ceux de la mort civile :

Les condamnés qui l'ont encourue sont privés de tous les droits civils :

1° Ils ne peuvent agir en justice ni exercer à plus forte raison, le retrait lignager ;

2° Ils ne peuvent hériter ni recueillir aucune succession ;

3° Ils sont incapables de recevoir aucun legs, si ce n'est pour aliments ;

4° Ils ne peuvent disposer par testament ;

5° Ils ne peuvent faire ni recevoir aucune donation ou substitution entre vifs ;

6° Dans les pays où la confiscation n'est pas admise, tous leurs biens passent à leurs héritiers ;

7° Leur mariage ne produit aucun effet civil.

Quant à l'infamie, en voici les conséquences :

L'infâme devenait incapable des dignités et charges publiques, comme celles d'échevin, de consul, d'administrateur d'hôpital, etc. L'officier de justice n'était pas, de ce fait, privé de la propriété de son office, mais il ne pouvait plus en exercer les fonctions, de sorte qu'il se trouvait dans la nécessité de le résigner. Le témoignage des infâmes n'était pas admis en matière civile ; en matière criminelle on ne l'admettait pas non plus, sauf s'il s'agissait d'un crime atroce ou si l'on ne pouvait avoir la vérité autrement ; et, même lorsqu'il était admis, il prouvait moins que celui des

---

(1) Jousse, *op. cit.*, t. I, p. 86.

personnes non suspectes (1). Les infâmes, enfin, ne pouvaient entrer dans les ordres sacrés.

Mais à côté de ces effets purement juridiques, les condamnations infamantes ont des conséquences sociales beaucoup plus étendues et beaucoup plus redoutables. Le condamné et avec lui tous ses proches, sont frappés dans leur honneur d'une tache indélébile ; les honnêtes gens s'éloignent d'eux et leur refusent toute estime et tout secours. « Le voilà donc absolument retranché de la société et incapable de tous contrats civils, s'écrie Muyart de Vouglans dans son mémoire sur les peines infamantes (2) ; si c'est un chef de famille, voilà sa femme et ses enfants privés des secours particuliers qu'ils pouvaient attendre de lui, et s'il est fils de famille, ses père et mère sont pareillement frustrés de toutes les espérances qu'ils avaient fondées sur sa personne. Mais, ce qu'il y a de plus fatal encore, c'est que par un effet malheureux du préjugé national et contre cette maxime de droit naturel qui veut que la peine du crime suive son auteur, toute la famille du condamné se trouve enveloppée dans sa disgrâce et partage son opprobre, en sorte que, s'il a des parents constitués dans des places ou des grades honorables, on les voit dès lors réduits à la triste nécessité d'y renoncer pour ne point être exposés à des reproches et à des humiliations continuelles, et, par cette retraite forcée, la société se trouve enfin privée d'une infinité de

_____

(1) Jousse, *op. cit.*, t. I, p. 697. — Farinacius, *quœst.* 56, n⁰ˢ 26, 54 et 121.

(2) Muyart de Vouglans, *Lois crim.*, p. 835.

secours essentiels qu'elle aurait pu tirer de leurs services et de leurs talents. » Ecoutons les doléances des cahiers de 1789 : « Que le roi couronne sa nouvelle législation criminelle par la destruction absolue du préjugé qui note d'infamie les parents des suppliciés » dit le clergé du Bassigny (ch. ii, 5°). « On demande, dit le tiers état de Domfront (ch. vi), la suppression, l'anéantissement du préjugé des peines infamantes. L'on dirait en vain que le monarque ne peut point enchaîner l'opinion : l'on répondra que si les corps ecclésiastiques, civils et militaires ne rejetaient point l'infortuné dont le parent a justement subi les rigueurs des lois, ce préjugé, que cette inadmissibilité seule a entretenu jusqu'ici, s'éteindrait, et le souverain peut faire une loi à ce sujet, elle sera reçue avec transport par toutes les classes de citoyens. » — « La loi ne peut rien contre les préjugés, lisons-nous dans les cahiers du tiers état de Toulon (législation, art. 4), mais le cri universel de la raison les étouffe. Il faut donc que nos députés proposent par acclamation aux Etats généraux de proscrire comme barbare l'opinion qui couvre d'infamie la postérité des coupables. » Ces réclamations ne devaient pas rester vaines et par une loi du 21 janvier 1790, la Constituante déclara que « le supplice d'un coupable et les condamnations quelconques n'impriment aucune flétrissure à sa famille », que « l'honneur de ceux qui lui appartiennent n'est nullement entaché » et que « ses parents continueront à être admissibles à toutes sortes de professions, d'emplois ou de dignités. »

Notons enfin que l'infamie est perpétuelle ; elle survit à l'exécution de la peine, et une fois encourue elle subsiste toujours (1) ; seule la réhabilitation pourra y mettre un terme.

III. — Les lettres de réhabilitation, auxquelles sont consacrés les art. 5, 6, 7, 11, 12 et 13 du titre XVI de l'ordonnance de 1670, font partie des lettres dites de grâce données par le roi en vertu de sa souveraineté et par application du principe de la justice retenue. Les auteurs ont groupé ces lettres en deux catégories.

1° *Les lettres de justice ou de grâces légales,* « ainsi nommées parce qu'elles ne sont accordées que dans certains cas fixés par l'ordonnance (2). » Elles constituent des moyens d'échapper, en raison des circonstances de l'acte, aux rigueurs de la répression. De cette nature étaient *les lettres de rémission* et les *lettres de pardon.*

Les lettres de rémission sont accordées pour les homicides involontaires ou qui sont commis dans la nécessité d'une légitime défense de la vie (3).

Les lettres de pardon sont octroyées pour les cas où il n'échet pas peine de mort et qui, néanmoins, ne peuvent être excusés (4).

Dans ces diverses circonstances, bien qu'un crime ait été commis de l'aveu même du coupable, il est juste de ne prononcer aucune peine.

---

(1) Jousse, *Traité des mat. crim.*, t. I, p. 115. — Muyart de Vouglans, *Lois crim.*, p. 834. — Nouveau Denizart, vº *Infâme.*

(2) Favart de Langlade, Rép., vº *Grâce.*

(3) Ordonn. de 1670, tit. XVI, art. 2 et 3.

(4) Par exemple, si une personne ayant assisté à un meurtre n'a pas donné de coups, mais ne s'y est pas opposée ; si un père qui s'est trouvé dans une querelle où son fils a tué quelqu'un, n'est pas intervenu de son autorité pour l'en empêch r. (Jousse, *Mat. crim.*, t. II, p. 381).

Les lettres de rémission et de pardon, accordées par les chancelleries des parlements (ordonnance du 20 novembre 1685) dans les cas non déclarés irrémissibles et soumises à la formalité de l'entérinement après vérification de leur conformité aux charges, s'opposent à la condamnation. Obtenues avant que le bénéficiaire ait été noté d'infamie, elles ne modifient pas sa situation à cet égard (1) ; nous n'avons donc pas à nous en occuper davantage.

2º *Les lettres de grâce proprement dites,* comprenant toutes celles dans lesquelles le roi, par le seul effet de sa clémence, et en vertu de sa puissance souveraine et de l'autorité qu'il tient de Dieu, pardonne le crime, dispense du châtiment ou commue la peine en une autre plus douce. Ces lettres ne peuvent être obtenues qu'en grande chancellerie (2) et doivent être entérinées par les cours si elles concernent des gentilshommes, par les baillis ou sénéchaux si elles sont données à des personnes de qualité roturière (3).

---

(1) Sauf si l'infamie résultait d'un décret d'ajournement personnel ou de prise de corps, hypothèse où elle prendrait fin.

(2) Ordonnance de 1670, tit. XVI, art. 5 : « Les lettres d'abolition, celles pour ester à droit après les cinq ans de contumace, de rappel de ban ou de galères, de commutation de peine, de réhabilitation en ses biens et bonne renommée et de revision de procès ne pourront être scellées qu'en notre grande chancellerie. »

(3) Ord. de 1670, tit. XVI, art. 12. « Les lettres obtenues par les gentilshommes ne pourront être adressées qu'à nos cours, chacune suivant sa juridiction et la qualité de la matière ; elles pourront néanmoins, si la partie civile le demande et si elles le jugent à propos, renvoyer l'instruction sur les lieux. « — Art. 13 : L'adresse des lettres obtenues par les personnes de qualité roturière sera faite à nos baillis et sénéchaux des lieux où il y a siège présidial, et, dans les provinces où

Suivant leurs effets, on les appelle : *lettres d'aboli-tion, lettres de rappel de ban ou des galères, lettres de commutation de peine, lettres de réhabilitation, lettres de revision de procès et pour ester à droit.*

Les lettres de revision de procès et pour ester à droit ne constituent que des voies de recours extraordinaires contre les jugements contradictoires ou par contumace. Elles permettent de faire examiner le procès à nouveau et si la décision primitive subit une modification, ses conséquences au point de vue de la mort civile ou de l'infamie se trouveront naturellement modifiées dans le même sens.

Les lettres de rappel de ban ou des galères et celles de commutation de peine ne font que dispenser le condamné du châtiment ou le soumettre à un châtiment moindre. Suivant la maxime romaine : *indulgentia principis, quos liberat, notat,* elles n'ôtent point l'infamie et ne rétablissent celui qui les obtient ni dans sa bonne renommée ni dans ses biens confisqués (1). Toutefois les lettres de rappel de ban ou des galères mettent fin à l'incapacité générale résultant de la mort civile et ne laissent subsister que l'infamie (2). Quant aux lettres de commutation de peine, elles ne rendent même pas la vie civile (3). Mais par une clause expresse des lettres de rappel de ban, des

---

« il n'y a pas de siège présidial, aux juges ressortissant nûment « en nos cours et non autres, à peine de nullité du jugement. »

(1) Jousse, *Mat. crim.* t. II, p. p. 411 et 414.

(2) Richer, *Traité de la Mort civile,* p. 525. — Serpillon, *Comment. de l'Ord. de 1670,* p. 769.

(3) Arrêt du Parlement de Paris du 14 août 1585 cité par Serpillon. — Jousse, *loco cit.,* Richer. *loco cit,*

galères ou de commutation de peine, le roi peut remettre celui qui les obtient soit en sa bonne fame et renommée seulement, soit en sa bonne renommée et en ses biens confisqués et non encore vendus à des tiers (1).

Il faut envisager à part les lettres d'abolition, par lesquelles le roi « pardonne, éteint et abolit pour toujours « le crime dont l'accusé ou le condamné se reconnaît « coupable, avec toutes les peines et amendes qu'il a encourues (2) » elles ne peuvent être accordées pour certains crimes déclarés irrémissibles par l'ordonnance de 1670 (3) et aux termes de l'art. 1 du tit. XVI, elles doivent être entérinées incessamment par les

---

(1) Jousse, *loco cit.*

(2) Ces lettres ont des effets analogues à ceux de notre amnistie. L'ancien droit réserve le nom d'amnistie à des mesures d'abolition générale prises en faveur d'une ville, d'une province ou d'une communauté (Jousse. *Mat. crim.*, t. II. p. 409).

(6) Ordonnance de 1670, tit. XVI, art. 4. : « Ne seront données « aucunes lettres d'abolition pour les duels ni pour les assassi- « nats prémédités, tant aux principaux auteurs qu'à ceux qui les « auront asssités pour quelque cause ou occasion ou prétexte « qu'ils puissent avoir été commis, soit pour venger leurs que- « relles ou autrement, ni à ceux qui à prix d'argent ou autrement « se louent ou s'engagent pour tuer, outrager, excéder ou « recourre des mains de la justice les prisonniers pour crimes, « ni à ceux qui les auront loués ou induits pour ce faire, encore « qu'il n'y ait eu que la seule machination ou attentat et que l'effet • ne s'en soit point ensuivi, pour crime de rapt commis par vio- « lence, ni à ceux qui auraient excédé ou outragé aucuns de nos « magistrats ou officiers, huissiers ou sergents exerçant, faisant • ou exécutant quelque acte de justice. Et si aucune lettre d'abo- • lition ou de rémission étaient expédiées pour les cas ci-dessus, « nos cours pourront nous en faire leurs remontrances et nos « autres juges représenter à notre chancelier ce qu'ils jugeront « à propos.

cours ou autres juges si elles sont conformes aux charges et informations. « Pourront néanmoins, « ajoute cet article, nos cours nous faire remontran- « ces et nos juges représenter à notre chancelier ce « qu'ils trouveront à propos de l'atrocité du crime. »

C'est une question très délicate de savoir quels effets produisaient les lettres d'abolition quant à la mort civile, à l'infamie et aux biens confisqués. On doit distinguer, semble-t-il, suivant qu'elles ont été accordées avant ou après la condamnation définitive. Si elles sont obtenues avant, elles détruisent la note d'infamie ; au cas contraire elles ne la font pas dispa- raître. « La raison de cette différence, dit Richer, est que quand elles sont présentées au juge avant le jugement prononcé, il est obligé de suspendre la poursuite de la procédure qui tendait à éclaircir et à constater en même temps les faits mentionnés dans l'accusation, en sorte qu'il n'est pas certain alors si le crime a véritablement été commis ou non, et il ne paraît pas naturel de regarder comme infâ- me un homme dont le crime n'est pas avéré. Si au contraire, ces lettres ne sont présentées qu'après la condamnation, il est constant par le jugement que l'impétrant était coupable du crime dont il était accusé. Or les lettres peuvent bien sauver de la peine du crime, mais elles ne peuvent sauver de l'infamie qu'il imprime nécessairement quand il est constant (1). » Richer ajoute que la mort civile cesse par les lettres d'abolition et ne fait pas, à cet égard, la même distinction que pour l'infamie.

_____

(1) Richer, *Mort civile*, p. 520. — Dans le même sens, Serpillon, t. I, p. 745 et Muyard de Vouglans, *Instit.* p. 102.

En ce qui concerne la confiscation, Jousse déclare la question controversée. D'après Richer et
Serpillon, les biens confisqués seront restitués (1).
D'Argentré et Bacquet distinguent suivant que le crime était irrémissible ou non (2). En tous cas, il paraît
hors de doute que le roi pouvait toujours, par une
clause expresse des lettres d'abolition, rétablir le
condamné dans sa bonne fame et renommée, dans
ses biens ou dans les deux ensemble. Il fallait donc
s'en rapporter avant tout aux termes mêmes des lettres d'abolition.

Il nous reste à étudier les lettres de réhabilitation. Elles ont, ainsi que nous l'avons dit, pour but
spécial et précis de rétablir le condamné « en son
honneur, droits, et bonne réputation, ainsi et de
la même manière qu'il était avant le jugement et
sans qu'il puisse être réputé avoir encouru en
vertu du jugement aucune infamie ou mort civile ».
Elles font donc cesser l'infamie avec tous ses effets juridiques que nous avons énumérés plus haut
Toutefois un témoin condamné pour crime peut
être valablement reproché nonobstant sa réhabilitation (3).

Ordinairement on accorde des lettres de réhabilitation aux officiers interdits pour toujours ou déclarés
incapables de posséder des charges de justice ou de
finance ou condamnés à quelqu'autre peine infa-

(1) Richer, *loc. cit.* — Serpillon, t. II, p. 803.

(2) D'Argentré, *Coutume de Bretagne*, art. XLVIII, glose 2,
n° 18. — Bacquet, *Traité des droits de justice*, chap. XI, n°4.

(3) Jousse. *op. cit.*, t. II, p. 698.

mante, et cela pour leur permettre d'exercer à nouveau leurs fonctions (1).

Les lettres de réhabilitation mettent fin à la mort civile. C'est du moins l'opinion de Jousse, de Muyart de Vouglans, de Richer et de Pothier (2). Rousseau de la Combe et Serpillon paraissent en sens contraire (3). La raison de douter vient de ce que la mort civile résulte de condamnations perpétuelles et que la réhabilitation n'est accordée qu'après exécution de la peine, ce qui semble contradictoire. Mais si le condamné avait précédemment bénéficié d'une remise ou commutation de peine, laissant subsister la mort civile, rien n'empêcherait qu'il obtînt par la suite des lettres de réhabilitation.

Ces lettres ne restituent pas les biens confisqués, à moins d'une clause expresse. Lorsqu'elles contiennent une clause de restitution, le condamné rentre dans ses biens, à l'exception des fruits perçus et des meubles ou immeubles vendus à des tiers par le roi ou les

---

(1) Jousse (Mat. crim., t. II, p. 415) cite des lettres de réhabilitation accordées au sieur Pierre Laschaut, huissier au Châtelet de Paris, condamné à une peine infamante par arrêt du Parlement du 13 septembre 1855. — Serpillon signale un arrêt du Parlement de Dijon du 8 juillet 1561 qui a jugé qu'un procureur condamné aux galères et à l'amende honorable ne peut exercer à nouveau son état qu'après avoir obtenu des lettres de réhabilitation.

(2) Muyart de Vouglans, cité page 42. — Pothier dit (Procéd. crim. section 7) : « Par ces lettres, le roi remet à l'impétrant la vie civile qu'il avait perdue par une condamnation capitale ou l'état de bonne renommée qu'il avait perdu par une condamnation infamante. »

(3) Rousseau de la Combe, Mat. crim., p. 520. Serpillon, Code criminel, t. I, p. 771.

seigneurs hauts-justiciers. et qui demeurent la propriété des acquéreurs (1).

Mais quels effets produisaient les lettres de réhabilitation sur la conséquence la plus grave des condamnations infamantes, sur la déchéance sociale
et le discrédit qui frappaient non seulement le coupable, mais encore tous ceux qui portaient son nom ?
A cet égard nous n'avons que peu de confiance en
leur efficacité. Elles venaient se heurter à un préjugé
si profondément ancré dans les mœurs que certains
ne croyaient même pas les lois assez puissantes
pour le faire disparaître : « La loi ne peut rien contre
les préjugés, observe mélancoliquement le tiers état
de Toulon ». A plus forte raison, une mesure individuelle et purement gracieuse, accordée par la toute-
puissance royale en dehors de l'opinion, obtenue sans
justification d'amendement, ne pouvait-elle relever la
réputation de celui qui en était gratifié, au point de
faire oublier son opprobre. Et c'est pourquoi les auteurs, s'ils disent, à la vérité, lorsqu'ils définissent les
lettres de réhabilitation, qu'elles remettent le condamné « en sa bonne fame et renommée », ne font plus
allusion à cette conséquence quand ils reviennent sur
les effets de ces lettres pour les examiner plus en

---

(1) Jousse, *op. cit.*, t. II, p. 415. — Fariniacius, *Quæst* 6,
n° 28, 33, et suiv. La non-restitution des fruits et des biens
aliénés se fonde par analogie sur l'art. 28, tit. XVII de l'Ord.
de 1670 qui prévoit le cas d'un jugement d'absolution ensuite
d'une condamnation par contumace : « Et si le jugement qui
« interviendra porte absolution ou n'emporte point de confis-
« cation, les meubles et immeubles confisqués sur eux leur
« seront rendus *en l'état qu'ils se trouveront*, sans pouvoir
« néanmoins prétendre aucune restitution des amendes, *inté-*
« *rêts civils et fruits des immeubles.* »

détail. Les seuls exemples qu'ils en donnent se réfèrent à des officiers de justice auxquels on a voulu restituer la capacité d'exercer les fonctions de leurs charges, mais il ne semble pas qu'on ait jamais songé à les employer pour rendre l'honneur à des condamnés de droit commun et laver la tache de leur crime. Concluons donc que la réhabilitation, dans les cas assez rares où elle était accordée, n'avait d'autre but que de mettre fin aux incapacités résultant de l'état juridique d'infamie.

Les lettres de réhabilitation étaient en principe soumises aux seules conditions qu'il plaisait au roi d'imposer. L'usage toutefois établit une règle qui paraît avoir été assez ordinairement suivie : on n'accordait ces lettres qu'aux condamnés ayant satisfait à la peine et au paiement des amendes ainsi que des dommages-intérêts (1). Le coupable doit avoir expié son crime et réparé sa faute, mais on n'exige de lui aucune preuve de bonne conduite ou, du moins, on n'en fait pas une condition *sine qua non* de sa réhabilitation, car pas un auteur ne parle d'amendement.

Les lettres de réhabilitation, comme toutes celles délivrées en grande chancellerie, donnaient ouverture à des droits de sceau fort élevés, dont le paiement constituait, à coup sûr, pour beaucoup de condamnés un obstacle d'autant plus insurmontable que l'état d'infamie où ils se trouvaient ne leur permettait guère de se procurer des ressources.

Quelle était la procédure à suivre pour obtenir des lettres de réhabilitation ? La requête, quand elle était

---

(1) Jousse, *loc. cit.* Muyard de Vouglans, *Instit.*, p. 113. — Rousseau de la Combe, *Mat. crim.* p. 388.

présentée pour un gentilhomme, devait mentionner
nommément ses qualités, à peine de nullité (art. 11,
tit., XVI de l'ordonnance de 1670). Il peut être utile
en effet que le roi soit informé de la situation sociale
de celui qui demande grâce, la qualité de gentilhomme
le rend moins favorable, car il est censé, par sa naissance, avoir des sentiments qui aggravent son crime.
Délivrées en grande chancellerie comme toutes les
lettres de grâce proprement dites (art. 5), elles sont
scellées en cire verte et intitulées : « *A tous présents
et à venir* ». Elles sont adressées aux cours, suivant
leur juridiction et la qualité de la matière, si elles
concernent des gentilshommes (art. 12), et si elles concernent des personnes de condition roturière, aux
baillis et sénéchaux des lieux où il y a siège présidial
et dans les provinces où il n'y a pas de siège présidial,
aux seuls juges ressortissant des cours royales (art. 13).
L'arrêt ou le jugement doit être attaché sous le contre-
scel (art. 6); il faut d'ailleurs un jugement en dernier ressort ou un arrêt qui ne puisse plus être attaqué
par une voie de recours ordinaire.

L'entérinement est fait par la cour ou le juge auquel
les lettres sont adressées. Contrairement à ce qui est
prescrit pour les lettres de rémission, de pardon et
d'abolition, l'impétrant ne doit point se constituer
prisonnier, il ne se présente pas à l'audience tête
nue et à genoux et ne subit aucun interrogatoire. Les
juges ne doivent pas en effet rechercher si les lettres
sont conformes aux charges et informations (art. 7),
leur mission se borne à un simple enregistrement, sur
les conclusions du ministère public; il est donc inutile
d'examiner le fond du procès et c'est pourquoi ces
lettres sont délivrées et entérinées au seul vu de l'arrêt
ou du jugement attaché sous le contre-scel : il y a

chose jugée et le roi ne fait que remettre une peine
qu'il suppose justement prononcée. Toutefois les cours
conservent leur droit de remontrance auprès du roi et
les autres juges auprès du grand chancelier, pour le
cas par exemple où, en dehors des charges de la procédure, l'impétrant aurait fait dans sa requête quelque déclaration mensongère (1).

Signalons enfin une procédure spéciale établie par
le titre XXVII de l'ordonnance de 1670, en vue de permettre à la veuve et aux enfants d'un condamné par
contumace, mort dans les cinq ans qui ont suivi son
exécution par effigie, de purger la mémoire du défunt.
Les intéressés pouvaient obtenir des lettres en grande
chancellerie et en poursuivre l'entérinement, à l'occasion duquel le procès était jugé à nouveau. C'était
plutôt une revision qu'une réhabilitation (2). Jousse
dit toutefois que des lettres de réhabilitation avaient
été accordées pour rétablir la mémoire des condamnés,
mais il n'en cite aucun exemple et peut-être veut-il
parler des mesures toutes politiques prises par certains rois et que nous avons mentionnées plus haut.

IV. — Si nous jetons un coup d'œil d'ensemble sur
tout ce qui précède, nous sommes frappés, d'une part,
de la fréquence des condamnations infamantes, de la
gravité et de la perpétuité de leurs suites et, d'autre
part, de la place assez restreinte que tient la réhabilitation dans l'ancien droit, du rôle très effacé qu'elle y
joue. L'ordonnance de 1670 ne lui consacre aucune
disposition particulière et confond les lettres qui

---

(1) Serpillon, *Code crim.* t. II, p. 772.
(2) Muyart de Vouglans, *Instit.* p. 281.

l'accordent avec celles de rappel de ban ou des galères
et de commutation de peine. Les auteurs ne l'étudient
que brièvement, ils n'insistent ni sur ses conditions
ni sur ses effets et ne paraissent pas se douter de la
place prépondérante qu'elle doit occuper dans un
système pénal rationnel. Sans doute, à propos de chacune des lettres de grâce, ils font remarquer qu'une
clause spéciale peut remettre le condamné en sa bonne
fame et renommée, mais nous sommes amenés à
penser que de semblables dispositions ne devaient pas
être bien fréquentes, lorsque nous voyons Muyart de
Vouglans, recherchant les moyens d'atténuer les inconvénients des peines infamantes, demander que « les
lettres de grâce, même celles de commutation de
peine, aient l'effet de purger toute note d'infamie, *lorsqu'il en sera fait mention expresse*, de manière
que ceux qui les auront obtenues puissent non seulement rentrer dans l'exercice des offices ou bénéfices
dont ils avaient été dépouillés, mais encore en acquérir
de nouveaux (1) ». Nous l'avons déjà fait remarquer,
quand les auteurs veulent montrer l'utilité de la
réhabilitation, ils citent l'exemple d'officiers de justice
interdits ou condamnés à une peine infamante et qui
redeviennent capables d'exercer leurs fonctions ;
jamais ils ne parlent du délinquant vulgaire, du
voleur qui, pour quelque larcin, porte gravée au fer
rouge sur l'épaule la marque de son infamie, du
blasphémateur qui, pour quelque propos fort honteux
sans doute, mais peut-être inconsidéré et qu'il regrette,
a eu la langue ou la lèvre fendue. Celui-là demeure-

---

(1) Muyard de Vouglans, Mémoire sur les peines infamantes,
Lois crim. p. 838.

ra perpétuellement infâmes, point de pardon pour lui !

Que l'on ne s'en étonne point d'ailleurs. La pitié n'est pas le faible de nos vieux criminalistes. « C'est une bonne chose, dit Beaumanoir, que les malfaiteurs soient rudement punis et justiciés selon leur méfait, afin que la crainte de la justice les empêche de méfaire, » et il ajoute : qu'on doit apprendre aux criminels qu'il existe un droit de vengeance contre tous les méfaits, si bien que, même dans le doute, il faut punir sévèrement pour que les autres prennent exemple. » La vengeance de la société, l'épouvante causée par la rigueur du supplice, voilà les deux fins de la peine, et si Jousse fait remarquer dans la préface de son Traité de la Législation criminelle que le premier objet des lois pénales est de « corriger les coupables (1) » il ne tarde pas à accepter les idées communément reçues en déclarant que : « la poursuite des crimes a deux buts: 1° la vengeance publique ; 2° la réparation privée (2) ».

Entre les mains de la justice, le coupable n'est plus qu'un instrument, un moyen d'effrayer les méchants et de défendre la société contre d'autres méfaits. L'essentiel est de donner au crime et au châtiment la plus grande publicité afin d'inspirer plus d'horreur. De l'avenir du condamné, de la possibilité de son relèvement moral on n'a aucun souci. De son repentir, de ses efforts pour revenir au bien on ne s'occupe

---

(1) Ce que Jousse appelle correction parait d'ailleurs être plutôt de l'intimidation : « Le premier objet des lois pénales, dit-il, est de corriger les coupables que l'on punit, *afin qu'ils s'attendent à de nouvelles peines s'ils retombent dans de nouveaux crimes.*» (Préface, p. III).

(2) Jousse, *Légis. crim.*, t. III, p. 63.

jamais. Comment, avec de telles idées, aurait-on pu
saisir le principe et le rôle véritable de la réhabilitation ? Comment aurait-on pu comprendre qu'elle
n'est en somme qu'une œuvre de justice, qu'un droit
que le condamné peut conquérir par son amendement ?

La théorie de la réhabilitation a cependant fait quelques progrès. Nous avons vu s'établir la règle de l'expiation et de la satisfaction préalables : les lettres de
réhabilitation ne s'accordent qu'autant que la peine
a été subie, que le dommage a été réparé. Mais lorsque
ces deux conditions se trouvent remplies, c'est encore
à la clémence souveraine que l'on doit s'adresser pour
rentrer dans « sa bonne fame et renommée ». Em-
pruntée au droit romain par les légistes qui en ont
fait une prérogative du prince, la réhabilitation
demeure une forme de la grâce, une *restitutio* plus
ou moins large suivant les termes des lettres royales
qui l'accordent et qui remplacent les rescrits impé-
riaux. Pour l'obtenir, il faut le bon plaisir du roi, la
protection d'hommes de cour, surtout des ressources
suffisantes pour acquitter les droits de sceau. La justice intervient, mais son rôle se restreint à un entérinement de pure forme. On n'exige enfin du condamné
aucune garantie de bonne conduite. En un mot, les vrais
principes de l'institution restent à dégager. L'Assemblée constituante ne tardera pas à le faire, quand, après
avoir fixé dans une impérissable formule les droits de
l'homme et du citoyen, elle comprendra que s'il
convient d'en priver ceux qui se sont montrés indignes de les exercer, il serait injuste et cruel de leur
ravir jusqu'à l'espérance de les recouvrer un jour
par la pratique de la vertu.

CHAPITRE III

DROIT INTERMÉDIAIRE

Nous n'insisterons pas, au début de ce chapitre, sur le rôle prépondérant qu'il convient d'attribuer à la philosophie et à la littérature du xviiie siècle dans la complète transformation de notre droit pénal réalisée par l'Assemblée constituante. La réaction de l'opinion publique avait été aussi violente que brusque. Les magistrats, préoccupés surtout du trouble causé par le crime, sacrifiaient le coupable à la vengeance sociale ; les philosophes et les publicistes se prennent de pitié pour ce malheureux. Peut-être n'était-il pas à jamais perverti, sans doute pouvait-on espérer le ramener au bien ; peut-être avait-il été victime d'une nécessité aveugle ou d'une fatale erreur ; à coup sûr il expiait trop durement sa faute. Tous ceux qui pensent se font un mérite de leur sensibilité et Mme La Tour-Franque-ville pourra écrire à Jean-Jacques-Rousseau : « Vous êtes le plus sensible des hommes ; moi, sans être la plus sensible des femmes, je suis plus sensible que vous. »

Mais le plus digne de remarque dans ce mouvement général des idées, c'est qu'en dehors de ces manifestations littéraires auxquelles le goût du jour ne restait pas étranger, l'innovation spéculative n'a pas tardé,

suivant l'expression de M. Villemain, « à se transfor-
mer en innovation active et réelle par l'invasion de la
philosophie dans les affaires, dans l'administration et
dans la justice. » Dès 1764, Beccaria, dans son Traité
des délits et des peines, attaque l'ordonnance de 1670
et trace le programme des revendications de l'esprit
humain en matière de législation criminelle : « C'est
une vérité incontestable, dit-il, que les peines n'ont
pas été établies dans l'unique but de tourmenter un
être sensible... mais de mettre le coupable dans l'impossibilité de commettre un nouveau délit (1) », et plus
loin : « Mieux vaut prévenir les délits que les punir.
Le meilleur moyen de prévenir les délits est le perfectionnement de l'éducation (2). » Montesquieu critique
la répression des crimes commis contre la religion et
soutient avec Beccaria qu' « un bon législateur doit
moins s'attacher à punir les crimes qu'à les prévenir ;
il doit plus s'appliquer à donner des mœurs qu'à infliger des supplices. » Plus écouté que Beccaria et Montesquieu qui ne sortent pas du domaine spéculatif,
Voltaire « ne s'occupe plus que de procès » ; il ne cesse
de lutter en faveur des victimes de la pénalité et par-
vient, avec Elie de Beaumont, à faire réhabiliter la
mémoire de Sirven et de Calas. Les académies s'intéressent à la question ; elles mettent au concours
« la discussion de cette matière importante », suivant
l'expression de Boucher d'Argis (3), et comptent parmi
leurs lauréats des hommes qui, dans la période révo-
lutionnaire, joueront un rôle prépondérant, tels que

---

(1) Chap. xv, *De la modification des peines.*
(2) Chap. xli, *Des moyens de prévenir les délits.*
(3) *Observations sur les lois criminelles.* Avant-propos, p. 8.

Robespierre et Marat (1). Le mouvement se communique à la magistrature. L'avocat général Servan obtient un vif succès en reproduisant les idées de Beccaria dans un discours qu'il prononce, en 1766, sur l'*administration de la justice criminelle*. Les vieilles institutions pénales ne rencontrent de défenseurs que parmi quelques jurisconsultes attardés (2), mais aucun de leurs plaidoyers ne trouve de crédit devant l'opinion. Nous sommes à la veille de la Révolution, c'est à l'Assemblée constituante que doit revenir l'honneur d'accomplir les réformes si vivement désirées.

Son premier soin fut d'établir trois classes d'infractions : les délits de police municipale, les délits de police correctionnelle et les crimes. Afin d'accentuer cette distinction, elle met en vigueur deux codes distincts, la loi du 22 juillet 1791 pour les délits et le code pénal du 6 octobre 1791 pour les crimes. Les infractions punissables par la voie de la police correctionnelle, seront : 1° les délits contre les bonnes mœurs ; 2° les troubles apportés publiquement à l'exercice d'un culte religieux quelconque ; 3° les insultes et les violences

---

(1) M. de Robespierre, avocat à Arras, est l'auteur d'un *Mémoire sur le préjugé qui étend à la famille du coupable la honte des peines infamantes*, couronné par l'académie de Metz en 1784. Marat est l'auteur d'un *Plan de législation criminelle* (1re édit. 1789).

(2) Dans la préface de son *Traité de la législation criminelle* (p. 64), Jousse s'exprime ainsi : « Le Traité des délits et des peines de M. Beccaria tend à établir un système des plus dangereux et des idées nouvelles qui, si elles étaient adoptées, n'iraient à rien moins qu'à renverser les lois reçues jusqu'ici par les nations les plus policées, et donneraient atteinte à la religion, aux mœurs et aux maximes sacrées du gouvernement. »

graves envers les personnes ; 4° les troubles apportés
à l'état social et à la tranquillité publique par la mendicité, par les tumultes, par les attroupements et par
tous autres délits ; 5° les atteintes portées à la propriété des citoyens, par dégâts, larcins ou simples
vols, escroqueries, ouvertures de maisons de jeu où le
public est admis (art. 7, titre II, de la loi du 22 juillet
1791). Cette énumération correspond assez exactement
à la liste des faits qualifiés délits par le code de 1810.
Au point de vue qui nous occupe, les délits prévus par
la loi du 22 juillet 1791 n'entraînent aucune infamie
ni aucune incapacité quelconque ; par suite, en ce
qui les concerne, il n'y a pas besoin de réhabilitation.

Les crimes peuvent être commis contre la chose
publique ou contre les particuliers, contre les personnes ou contre les propriétés. Ils sont punis de
peines criminelles, savoir : la mort, les fers, la réclusion dans une maison de force, la gêne, la détention,
la déportation, la dégradation civique et le carcan.
Enfin : « *Quiconque a été condamné à l'une des*
« *peines des fers, de la réclusion dans une mai-*
« *son de force, de la gêne, de la détention, de la*
« *dégradation civique ou du carcan, sera déchu*
« *de tous les droits attachés à la qualité de*
« *citoyen actif et rendu incapable de les acqué-*
« *rir. Il ne pourra être rétabli dans ses droits*
« *ou rendu habile à les acquérir que sous les*
« *conditions et dans les délais qui seront pres-*
« *crits au titre de la Réhabilitation* » (art. 1er,
tit. IV, du code pénal du 6 octobre 1791). Voilà
tout ce qui subsiste de l'ancienne infamie. Combien son application est restreinte, combien ses effets
sont atténués ! Le mot lui-même disparaît : le con-

damné ne devient plus infâme, il perd seulement la
qualité de citoyen actif (1). L'Assemblée constituante
estime que si tous les citoyens ont le droit absolu
« de concourir personnellement ou par leurs représentants à la formation de la loi, expression de la
volonté générale », c'est aussi pour eux un honneur
dont ils doivent rester dignes. Et si l'un d'eux commet une action particulièrement odieuse, la société
ne fera que le frapper d'une peine « strictement et
évidemment nécessaire » en lui enlevant cette prérogative et en l'excluant de la nation comme autrefois
on excluait de la noblesse.

Le condamné privé de sa qualité de citoyen actif se
trouve exclu des collèges électoraux (2); il ne peut
plus faire partie du jury (3). Mais là se bornent les
effets de cette peine encourue à titre accessoire ou
principal et les condamnations criminelles, en dehors de la tare sociale qu'elles impriment forcément
à ceux qui en sont frappés, n'ont point d'autre conséquence qui, de près ou de loin, rappelle l'infamie. La
mort civile est supprimée de fait, puisque le Code de

---

(1) Toutefois l'Acte constitutionnel du 24 juin 1793 parle des
peines infamantes et nous retrouvons cette expression dans le
code du 3 brumaire an IV, qui l'applique à la dégradation
civique et au carcan ; mais, pour les effets et les cas d'application de ces peines, il renvoie aux dispositions du code pénal
décrété par l'Assemblée constituante (art. 610 du code de brumaire an IV).

(2) L'Acte constitutionnel du 24 juin 1793 et l'article 4 de la
Constitution du 22 frimaire an VIII rappellent cette incapacité.

(3) Loi du 16-26 septembre 1791, tit. X, art. 2 : « Nul ne
pourra être placé sur la liste du jury s'il ne réunit les conditions requises pour être électeur ». L'article 483 du code du
3 brumaire an IV reproduit cette disposition.

1791 n'admettant pas le droit de grâce, n'a pu admettre non plus les peines afflictives perpétuelles qui auraient enlevé au condamné tout espoir. La confiscation pour crime a été abolie par l'article 3 de la loi du 21 janvier 1790 (1) et l'article 2 de la même loi, dont nous avons déjà signalé l'importante disposition, déclare que « les délits et les crimes étant personnels, le « supplice d'un coupable et les condamnations infa « mantes quelconques n'impriment aucune flétris « sure à sa famille ; l'honneur de ceux qui lui appar « tiennent n'est nullement entaché et tous continuent « d'être admissibles à toutes sortes de professions, « d'emplois et de dignités ».

Seules les peines criminelles entraînent la perte de la qualité de citoyen. La Constituante a cru, avec Beccaria, que « les peines infamantes devaient être rares, parce que l'emploi trop fréquent de l'opinion affaiblit l'opinion même (2) » ; et en même temps elle a

---

(1) Le décret du 10 mars 1793 établissant un tribunal criminel extraordinaire, pour connaître de toute entreprise contrerévolutionnaire, de tout attentat contre la liberté, l'égalité, l'unité, l'indivisibilité de la République, etc., prononce la confiscation des biens de ceux qui seraient condamnés à mort par ce tribunal. D'autre part, le décret du 1er brumaire an II rétablit la confiscation pour les biens des faux monnayeurs et de ceux qui ont fabriqué ou distribué de faux assignats. Mais le décret du 22 prairial an III limite considérablement les confiscations prescrites par le décret du 10 mars 1793. Le Code pénal de 1810 maintient la confiscation pour les crimes attentatoires à la sûreté générale de l'État, pour ceux de fausse monnaie, contrefaçon des sceaux de l'État, des effets émis par le Trésor public et des billets de banque (art. 75, 76, 77, 80, 81, 82, 86, 91 à 97, 132, 139 et 140). Elle n'est définitivement abolie que par l'article 66 de la Charte du 4 juin 1814, ainsi conçu : « La peine de la confiscation des biens est abolie et ne pourra être rétablie ».

(2) Beccaria, *Des délits et des peines*, édit. F. Hélie, p. 119.

pensé que, si perverti qu'un criminel paraisse, tout espoir de le ramener au bien ne devait jamais être perdu, de même qu'il ne faut jamais désespérer de guérir un malade (1).

La peine doit avoir le « double effet de punir le coupable et de le rendre meilleur », dit Lepelletier Saint-Fargeau (2). Elle ne demeure strictement et évidemment nécessaire que tant qu'elle constitue un moyen d'atteindre ce double but, et lorsque le condamné a expié, lorsqu'il s'est amendé, elle perd tout objet, elle devient inutile et injuste, on doit y mettre fin au plus vite. Ces déductions amenèrent l'Assemblée constituante à maintenir et à développer le principe de la réhabilitation. « Il faut, disait le rapporteur, abolir tout ce qui peut donner aux peines un caractère de perpétuité, tout ce qui voue un coupable au désespoir, au désespoir, la plus barbare des punitions, la seule peut-être que la société n'ait pas le droit d'infliger. Appelons par nos institutions le repentir dans le cœur du coupable; qu'il puisse revivre à la vertu, en lui laissant l'espérance de revivre à l'honneur ; qu'il puisse cesser d'être méchant par l'intérêt que vous lui offrez d'être bon; après qu'une longue partie de sa vie, passée dans les peines, aura acquitté le tribut qu'il doit à l'exemple, rendu à la société, qu'il puisse encore recouvrer son estime par l'épreuve d'une conduite sans reproche et mériter un jour que la patrie efface de son front jusqu'à la

---

(1) « Le coupable est un malade ou un ignorant ; il faut le guérir, l'instruire et non pas l'étouffer. » (Brissot, *Théorie des lois criminelles*, préface, p. 19).

(2) Rapport de Lepelletier Saint-Fargeau (séances des 22 et 23 mai 1791).

tache du crime qu'il aura suffisamment expié.....
Jusqu'ici, nous n'avons fixé nos regards que sur de tristes objets : le crime et les rigueurs nécessaires pour
le réprimer ; mais le remords peut pénétrer dans
l'âme du coupable, et il nous a semblé que c'était
une conception digne de législateurs de présenter
au condamné l'espoir de renaître un jour à l'honneur par la pratique de la vertu. Nous vous proposons de décréter qu'à une époque déterminée après
l'expiration de sa peine, le condamné puisse être
réhabilité par la société et rétabli dans tous ses
droits ».

Pour en finir d'un coup avec l'arbitraire de la clémence royale et convaincue de l'infaillibilité du jury
qu'elle venait d'instituer, la Constituante supprime le
droit de grâce comme « inutile et dangereux » (1). Aux
termes de l'article 13, titre VII, du code pénal du 6 octobre 1791 : « L'usage de tous actes tendant à empê-
« cher ou suspendre l'action de la justice criminelle,
« l'usage des lettres de grâce, de rémission, d'aboli-
« tion, de pardon et de commutation de peine, sont
« abolis pour les crimes poursuivis par voie de jurés ».
La réhabilitation ne sera donc plus une forme particulière de la grâce ; elle constituera une institution à
part, elle aura sa vie et son organisation propres.

A qui incombera le soin de la prononcer ? Pour le
savoir, il suffit de rechercher l'origine de la déchéance
dont elle doit relever. Lorsqu'un condamné est rayé
de la liste des citoyens actifs, n'est-ce point parce que
ses concitoyens, ses pairs, l'excluent de la nation
comme frappé d'indignité ? L'opinion publique sanc-

---

(1) Lepelletier Saint-Fargeau. Rapport.

tionne la peine prononcée par la loi, et quand, après un long temps d'épreuve, cette même opinion jugera que, par son repentir et sa régénération morale, le condamné mérite de compter à nouveau parmi les citoyens, il devra recouvrer tous ses droits. C'est donc l'opinion publique qui, par l'organe de ses représentants légaux, accordera la réhabilitation.

A quelles conditions sera-t-elle soumise? Il ne suffira pas que le condamné ait subi sa peine : « Voici, dit le rapporteur, les conditions que nous avons jugé utile d'y apposer. D'abord, il faut que plusieurs années se soient écoulées depuis l'époque à laquelle il a recouvré sa liberté, afin que sa conduite soit suffisamment éprouvée ; ensuite, il est convenable que sa réintégration ne soit point un droit ouvert et certain, mais plutôt une espérance, une faculté qui lui présenteront des efforts à faire et un prix à obtenir... Ce baptême civique doit être accompagné de solennités et nul ne pourra y être présenté que par les officiers municipaux du lieu de son domicile, c'est-à-dire par les magistrats et les organes du peuple, qui, témoins habituels de la conduite du condamné, pourront attester que tel, après un long repentir, a mérité que la société lui rendît son estime (1) ». Ces solennités, dont parle le rapporteur, bien qu'elles constituent le plus grave défaut du système adopté par la Constituante, se comprennent, si l'on se souvient que le code de 1791 maintenait pour toutes les peines criminelles la publicité de l'exécution. L'individu condamné à une peine pri-

---

(1) Rapport de Lepelletier Saint-Fargeau (séances des 22, 23 mai 1791). *Procès-verbaux de l'Assemblée constituante*, t. LVIII, n° 672.

vative de liberté est soumis à l'exposition publique avec un écriteau, pendant six, quatre ou deux heures (2). Celui qui a encouru la dégradation civique est conduit au milieu de la place publique, et le greffier lui adresse ces mots : « *Votre pays vous a trouvé coupable d'une action infâme, la loi et le tribunal vous dégradent de la qualité de citoyen français* », puis il subit le carcan, avec un écriteau, pendant deux heures (2). On a voulu contre-balancer en quelque sorte cette publicité du châtiment par la publicité de la réhabilitation, non seulement pour en relever le caractère, mais encore pour la faire connaître à tous.

Le titre VII du code pénal du 6 octobre 1791 contient, dans ses articles 1 à 12, toutes les dispositions relatives à la réhabilitation. Dix ans après l'expiration de la peine privative de liberté, ou dix ans à partir du jour du jugement prononçant la dégradation civique, le condamné peut demander à la municipalité du lieu de son domicile une attestation afin d'être réhabilité, à la condition d'être domicilié dans le territoire de ladite municipalité depuis deux ans accomplis. Huit jours au plus après la demande, le conseil général de la commune se réunit et en prend connaissance. Chacun de ses membres procède à une enquête personnelle et se procure, dans le délai d'un mois, sur la conduite de l'impétrant, tous les renseignements qu'il juge utiles. Ce délai expiré, le conseil se réunit à nouveau et décide, à la majorité des suffrages, si l'attestation sera accordée ou non.

---

(1) Code pénal du 6 octobre 1791, tit. I, art. 28.

(2) *Eod. loco*, art. 31.

Si la majorité est favorable, deux officiers municipaux revêtus de leur écharpe ou, avec leur procu-
ration, deux officiers municipaux de la ville où siège
le tribunal criminel du département dans le territoire
duquel le condamné se trouve domicilié, le conduisent
devant ce tribunal. Ils y paraissent avec lui dans l'au-
ditoire, en présence des juges et du public, et après
avoir fait la lecture du jugement de condamnation, ils
disent à haute voix : « *Un tel a expié son crime en
faisant sa peine ; maintenant sa conduite est irréprochable ; nous demandons, au nom de son
pays, que la tache de son crime soit effacée.* »
Le président du tribunal prononce alors cette formule : « *Sur l'attestation et la demande de votre
pays, la loi et le tribunal effacent la tache de
votre crime.* » Il est dressé du tout procès-verbal.

Si au contraire l'attestation a été refusée, le condamné ne peut former une nouvelle demande que
deux ans après et ainsi de suite, de deux ans en deux
ans, tant qu'elle n'aura pas été obtenue.

La réhabilitation fut donc, à l'époque intermédiaire,
l'œuvre exclusive des municipalités. Le pouvoir judiciaire n'intervenait que pour enregistrer leur décision sans aucun droit de contrôle. Ce système donne
certainement prise à la critique. La Constituante ou-
bliait que si la clémence des princes est souvent arbitraire, il s'en faut que l'opinion publique reste toujours
impartiale ; les assemblées politiques ont, elles aussi,
leurs préférences et leurs inimitiés. Pour un acte auquel, avec grande raison, le législateur attache tant
d'importance, il eut été besoin d'une sanction supérieure donnée par les magistrats en toute indépen-
dance. L'entérinement sans examen demeure un souvenir du passé : en si peu d'années on n'avait pu tout
oublier.

L'article 10 détermine les effets de la réhabilitation :
« La réhabilitation fait cesser dans la personne du
« condamné *tous les effets* et toutes les incapacités
« résultant de la condamnation. » Cette disposition ne
pouvait être conçue en termes plus compréhensifs. La
condamnation disparaît, tout se passe comme si le
réhabilité ne l'avait jamais subie, il redevient citoyen
actif, électeur et éligible aux fonctions publiques, il
peut être juré. Toutefois l'article 11 dispose que
« l'exercice des droits de citoyen actif demeurera sus-
« pendu à l'égard du réhabilité jusqu'à ce qu'il ait sa-
« tisfait aux dommages-intérêts ainsi qu'aux autres
« condamnations pécuniaires prononcées contre lui. »
La Constituante maintient donc l'obligation de la réparation préalable du préjudice causé. Elle eût mieux
fait de l'imposer comme une condition nécessaire à
l'octroi même de la réhabilitation ; on a probablement
estimé que de simples intérêts pécuniaires ne suffi-
saient pas pour retarder l'instant où la régénération
morale du condamné serait enfin proclamée.

Le titre II du code de 1791 établit une aggravation pénale par suite de la récidive : le repris de
justice subit d'abord la peine du nouveau crime qu'il
a commis, il doit être ensuite transféré pour le reste
de sa vie au lieu fixé pour la déportation des malfaiteurs. Les termes généraux de l'article précité s'opposent à ce qu'une peine criminelle, suivie de
réhabilitation, puisse servir de base à cette récidive,
particularité très digne de remarque car, sous le régime du code de 1808 et jusqu'à la loi du 14 août 1885,
il en sera tout autrement.

En résumé, pendant la période intermédiaire, la
réhabilitation se sépare complètement de la grâce. Réservée aux individus condamnés à des peines crimi-

nelles, qui seules entraînent des incapacités, elle est
l'œuvre de l'opinion publique représentée par les assemblées municipales ; elle suppose l'expiation, la
réparation du préjudice et l'amendement démontré
par un long temps d'épreuve ; elle s'accompagne enfin
d'un cérémonial solennel qui en fait une sorte de baptême civique.

Ainsi organisée, elle aurait dû produire de bons résultats. Pourquoi demeura-t-elle sans grande efficacité ? C'est que l'Assemblée constituante s'était inspirée, selon nous, de considérations philosophiques
d'un ordre trop élevé. En publiant la régénération du
condamné, elle voulait donner à la réhabilitation une
portée morale qu'elle n'avait pas eu dans l'ancien droit
et qu'elle n'aura plus, ni dans le code de 1808, ni dans
les lois qui le suivront. Les effets de la réhabilitation
ne peuvent, à vrai dire, dépasser le domaine juridique, il ne faut pas chercher à modifier l'opinion. La
Constituante pensait aussi que tous les citoyens atta-
cheraient le plus haut prix à l'exercice de leurs droits
politiques ; que, s'en voyant privés, ils ne reculeraient
devant aucune épreuve pour les reconquérir. En réalité,
les incapacités résultant des condamnations criminelles pouvaient sembler assez peu graves et beaucoup
ne se soucièrent pas, au bout de dix années, de rappeler leur passé dans le seul but de redevenir électeurs
ou jurés. Mieux valait laisser ce passé s'éteindre dans
l'oubli, ou ne pas le révéler à ceux qui l'ignoraient, que
d'en raviver le souvenir par l'enquête à laquelle pro-
cédaient, sans aucune discrétion, les membres des
municipalités, par la comparution en audience publique et la lecture du jugement. On a dit de ces
solennités du baptême civique qu' « elles étaient dan-
gereuses si elles tendaient à humilier le condamné,

immorales si elles se proposaient de le glorifier (1). »
La critique paraît un peu vive, mais il faut reconnaître qu'au point de vue pratique, elle n'est pas sans
fondement.

Malgré tout, notre institution était entrée dans une
phase nouvelle, le temps devait suffire à la perfec-
tionner.

---

(1) Rapport de M. Langlois au Corps législatif sur la loi du
3 juillet 1852.

CHAPITRE IV

LA RÉHABILITATION
DANS LE CODE D'INSTRUCTION CRIMINELLE
ET JUSQU'A LA LOI DU 14 AOUT 1885

« Y aura-t-il un mode de réhabilitation pour les condamnés dont la conduite aura mérité cette faveur ? » Telle fut la question que le Conseil d'Etat dut examiner dans sa séance du 30 prairial an XII, au début même de la discussion générale qui inaugura les travaux préparatoires du code d'instruction criminelle (1). Tout d'abord, on se montra peu favorable au maintien de la réhabilitation : « Elle a, dit M. Regnaud de Saint-Jean d'Angély, l'inconvénient de remettre indistinctement dans la société ceux qui ont subi leur peine. Or l'expérience prouve que le condamné qui a vécu longtemps dans un bagne en sort ordinairement tellement perverti qu'il est dangereux de lui rendre ses droits dans la société et qu'il est prudent, au contraire, de le laisser à jamais sous la surveillance de la police. ». Treilhard estime que cette institution demeurera impuissante tant que « dans le lieu de sa détention on ne prendra aucun moyen pour

---

(1) Locré, t. XXIV, pp. 104 et suiv.

donner une meilleure direction à la conduite du condamné ; » enfin, pour M. Laumond, « la réhabilitation
sera toujours illusoire parce qu'elle n'est pas conforme
au génie de la nation. Les Français pourront ne pas
regarder comme infâme celui qui, par vengeance ou
passion, se sera souillé d'un meurtre, mais ils ne ren-
dront jamais leur estime à l'individu condamné pour
vol ou pour d'autres crimes auxquels l'opinion publique attache un caractère de bassesse. »

Cambacérès intervint heureusement en faveur
de la réhabilitation. Il dit que « la Constituante
avait décrété la réhabilitation dans des circonstances
beaucoup moins favorables que celles où l'on se
trouve ; alors les lettres de grâce étaient supprimées
et la réhabilitation était prononcée par les municipalités indistinctement et sans examen. Maintenant on
peut adopter un mode différent et qui fera de la réhabilitation une institution utile. Il faut ne la confier ni
aux conseils généraux ni aux administrations locales,
mais ne l'accorder que par lettres du prince qui seront
délivrées en connaissance de cause et avec les modifications convenables ». En effet, le sénatus-consulte
organique du 16 thermidor an X avait, dans son
article 86, restitué le droit de grâce au premier consul
qui ne pouvait l'exercer qu'après avoir pris l'avis du
conseil privé (1).

---

(1) Art. 86, sénat. org. du 16 thermidor an X : « Le premier
« consul a le droit de faire grâce. Il l'exerce après avoir entendu
« dans un conseil privé le grand juge, deux ministres, deux séna-
« teurs, deux conseillers d'Etat et deux juges du tribunal de cas-
« sation. » Le droit de grâce a été maintenu par l'art. 58 de la
Charte du 7 août 1830, l'art. 55 de la Constitution du 4 novembre 1848, l'art. 9 de la Constitution du 14 janvier 1852, la loi
du 17 juin 1871 et l'art. 3 § 2 de la loi du 25 février 1875.

Sur les observations de l'archichancelier, le Conseil d'Etat adopta le principe de la réhabilitation accordée par le pouvoir exécutif.

Lors de la reprise des travaux préparatoires du code d'instruction criminelle, en 1808, M. le comte Réal présenta au Conseil d'Etat, dans sa séance du 16 août, une première rédaction du chapitre XXVII, liv. II, intitulé : *De la Réhabilitation des condamnés* et dont les dispositions étaient calquées sur celles du code de 1791 (1). Les municipalités conservaient le droit de délivrer l'attestation de bonne conduite, les cérémonies d'audience étaient maintenues et se passaient devant la cour d'assises, qui délibérait seulement sur la suffisance et la légalité des pièces annexées à la demande. Toutefois l'arrêt de réhabilitation ne produirait d'effet que du jour où il aurait été ratifié par lettres de l'empereur. Ce projet n'obtint aucun succès et les orateurs, parmi lesquels MM. Regnaud de Saint-Jean-d'Angély, Berlier, Treilhard, le comte Bérenger, Cambacérès et le grand juge, examinèrent surtout le but même de l'institution.

Cette discussion nous fournit d'utiles renseignements sur le caractère que la réhabilitation va prendre dans le code nouveau.

Comme le grand juge avait fait remarquer qu' « on ne commande pas à l'opinion par des lois ni par des arrêts » et que « le parti le plus raisonnable que puisse prendre l'homme qui a eu le malheur de commettre un crime, c'est de s'ensevelir dans l'obscurité la plus profonde, » le comte Berlier lui répondit : « On a objecté que l'opinion serait plus forte que l'arrêt de

(1) Locré, t. XXVIII, pp. 121 et suiv.

réhabilitation : oui s'il est injuste, non au cas contraire. *Au surplus il ne s'agit pas de savoir si l'es-*
time publique sera restituée au condamné, de
telle sorte qu'on ne répugne point de s'allier
avec lui. Quand la réhabilitation ne produirait pas
cet effet ordinairement, il n'en faudrait pas la rejeter,
car elle offre assez d'autres avantages pour être
recherchée de tout condamné et pour donner aussi
une garantie à la société..... Il n'y aurait pas à s'occuper
de la réhabilitation si, immédiatement après l'expiration de la peine, le condamné recouvrait tous ses
droits ; mais il n'en sera pas ainsi si l'on adopte le
système que renferme le projet de code pénal non
encore discuté. En effet, outre la privation des droits
politiques résultant de son précédent état, le condamné peut, après le terme de sa peine, rester privé
de certains droits civils et de famille et demeurer
indéfiniment à la disposition du gouvernement ; il est
donc bien loin de recouvrer ses droits par le seul fait
de l'expiation de la peine et, d'après ces explications,
l'utilité de la réhabilitation ne peut plus être contes-
tée. » La réhabilitation ne cherchera donc pas à rendre l'honneur au coupable qui a expié et qui s'est
repenti, son rôle sera plus modeste : elle fera cesser
les incapacités légales résultant de la condamnation.
« C'est là le but de la réhabilitation, continue Berlier.
Voulez-vous fermer aux condamnés à temps toute
issue, non seulement à l'estime, mais à l'exercice de
certains droits ? Vous les constituez en état de guerre
contre la société et vous les obligez à recommencer
leur infâme métier. Offrez-leur donc un appât qui les
rende meilleurs. Si cette vue philanthropique et
sociale n'est pas exacte envers tous, on ne niera pas
du moins qu'elle puisse l'être envers quelques-

uns, et cela suffit pour qu'on· doive l'admettre. »

A la séance du 24 septembre 1808, une seconde rédaction du projet fut présentée au Conseil et acceptée sans long examen. Signalons seulement une observation de Berlier sur l'article 641 ainsi conçu : « La récidive fera cesser les effets de la réhabilita- « tion. » « Cet article, objecte-t-il, ne dit pas tout ce qu'il devrait dire. Sans doute la récidive fait cesser la réhabilitation et toute condamnation postérieure produit nécessairement cet effet ; mais il semble utile de s'expliquer sur un autre point : le condamné pour récidive pourra-t-il encore se faire réhabiliter ? Cette faveur ne saurait être due à un homme aussi endurci dans le crime et il est bon que la loi la lui dénie formellement. » On se rangea à cette opinion et l'article fut rédigé de la façon suivante : « Le condamné pour « récidive ne sera jamais admis à la réhabilitation » (1).

Le projet adopté par le Conseil d'Etat fut soumis au Corps législatif le 6 décembre 1808, et dans les paroles mêmes du rapporteur, M. Louvet, nous voyons encore un doute s'élever sur l'efficacité de la réhabilitation : « On n'a eu depuis l'Assemblée constituante que peu d'exemples de réhabilitations, mais quand, par impossible, l'espoir d'y être admis ne servirait qu'à rendre meilleur un seul individu, la peine qu'aurait prise le législateur ne serait pas perdue... Les rédacteurs du projet ont donc pensé qu'il fallait, sans trop de froideur de jugement, consacrer l'idée morale et noble de la réhabilitation. Ne dût-elle avoir d'application qu'une ou deux fois par siècle, ce ne serait pas un motif de la dédaigner, la moindre utilité d'une institu-

(1) Locré XXVIII, p. 147.

tion qui ne peut pas nuire suffit pour la conserver (1) ».

Malgré ce peu d'enthousiasme, le projet fut voté
sans modifications, décrété le 16 décembre 1808, promulgué le 26 du même mois et devint le chapitre IV,
titre VII, livre II, du code d'instruction criminelle,
comprenant les articles 619 à 634, dont nous résume-
rons brièvement les dispositions.

La réhabilitation n'est ouverte qu'aux condamnés
à une peine afflictive ou infamante. La demande ne
peut être formée que cinq ans après l'expiration de la
peine (art. 619) et à la condition que le condamné
réside depuis cinq ans dans le même arrondissement
communal et depuis deux ans dans la même commune ; sa requête doit être appuyée d'attestations
délivrées par les conseils municipaux de toutes les
communes où il a demeuré : il doit se procurer lui-
même ces attestations qui ne peuvent lui être délivrées qu'au moment où il quitte la commune et qui
doivent être approuvées par le sous-préfet, le procureur impérial et le juge de paix (art. 620). Le suppliant dépose sa demande et les pièces jointes au
greffe de la cour impériale dans le ressort de laquelle
il est domicilié (art. 621). Une notice de la demande
est publiée dans le journal judiciaire du lieu où siège
la cour, et dans celui du lieu où la condamnation a été
prononcée (art. 625). Le procureur général donne ses
conclusions motivées et par écrit (art. 622). L'affaire
est rapportée à la chambre criminelle (art. 623). La cour
et le ministère public peuvent faire procéder à de nouvelles informations (art. 624). La cour donne son avis,

---

(1) Locré, t. XXVIII, pp. 180 et suiv.

le procureur général entendu (art. 626). Cet avis ne peut être émis que trois mois après la présentation de la demande (art. 627). S'il n'est pas favorable, le condamné ne peut se pourvoir à nouveau qu'après un délai de cinq ans (art. 628). S'il est favorable, le dossier est transmis au ministre de la justice qui peut consulter le tribunal qui a prononcé la condamnation (art. 629). Le ministre fait un rapport à Sa Majesté qui statue (art. 630).

Bien qu'elle réclame de nouveau la sanction suprême, la réhabilitation reste donc nettement distincte de la grâce ; elle est l'œuvre combinée de l'administration, de la justice et de l'empereur. « Puisqu'il n'était plus question du droit de grâce, dit M. Réal, puisqu'il s'agissait de la reconnaissance d'un droit acquis, les dispensateurs de la justice, les tribunaux ne pouvaient rester étrangers à l'instruction qui doit précéder le jugement ; il a donc fallu, dans cette matière mixte de sa nature, admettre le concours des tribunaux en ouvrant le recours au prince (1). » Les municipalités donnant des attestations de bonne conduite continuent à représenter « l'organe de l'opinion », suivant l'expression de Cambacérès. Le rôle de l'autorité judiciaire ne se réduit plus à un simple enregistrement : la cour reçoit un pouvoir d'appréciation qui a plus que la valeur d'un avis, puisqu'elle peut ajourner la demande quand l'impétrant ne fournit pas les preuves d'un amendement suffisant. Enfin le prince se prononce dans sa souveraineté et cette prérogative nous apparaît comme l'une des conséquences du réveil de l'idée monarchique si nettement manifesté

(1) Exposé des motifs. Locré, t. XXVIII, p. 165.

dans les mœurs de la cour impériale ; on l'admet d'ailleurs sans la discuter, sans soupçonner même qu'elle puisse être théoriquement ou pratiquement contestable.

Les conditions de la réhabilitation restent l'expiation et la bonne conduite ; mais, probablement par oubli, on n'exige pas la réparation du préjudice causé. Quant à ses effets, nous les avons indiqués par avance : elle fait cesser pour l'avenir toutes les incapacités qui résultaient de la condamnation (art. 633) ; elle a des conséquences purement juridiques et ne prétend pas agir sur l'opinion, d'où la suppression des solennités, un peu théâtrales, du « baptême civique ».

L'art. 619 réservant la réhabilitation aux condamnés à une peine afflictive ou infamante, elle relèvera :

1° *de la mort civile*, les condamnés à une peine perpétuelle (art. 22 à 34 du code civil. — Art. 18 du code pénal) (1) ;

2° *de la dégradation civique*, les condamnés à une peine temporaire (art. 28 et 34 du code pénal) (2).

---

(1) Jusqu'à la réforme de 1832, la réhabilitation ne put s'appliquer à la mort civile parce que les condamnés à une peine perpétuelle commuée en une peine temporaire ne pouvaient l'obtenir. Lorsqu'à partir de 1832 les condamnés graciés purent solliciter leur réhabilitation, celle-ci ne fut nécessaire pour mettre fin à la mort civile que si la décision gracieuse n'était intervenue qu'après l'exécution de la peine, la mort civile n'étant encourue que par l'exécution (art. 26 du code civil).

(2) Dans le code pénal de 1810 les incapacités qui, aux termes de l'article 28, frappent les condamnés à des peines criminelles temporaires ne sont pas réunies sous le nom de dégra-

Seule d'ailleurs elle peut mettre fin soit à la mort civile, soit à la dégradation civique, soit à toute autre incapacité engendrée par une condamnation criminelle ; la grâce ne saurait produire cet effet. Telle est du moins la théorie admise par un avis du Conseil d'Etat du 8 janvier 1823, qui pose en principe « *que la grâce dérive de la clémence du roi et la réhabilitation de sa justice ; que les incapacités sont des garanties données par la loi soit à la société soit aux tiers ; que, par suite, la grâce accordée au condamné ne peut pas plus le relever de ces incapacités que de toutes les autres dispositions qui auraient été rendues en faveur des tiers.* » Que l'on saisisse bien toute la portée d'un pareil système. Désormais la grâce et la réhabilitation demeureront entièrement séparées, non seulement dans leurs conditions, mais encore dans leurs conséquences ; chacun aura son domaine propre et ne pourra empiéter sur le domaine de l'autre : pour les peines privatives de liberté, pour les peines pécuniaires, c'est à la grâce que l'on aura recours ; pour les peines privatives de droits, pour les incapacités, la grâce ne saurait suffire, c'est la réhabilitation qu'il faudra solliciter. Dès

---

dation civique, l'article 28 se borne à les énumérer : incapacité d'être juré, expert, d'être employé comme témoin dans les actes ou de déposer en justice autrement que pour donner de simples renseignements, incapacité d'être tuteur, curateur, si ce n'est de ses enfants et sur l'avis seulement de la famille, déchéance du port d'armes et du droit de servir dans les armées de l'empire. L'article 34 relatif à la dégradation civique, peine principale, en fait résulter la perte de toutes fonctions et emplois publics et les incapacités de l'article 28. Depuis la réforme de 1832 les incapacités et déchéances dont l'ensemble forme la dégradation civique, peine principale (art. 8) ou accessoire (art. 28 nouveau), sont énumérées dans l'art. 34.

lors, plus ces incapacités deviendront nombreuses et fréquentes, moins elles seront graves, plus le législateur se montrera indulgent, plus il s'efforcera de faciliter l'accès de la réhabilitation en simplifiant ses conditions et sa procédure, au point de supprimer toutes formalités et de l'accorder de plein droit. L'avis du 8 janvier 1823 a servi de base à une jurisprudence constante ; nous nous réservons d'examiner en détail, dans la partie théorique de cette étude, les arguments sur lesquels il se fonde, mais nous avons tenu à le signaler dès maintenant, comme un fait capital dans l'histoire de notre institution.

L'art. 619, en exigeant d'une manière absolue que la peine ait été subie, excluait les condamnés qui avaient bénéficié d'une remise gracieuse et tous ceux dont la peine perpétuelle avait été commuée en une peine temporaire. De plus le même article, bien que débutant par une disposition générale, donnait ensuite une énumération des peines et ne parlait ni du bannissement ni de la dégradation civique ; on s'était demandé si, dans ces deux cas, la réhabilitation pouvait être obtenue. Lors de la revision de 1832, sans rien modifier aux caractères de l'institution, on compléta l'article 619 par deux dispositions dont l'une admettait à la réhabilitation « les condamnés qui avaient obtenu des « lettres de grâce ou de commutation », et dont l'autre la déclarait également applicable à la dégradation civique. Le doute subsistait pour le bannissement (1).

---

(1) D'après Legraverend, l'article 619 ne parlant pas du bannissement, il ne pouvait jamais y avoir lieu à réhabilitation pour les condamnés à cette peine. Bourguignon (*Jurisp. crim.*, t. II, p. 513) dit que le silence du Code s'explique parce que, lors de sa publication, la peine de bannissement n'existait pas, et,

La réhabilitation était refusée aux individus condamnés à des peines correctionnelles. Pourquoi? On ne saurait le dire avec certitude, car les travaux préparatoires restent muets sur la question ; peut-être n'avait-on pas songé que dans la nouvelle législation les peines correctionnelles entraîneraient, elles aussi, certaines incapacités. Déjà cependant la loi du 5 brumaire an V déclarait incapables de servir dans les armées de la République l'officier convaincu de maraude (1) et l'officier qui ne s'était pas rendu à son poste devant marcher à l'ennemi (2) ; le code de procédure civile de 1806 décidait aussi, dans son article 283, que les témoins condamnés à une peine correctionnelle, pour cause de vol, pourraient être reprochés. Mais cette exclusion des condamnés correctionnels n'allait pas tarder à devenir plus regrettable encore. En effet : le code pénal, promulgué deux ans après le code d'instruction criminelle, déclare incapables d'exercer une fonction publique les comptables condamnés pour détournement de valeurs et les fonctionnaires qui ont pris un intérêt dans les entreprises qu'il administrent ou sont chargés de surveiller (art. 171 et 176).

Les articles 109, 112, 113, 123, 185, 197, 335, 374, 401, 405, 406, 410 du même code frappent les auteurs de nombreux délits pour une durée variant de deux à vingt ans, de l'interdiction de tout ou partie des droits

---

s'appuyant sur les expressions générales par lesquelles débute l'article 619, il soutient qu'aucune exception ne devait être admise. Cette opinion nous paraît très discutable, surtout depuis la réforme de 1832.

(1) Loi du 5 brumaire an V, tit. VI, art. 11.

(2) Loi du 5 brumaire an V, tit. VIII, art. 2.

civils, civiques et de famille énumérés dans l'article 42.

Des lois spéciales viennent multiplier ces incapacités.

L'article 53 de la loi du 28 avril 1816 sur les douanes autorise les tribunaux à prononcer contre les complices de contrebande l'interdiction de se présenter à la Bourse, d'exercer les fonctions d'agents de change, de courtier, et de voter dans les assemblées commerçantes.

D'après l'article 13 de la loi du 22 mars 1831, les condamnés pour escroquerie, banqueroute simple, abus de confiance, soustractions commises par des dépositaires publics, pour attentats aux mœurs, prévus par les art. 331 et 334 C. P., et pour vagabondage sont exclus de la garde nationale.

Aux termes de l'art. 2 de la loi du 21 mars 1832, ceux qui ont été condamnés à une peine correctionnelle de deux ans de prison et au-dessus et qui, en outre, ont été placés sous la surveillance de la haute police et interdits de leurs droits civiques, civils et de famille, sont exclus de l'armée française.

La loi du 28 juin 1833 sur l'instruction primaire privée, déclare, dans son article 5, incapables de tenir école les condamnés pour escroquerie, banqueroute, abus de confiance ou attentats aux mœurs et les individus privés de tout ou partie des droits de famille mentionnés en l'art. 42. C. pén. §§ 5 et 6, et la loi du 15 mars 1850 (art. 26) dispose que « sont incapa-
« bles de tenir école publique ou libre ou d'y être em-
« ployés les individus qui ont subi une condamnation
« pour crime ou pour un délit contraire à la probité
« ou aux mœurs. »

Le décret du 7 août 1848 (art. 3) exclut de la forma-

tion du jury les individus condamnés à des peines
correctionnelles pour faits qualifiés crimes, ou pour
délits de vol, d'escroquerie, d'abus de confiance, d'u-
sure, d'attentats aux mœurs, de vagabondage ou de
mendicité et ceux qui, à raison de tout autre délit,
auront été condamnés à plus d'un an d'emprisonnement (1).

Enfin la loi électorale du 15 mars 1849 prive du
droit de vote : 1° ceux auxquels il a été enlevé par
application de l'art. 42 C. p. ; 2° les condamnés pour
crime à l'emprisonnement par application de l'art.
463 C. p. ; 3° les condamnés à trois mois de prison au
moins pour vol, escroquerie, abus de confiance,
soustraction commise par des dépositaires publics,
attentats aux mœurs prévus par les art. 331 et 334
C. p. ; 4° ceux qui ont été condamnés à trois mois de
prison par application des art. 318 et 425 C. p. ;
5° les condamnés pour délits d'usure. La loi du
31 mai 1850 étend considérablement ces incapacités
(art. 8) (2).

De deux criminels condamnés l'un à la réclusion
et l'autre à l'emprisonnement par suite de l'admission
de circonstances atténuantes, le plus coupable pouvait
donc reconquérir l'exercice de tous ses droits, l'autre
en demeurait à jamais privé. Ainsi encore, lorsqu'un
voleur de grand chemin avait eu pour complice
un mineur de 16 ans renvoyé dans une mai-

---

(1) Ces dispositions ont été complétées par l'art. 2 de la loi du
4 juin 1853, modifiée elle-même par la loi du 21 novembre 1872
actuellement en vigueur.

(2) Ces dispositions ont été modifiées par le décret du 2 février
1852.

son de correction par application de l'article 67 du
C. p. le brigand endurci dans le crime pouvait effacer
la tache que lui imprimait la condamnation et pour
le jeune enfant, moins corrompu qu'égaré, elle était
ineffaçable (1).

Le conseil d'Etat, frappé sans doute d'une pareille
injustice, prétendit, par un avis du 15 janvier 1831,
que, même pour les condamnés à des peines afflictives
et infamantes, la réhabilitation ne pouvait relever des
incapacités résultant de lois spéciales et que ces incapacités demeureraient irrémissibles (2).

A l'opposé, dans un arrêt du 11 mai 1838 (3) la cour
d'appel de Paris estima « que l'art. 619 C. I. cr.,
en ne parlant que des peines afflictives ou infamantes,
n'était point limitatif; que s'il ne visait que ces peines,
c'est parce que les incapacités qui en résultaient étaient
les plus graves et souvent perpétuelles ; qu'enfin il
serait injuste de refuser à celui qui n'a encouru qu'une
condamnation correctionnelle une faveur accordée au
condamné à une peine afflictive ou infamante. » Cet
arrêt, évidemment contraire au texte, ne pouvait
avoir que la valeur d'une protestation. Déféré à la
cour de cassation sur l'ordre du garde des sceaux, il
fut annulé le 31 janvier (4) sur un réquisitoire dans
lequel le procureur général reconnaissait « qu'à la
vérité le besoin s'était déjà fait sentir de lever par la

---

(1) Exemple cité par l'exposé des motifs de la loi du 3 juillet 1852.

(2) Avis cité par l'exposé des motifs de la loi du 3 juillet 1852.

(3) Sirey, 1838-2-341.

(4) Sirey, 1839-1-199.

réhabilitation les incapacités attachées par des lois récentes aux condamnations correctionnelles, mais qu'en admettant que l'existence de ces incapacités perpétuelles sans que la réhabilitation puisse y mettre un terme soit une anomalie dans la législation, elle ne pourrait que provoquer l'intervention du législateur, mais ne saurait autoriser le juge à étendre la loi au delà de ses termes. »

Pour obtenir cette intervention du législateur, le gouvernement fit deux tentatives infructueuses.

En 1843, une proposition en ce sens fut repoussée par la Chambre des pairs, conformément aux conclusions du rapporteur M. Franck-Carré (1).

Reproduite à la Chambre des députés en 1845, la même proposition fut retirée après un rapport contraire de M. Chaix-d'Est-Ange (2).

Enfin, le 18 avril 1848, un décret du gouvernement provisoire admit à la réhabilitation les condamnés correctionnels trois ans après l'expiration de leur peine et pourvu qu'ils fussent domiciliés depuis deux ans dans la même commune. Provisoirement et pour toutes les demandes de réhabilitation, le ministre de la justice était investi des attributions du pouvoir judiciaire et du chef du pouvoir exécutif; il statuait sur simple avis du procureur général auquel la requête était présentée avec les attestations exigées par le code d'instruction criminelle.

Mais il fallait une solution définitive. Elle fut donnée par la loi du 3 juillet 1852.

_____

(1) Séances des 20 et 22 mai 1843 (*Moniteur* des 21 et 23).
(2) Séance du 25 avril 1845. (*Moniteur* du 3 mai).

Cette loi contient une nouvelle rédaction des articles 619 à 634 du code d'instruction criminelle. On peut classer sous quatre chefs les réformes qu'elle accomplit.

1° *Les condamnés à des peines correctionnelles sont admis à la réhabilitation.* Pour le leur refuser, on opposait deux ordres d'objections que l'exposé des motifs a péremptoirement réfutées.

La réhabilitation, disait-on en premier lieu, a pour but de supprimer l'infamie ; or, celle-ci n'est pas attachée aux peines correctionnelles. Il ne faut pas confondre par le même mode d'affranchissement des expiations de diverses natures qui correspondent à deux ordres de faits parfaitement distincts. De cette confusion il résulterait une aggravation de peine pour les condamnés correctionnels et un allègement de répression en faveur des individus frappés de condamnations infamantes. « On jetterait l'infamie sur les peines correctionnelles, avait dit le rapporteur à la Chambre des pairs en 1843, sous le prétexte de leur assurer le bénéfice de la réhabilitation » et, en 1845, M. Chaix-d'Est-Ange avait reproduit la même idée : « Ne serait-ce pas supposer que le citoyen condamné correctionnellement, qui a subi sa peine, n'a pourtant pas payé sa dette et qu'il vit encore sous le poids d'une infamie dont la réhabilitation peut seule le dégager ? » Voici la réponse de l'exposé des motifs : « D'après le code de 1808, la réhabilitation n'a d'autre objet que de faire cesser les incapacités résultant des condamnations. En matière de faillite, la réhabilitation, une réhabilitation spéciale il est vrai, intervient pour restituer la capacité commerciale : est-ce à dire qu'elle suppose une infamie préexistante et qu'elle ait à en laver la tache ? Est-il plus raisonnable d'avancer qu'une confusion entre la peine correctionnelle et la peine infamante est imminente, du moment où la réhabilitation devient commune aux incapacités qui leur survivent ? Mais les peines elles-mêmes, ce qui est bien autrement grave, ont un point de contact dans la juridiction gracieuse dont toutes elles relèvent et où toutes elles se rencontrent ? Perdent-elles pour cela leur caractère particulier et leur signification morale ? L'expérience est faite depuis quatre ans que le décret du gouvernement provisoire est en vigueur et il n'apparaît pas qu'une confusion s'opère dans les esprits entre les actions punissables de diverses natures ; rien n'annonce que la notion du crime et du délit s'altère dans l'opinion publique. »

La discussion devant le Corps législatif fait de nouveau ressortir cette idée que la réhabilitation doit avoir pour but unique de mettre fin aux incapacités, sans chercher à modifier la réputation du condamné. « Les législations positives, dit M. Rouher, commissaire du gouvernement, ne doivent pas trop se préoccuper de réhabilitation morale ; il faut laisser à l'opinion publique, à la considération qui entoure la famille du condamné, le soin d'opérer cette réhabilitation et d'effacer de tristes souvenirs. C'est pourquoi on a limité les effets de la réhabilitation légale à l'abolition des incapacités existantes. La réhabilitation légale se fonde uniquement sur l'appréciation des garanties offertes par le condamné et permettant de le relever des incapacités encourues (1). » Et sur ces considérations, on repousse un amendement de

(1) Séance du 4 mai 1852. *Moniteur* du 5.

M. le marquis d'Andelarre tendant à restreindre la
réhabilitation aux condamnations infamantes et un
autre de M. de Beauverger demandant que l'on permette aux parents de faire réhabiliter la mémoire des
condamnés décédés.

On dit encore : les incapacités en matière criminelle
ne sont pas des peines, mais des conséquences de
l'irrévocabilité ou de l'exécution de la condamnation ;
elles ne sont pas prononcées par le juge, elles ne sont
pas écrites dans l'arrêt. Au contraire, en matière correctionnelle, les incapacités sont infligées à titre d'expiation, elles sont quelquefois la seule peine encourue,
enfin elles n'existent pas de plein droit. « Comment
confondre, répond l'exposé des motifs, avec de véritables peines les interdictions prononcées par des lois
spéciales, telles que la loi sur l'enseignement ou la
loi électorale ? Est-ce que des peines pourraient être
créées aujourd'hui et réagir sur le passé ? Est-ce
qu'elles pourraient ressaisir un individu qui, depuis
trente ou quarante ans, a expié sa faute ? Les peines
comportent-elles jamais cette rétroactivité ? » L'argument est décisif. Comme le fait remarquer M. Debel-
leyme au Corps législatif : « Les incapacités ne sont
pas de véritables peines, car elles ne réunissent pas le
double caractère répressif et préventif qui constitue
toute pénalité. »

Le condamné à une peine correctionnelle sera donc
admis à solliciter sa réhabilitation trois ans après l'expiration de sa peine, et à la condition d'avoir résidé dans
le même arrondissement depuis trois années et les deux
dernières dans la même commune (art. 620 et 621).

2° *Le bénéfice de la réhabilitation est étendu
aux individus soumis à la surveillance de la
haute police encourue à titre principal.*

La dégradation civique et la surveillance de la haute police sont prononcées tantôt comme peines principales, tantôt comme peines accessoires. Il était impossible de faire une distinction sur leur nature suivant qu'elles affectent l'un ou l'autre de ces caractères et de n'admettre à la réhabilitation que ceux qui les ont encourues à titre accessoire. En ce qui touche la dégradation civique, la question avait été tranchée par le législateur de 1832 ; on devait étendre cette solution à la surveillance de la haute police dans les cas assez rares où elle est prononcée comme peine principale : « Ces deux peines, dit l'exposé des motifs, se rangent naturellement dans la catégorie des incapacités et ce serait remuer profondément la pratique de la réhabilitation que de les en distraire. »

L'extension de la réhabilitation à la surveillance de la haute police fut admise après une discussion assez confuse et sur cette remarque de M. Rouher que la surveillance constitue en somme, non une véritable peine, « mais une incapacité de locomotion, à laquelle la grâce ne saurait s'appliquer » (1).

3° *La procédure est perfectionnée.*

a) La publication de la demande dans les journaux judiciaires est supprimée. C'était une formalité regrettable qui avait dû faire reculer beaucoup de condamnés. « Comment croire, en effet, que le condamné qui a su reconquérir par sa bonne conduite l'estime et la considération publiques, consentira à dévoiler sa position, à livrer sa honte passée à la publicité ? Comment exiger que cet homme vienne publiquement déclarer à ses concitoyens qu'il a été condamné pour tel

---

(1) Séance du 4 mai. *Moniteur* du 5.

crime? Et quels sont les avantages de cette publicité?
D'ouvrir une enquête sur la conduite du condamné?
Mais toutes les enquêtes judiciaires se font-elles donc
par cette voie? Et n'est-ce pas flétrir de nouveau
l'homme dont on voulait effacer la flétrissure (1)? »

b) On exige la réparation du préjudice causé,
retour heureux à la législation de 1791 opéré par
l'art. 623. Le condamné doit justifier du paiement des
frais de justice, de l'amende et des dommages-intérêts auxquels il a pu être condamné ou de la remise
qui lui en a été faite. A défaut de cette justification,
il doit établir qu'il a subi le temps de la contrainte par
corps déterminé par la loi, ou que la partie lésée a
renoncé à ce moyen d'exécution. S'il est condamné
pour banqueroute frauduleuse, il doit justifier du
paiement du passif de la faillite en capital, intérêts et
frais ou de la remise qui lui en a été faite.

c) C'est au procureur impérial du domicile du condamné qu'incombe le soin d'instruire la demande.
A cet effet, il se procure l'expédition du jugement et
l'extrait d'écrou ; il provoque, par l'intermédiaire du
sous-préfet, des attestations délibérées par les conseils
municipaux de toutes communes où le condamné a
été domicilié, faisant connaître : 1° la durée de sa résidence, 2° sa conduite pendant son séjour, 3° ses
moyens d'existence pendant le même temps ; il prend
en outre l'avis du maire de chacune des communes,
des juges de paix de chacun des cantons et du sous-
préfet de chacun des arrondissements où le condamné
a résidé (art. 624 et 625).

---

(1) Faustin-Hélie. *Traité de l'Instruction criminelle*, t. VIII,
p. 583.

d) Lorsque la cour a émis un avis défavorable, le délai pour présenter une nouvelle demande est réduit de cinq à deux ans.

Par toutes ces simplifications on s'efforce de rendre la réhabilitation plus facile.

Un amendement de MM. Faure et Millet avait proposé de confier à l'administration l'instruction de l'affaire et de remplacer l'avis de la cour par celui du conseil d'Etat. « Il s'agit, dit M. Langlais dans son premier rapport au Corps législatif (1), de détruire les effets d'une sentence de la justice, de restituer au condamné non seulement des droits politiques, mais encore des droits civils. L'intervention de la magistrature n'est-elle pas commandée par la situation même?... Votre commission n'aperçoit aucun motif pour changer une situation qui fonctionne sans inconvénient depuis de longues années ; elle craindrait qu'une réhabilitation qui manquerait de cette triple sanction de l'autorité communale, de l'autorité judiciaire et du pouvoir politique ne perdît beaucoup de son autorité et de sa force. »

Enfin, dans l'exposé des motifs on s'était demandé si la réhabilitation ne devrait pas être uniquement un acte de souveraineté: « Si l'on ne se fût préoccupé que d'une question théorique, il eût été possible d'admettre que la réhabilitation est de juridiction purement gracieuse et que, par conséquent, elle doit être dans la dépendance absolue du chef de l'Etat. Mais il a fallu considérer que la réhabilitation légale, pour être utile, profitable et acceptée de tout le monde, ne saurait être achetée à un trop haut prix et puisqu'elle a pour

(1) *Moniteur* du 4 mai 1852.

effet de rendre des droits civils, elle a dû être le résultat de l'assentiment unanime des organes de la commune, de la justice et de la souveraineté politique. »

Il s'élève donc un doute sur le bien fondé de la théorie du Conseil d'Etat d'après laquelle la grâce dérive de la clémence du roi, la réhabilitation de sa justice, et, sans oser l'affirmer, on incline à penser que cette dernière pourrait bien n'être qu'un acte de juridiction gracieuse. Assurément la distinction du Conseil d'Etat paraît fort artificielle, mais pourquoi ne pas se demander plutôt ce que vient faire le pouvoir politique en matière de réhabilitation, puisqu'il ne s'agit que de la reconnaissance d'un droit acquis. N'est-ce point à la justice seule que doit incomber la mission de consacrer ce droit ? Mais il ne faut toucher à aucune des prérogatives impériales et la réhabilitation exigera encore, sinon la décision personnelle, au moins la signature du souverain. A un régime plus libéral il appartiendra d'effacer ce dernier vestige du vieux droit régalien de justice retenue.

4° *Certains récidivistes sont admis à la réhabilitation.*

Nous avons dit que l'art 634 du C. i. cr. écartait de la réhabilitation tout individu condamné pour récidive. Cette exclusion absolue parut trop sévère au gouvernement. « L'article 341 C. i. cr. admet les récidivistes au bénéfice des circonstances atténuantes, dit l'exposé des motifs : il implique contradiction de les repousser du bénéfice de la réhabilitation. » On demandait, en conséquence, de les y admettre tous. Mais des protestations s'élevèrent au sein de la commission du Corps législatif. « Le récidiviste, dit le rapporteur, apparaît comme un individu sinon tout à fait incorrigible, au moins comme un être profondément perverti. La récidive, même pour un délit correctionnel, atteste un fond de corruption inquiétant, car elle n'a lieu qu'après une condamnation à un emprisonnement de plus d'une année. Ouvrir l'accès de la réhabilitation à cette catégorie de condamnés à une époque où la société s'effraye de leur nombre croissant, où l'opinion paraît solliciter l'intervention du législateur pour en purger le pays, semblait à la majorité de votre commission un non-sens et une mesure désastreuse. » Le Conseil d'Etat, auquel le projet fut renvoyé, proposa une mesure intermédiaire qui devint l'article 634, § 2, décidant qu'aucun individu condamné pour crime qui aurait commis un second crime et subi une nouvelle condamnation à une peine afflictive ou infamante, ne serait admis à la réhabilitation. Les récidivistes de peine criminelle à peine criminelle (art. 56 du C. pén.) se trouvaient donc seuls écartés (1).

D'autre part, « le condamné qui, après avoir obtenu « sa réhabilitation, aura encouru une nouvelle con- « damnation, ne sera pas admis au bénéfice de la « réhabilitation » (art. 634, § 3). « Cette haute faveur, dit l'exposé des motifs, repousse l'hypocrisie qui la convoite; elle ne doit pas être accordée à ceux-là qui s'en sont couverts pour tromper la confiance publique. »

La réhabilitation continue à produire les mêmes

---

(1) Nous n'insisterons pas sur le point de savoir si la première condamnation devait seulement avoir été encourue pour un fait qualifié crime ou s'il fallait qu'une peine afflictive ou infamante ait été prononcée. Le législateur ayant certainement voulu écarter les récidivistes dans le sens légal du mot et la récidive n'ayant pas lieu de peine correctionnelle à peine criminelle, c'est la seconde opinion que l'on devait adopter.

effets : elle fait cesser pour l'avenir dans la personne du condamné toutes les incapacités qui résultaient de la condamnation (art. 634 § 1) (1). On ne revient pas encore au système du code de 1791.

Les notaires, greffiers et officiers ministériels frappés de destitution et privés de ce chef du droit de vote (2) et de celui d'être jurés (3) pouvaient-ils se faire réhabiliter? Cette question, soumise aux tribunaux, avait été plusieurs fois tranchée par la négative (4). Commandée par le texte de l'art. 619 C. i. cr., une telle jurisprudence n'était pas moins fort regrettable. Pourquoi refuser, en effet, à des officiers ministériels destitués ce que la loi accorde à des criminels ? Ces officiers ministériels sont coupables sans doute, mais leurs actes, entachés de négligence, d'oubli du devoir, d'indélicatesse même, ne se sont pas élevés au niveau d'un délit et la société n'en a pas été profondément troublée. En outre, l'article 34 C. pén. fait de la destitution une conséquence de la dégradation civique. Lorsqu'un officier ministériel condamné à une peine afflictive ou infamante obtient sa réhabilitation, toutes les incapacités disparaissent et notamment celle de pouvoir occuper une fonction ou charge publique. Par

---

(1) L'article 634 nouveau précise que « les interdictions prononcées par l'art. 612 du code de commerce seront maintenues nonobstant la réhabilitation obtenue en vertu des dispositions qui précèdent. » « C'est un criminel réhabilité, dit le rapport, ce n'est pas un commerçant réhabilité. »

(2) Loi du 31 mai 1850, art. 8. — Décret du 2 février 1852, art. 15.

(3) Loi du 4 juin 1853, art. 2.

(4) Cass. 31 mai 1851 (D. 51-1-110). — Colmar, 12 avril 1861 (S. 62-2-31), etc.

suite, la destitution encourue à titre principal doit
cesser également par la réhabilitation. C'est ce que
vint décider la loi du 19 mars 1864, qui assimila sur ce
point la destitution à une peine correctionnelle.

Ici se termine l'histoire législative de la réhabilitation, pendant la période qui précède la réforme de
1885. Deux causes allaient concourir à préparer cette
réforme en augmentant l'utilité de l'institution.

1° Par une circulaire du 6 novembre 1850, M. Rouher, alors ministre de la justice, adoptant les idées
que M. Bonneville de Marsangy avait développées devant le tribunal de Versailles dans son discours de
rentrée du 5 novembre 1848, organisait le *casier judiciaire*. De 1851 à 1876, les bulletins n° 2 furent délivrés
aux tiers sans la moindre difficulté, et quand les intéressés purent seuls les obtenir (1), l'habitude s'établit
vite d'en imposer la production à ceux qui sollicitaient
du ministre de la justice les plus modestes emplois.

Nous n'avons à entreprendre ici ni la critique ni
l'éloge du casier judiciaire ; nous nous bornerons à
faire ressortir ses conséquences au point de vue qui
nous occupe.

On a beaucoup discuté sur la nature de l'inscription
au casier. Sans approfondir la question, nous n'hésitons pas à croire, avec M. Léveillé, qu'en ouvrant le
casier judiciaire au public, de simples instructions
ministérielles avaient créé une nouvelle peine : « La
peine, dit l'éminent criminaliste, est une souffrance
que la société inflige au délinquant à raison de l'in-

---

(1) La délivrance aux tiers est interdite par les circulaires du
14 août 1876, § 3, n° 12 (*Bull. off.* 1876, p. 147) et 4 décembre
1884 (*Bull. off.* 1884, p. 223).

fraction qu'il a commise. Il y a des peines qui atteignent le coupable dans sa liberté, comme l'emprisonnement; d'autres qui l'atteignent dans sa fortune, comme l'amende; d'autres qui l'atteignent dans sa considération, comme la publication d'un jugement de condamnation. Le code pénal, dans son art. 36, avait prescrit l'affichage des arrêts de la cour d'assises, et les commentateurs du code ont qualifié très exactement de peine cette divulgation pénible des sentences rendues contre les accusés. Eh bien ! l'inscription au casier est plus cruelle encore que l'affiche de l'art. 36. Celle-ci ne dure souvent qu'un jour; le premier vent qui souffle, la première pluie qui tombe la déchire et l'emporte en lambeaux. L'inscription au casier, c'est l'affiche permanente, c'est l'affiche qui ne disparaît plus, c'est l'affiche perpétuelle, c'est l'affiche qui dénonce même les plus légères infractions et les plus légères condamnations correctionnelles (1). »

Puisque l'inscription au casier est une peine, elle ne doit pas légalement disparaître à la suite d'une réhabilitation ayant pour unique but de mettre fin aux incapacités. Mais cette inscription n'engendre-t-elle pas aussi une réelle et très grave incapacité : l'incapacité de pouvoir trouver un emploi. « Les malheureux, continue M. Léveillé, sont paralysés dans leurs efforts, dans leurs démarches, par les indiscrétions fâcheuses de leur casier judiciaire. Leur casier dénonce au patron qu'ils sollicitent, les fautes les plus légères et les plus anciennes qu'ils ont commises (2). » Cette incapacité ne cessera-t-elle point, comme les autres, par la réhabilitation? Enfin, quelle que soit sa

---

(1) *Le Temps* du 27 mars 1891.
(2) *Le Temps* du 1er avril 1891.

nature, la mention au casier porte certainement
atteinte à la considération du condamné, et « si nos
lois modernes n'ont pas la prétention d'imposer la
bonne renommée comme l'ordonnance de 1670, elles
cherchent du moins à la gagner aux réhabilités (1). »
Quel meilleur moyen pour cela que de rendre muet le
casier judiciaire?

. La Chancellerie le comprit et, par ses instructions
des 25 novembre 1871 et 6 décembre 1876, elle
prescrivit de ne plus mentionner sur les bulletins
n° 2 délivrés aux particuliers, les condamnations qui
avaient été suivies de réhabilitation (2).

2° Un arrêt de la cour de cassation du 27 avril
1865 (3) réformant un avis de la cour de Colmar en
date du 29 avril 1864 (4), déclare que le droit de poursuivre sa réhabilitation en matière correctionnelle
existe pour le condamné alors même qu'aucune déchéance, incapacité ou interdiction ne serait la conséquence du jugement. Nous ne discuterons pas, quant
à présent du moins, l'argumentation de cet arrêt, qui
a perdu presque toute son importance depuis la loi du
14 août 1885 (5), mais nous devons signaler sa portée

---

(1) Exposé des motifs de la loi du 3 juillet 1852.

(2) *Rec. offic.* T. III, p. 176. — *Bull. off.* 1876, p. 247.

(3) D. 65-1-393 et la note. — S. 65-1-289 et la note de M.
Dutruc.

(4) Dans le même sens : Colmar, 25 juillet 1861 (S. 62-
2-31).

(5) En effet, d'après la loi de 1885, la réhabilitation aura au
moins pour conséquence de faire disparaître la condamnation du
casier judiciaire, sauf depuis la loi du 5 août 1899, lorsqu'on se
trouve dans la période comprise entre le jour où la condamnation ne doit plus être inscrite au bulletin n° 3 et celui où la

considérable à une époque où les instructions ministérielles pouvaient bien décider que la réhabilitation,
une fois obtenue, effacerait la condamnation du bulletin n° 2 délivré aux particuliers, mais n'auraient
pu suffire à faire admettre, malgré les termes restric-
tifs de l'art. 634 C. I. cr. et l'axiome « pas d'intérêt pas
d'action », que cette faveur pourrait être sollicitée
dans le seul but de blanchir le casier judiciaire. Or,
c'est précisément ce qui résulte de l'arrêt de 1865, et
le rapport sur la marche de la justice criminelle de
1826 à 1880, publié par la Chancellerie en même
temps que le compte général de l'année 1880, le fait
très justement remarquer : « L'interprétation donnée
par la jurisprudence à l'art. 634 du code d'instruction
criminelle, a également favorisé la progression des
affaires. Tous les ans, de nombreux condamnés, qui
ne sont sous le coup d'aucune incapacité légale, demandent leur réhabilitation, dans le but unique de
faire effacer du casier judiciaire la condamnation,
même très légère, qu'ils ont encourue ; le nombre des
individus condamnés à moins d'un an d'emprisonnement qui ont obtenu leur réhabilitation a quadruplé
en vingt ans : de 101 en 1861-1865 à 413 de 1876 à
1880. Cette assertion semble trouver sa confirmation
dans ce fait qu'avant 1865 un dixième seulement des
condamnés attendaient plus de vingt années pour
solliciter leur réhabilitation, et qu'aujourd'hui, de
1876 à 1880, un quart des individus réhabilités se trouvent dans ce cas. » On voit combien les condamnés
qui autrefois dédaignaient la réhabilitation, surtout

---

réhabilitation est acquise de plein droit. Nous reviendrons sur
ce point quand nous examinerons quelles personnes peuvent
se faire réhabiliter.

lorsqu'ils avaient depuis longtemps subi leur peine, aspirent maintenant à l'obtenir !

Nous terminerons ce chapitre par quelques renseignements de statistique. Favart de Langlade, dans son Répertoire datant de 1824 (1), nous apprend que « malgré l'intérêt qui s'attache à la réhabilitation », les exemples en étaient fort rares et que, d'après les renseignements pris au ministère de la justice, leur nombre s'élevait au taux moyen de 5 ou 6 par an pour tout le royaume.

Les statistiques de la Chancellerie ne nous fournissent d'indications à cet égard qu'à partir de 1841. De 1841 à 1847, le chiffre moyen annuel des réhabilitations ne fut que de 20 ; de 1848 à 1850, grâce au décret du gouvernement provisoire, il monte à 88, mais de 1851 à 1855 et de 1856 à 1860, malgré la loi de 1852, il n'excède pas 59 et 62. A dater de 1861-1865, le nombre des réhabilitations ne cesse de s'accroître: après avoir été de 147 en moyenne pendant cette période, il arrive à 326 en 1866-1870 et depuis 1871 on obtient les résultats ci-dessous :

Années	NOMBRE des réhabilitations accordées	Années	NOMBRE des réhabilitations accordées
1871	331	1879	528
1872	440	1880	549
1873	293	1881	900
1874	239	1882	668
1875	358	1883	707
1876	309	1884	747
1877	485	1885 (jusqu'à la loi du 14 août)	656
1878	537		

(1) Favart de Langlade. *Rép.* v° Réhabilitation.

Ainsi, presque chaque année, l'augmentation se
manifeste sensible. Maintenant on ne pourra plus,
comme en 1808, douter de l'efficacité de la réhabilitation : les chiffres sont là qui l'établissent. Mais cette
efficacité même fera désirer de nouveaux perfection-
nements et, dès 1881, la Chancellerie indiquait l'un
d'eux : « Peut-être y aurait-il encore plus de demandes, si la loi, en exigeant les attestations des conseils
municipaux, n'obligeait le condamné à réveiller le
souvenir d'une faute, après plusieurs années d'oubli (1). » On ne pouvait mieux dire : la mise en vigueur de la loi du 14 août 1885 allait justifier ces pré-
visions au delà de toute espérance.

---

(1) Rapport sur la marche de la justice criminelle, de 1826 à
1880.

CHAPITRE V

LÉGISLATION ACTUELLE

Malgré les incontestables améliorations qu'il avait réalisées, le régime établi par la loi du 3 juillet 1852 ne demeurait pas à l'abri de sérieuses critiques. Déjà MM. Lair (1) et Faustin-Hélie (2) avaient fait remarquer que, puisqu'il s'agissait maintenant d'un recours de droit, la réhabilitation ne devait plus être accordée par lettres du chef de l'Etat, mais par arrêt de justice. D'autres soutinrent la même idée (3). La pratique montra les inconvénients de certaines conditions trop rigoureuses, telles que l'obligation de résidence imposée même à ceux dont la profession exigeait de nombreux déplacements et le paiement des frais de justice, dont les indigents ne pouvaient être dispensés. La publicité résultant de la consultation des conseils municipaux parut enfin plus nuisible qu'utile.

---

(1) Lair. *De la réhabilitation des condamnés*, p. 163.
(2) Faustin-Hélie. *Traité de l'instruction criminelle*, t. VIII, p. 588.

(3) Molinier. *La Réhabilitation des condamnés* (1870). — Gabriel Demante. *Etude sur la réhabilitation* (Revue de droit français et étranger, t. XVI). — Serrigny. *Traité de droit public*, t. 1er, p. 107.

La recherche des moyens de lutter contre la récidive vint donner à la question un regain d'actualité. Le congrès international de patronage réuni à Paris en septembre 1878, émet le vœu « que, dans l'instruction des demandes en réhabilitation, la cour d'appel puisse, sur l'avis conforme du ministère public, dispenser le demandeur de l'attestation des conseils municipaux, lorsqu'il y a inconvénient à renouveler la publicité d'une faute depuis longtemps expiée et réparée (1) ». La Société générale des prisons, discutant un rapport de M. le conseiller Houyvet sur la législation relative à l'éducation correctionnelle, propose d'ajouter à l'article 69 du code pénal un paragraphe aux termes duquel le mineur de 16 ans serait réhabilité de plein droit par l'exécution de sa peine ou par la grâce qui interviendrait en sa faveur, et ne serait soumis à aucune des incapacités ou déchéances accessoires attachées par la loi aux peines correctionnelles (2).

A partir de 1880, le mouvement s'accentue : jurisconsultes et praticiens demandent l'intervention du législateur (3). Le 8 mars 1881, M. Georges Dubois présente à la Société générale des prisons un rapport

---

(1) M. Courteville, rapporteur. *Bull. Soc. gén. prisons*, 1879, pp. 17 et 21.

(2) *Bull. Soc. gén. des prisons*, 1879, pp. 601 et 704.

(3) Conférence de M. J. Simon sur le patronage, du 30 mai 1880 (*B. Soc. pris.*, 1880, pp. 640 et suiv.). — *Discours de rentrée de M. Duhamel, substitut du procureur général à Grenoble* (1881). — *La réhabilitation au criminel et au correctionnel*, par M. Lajoye (*B. Soc. prisons*, 1880, pp. 716 et suiv.). — Lajoye. *La loi de Pardon* (1882). *La récidive*, communication de M. Yvernès à la Société de statistique, le 27 septembre 1882) (*B. Soc. prisons*, 1883, p. 326).

suivi d'une proposition de loi sur les modifications à apporter à la procédure de la réhabilitation (1). Ce rapport, discuté dans la séance du 10 mai suivant (2), conclut à la suppression de l'avis du sous-préfet, à la dispense des conditions de résidence en faveur des militaires et des condamnés obligés de se déplacer fréquemment, à la fixation du point de départ du délai d'épreuve au jour où les décisions portant condamnation à l'amende sont devenues définitives, enfin à la faculté pour les cours d'appel de dispenser du paiement des frais de justice ceux qui se trouvent dans l'impossibilité de les acquitter.

De telles manifestations ne pouvaient rester sans écho devant le Parlement. M. le sénateur Bérenger, cherchant des armes contre un péril social chaque jour plus menaçant, comprit que, pour éviter les rechutes, les deux plus sûrs moyens étaient de faciliter le reclassement des condamnés par le patronage et, en même temps, de les engager à « dépouiller le vieil homme », à devenir des travailleurs laborieux et honnêtes en leur promettant, comme récompense, d'effacer les derniers vestiges de leur faute par une réhabilitation discrète et facile. « Il ne nous paraît possible, dit M. Bérenger, d'aggraver la loi contre l'homme qui a subi plusieurs condamnations, qu'à la condition de donner d'abord aux malheureux capables d'efforts et de repentir, la possibilité d'échapper à ces mesures en réagissant vers le bien (3) ».

La réhabilitation devint ainsi une mesure de dé-

(1) *Bull. Soc. prisons*, 1881, pp. 250 et suiv.
(3) *Bull. Soc. prisons*, 1881, pp. 474 et suiv.
(3) Exposé des motifs de la loi du 14 août 1885.

fense contre la récidive et la réforme tant désirée trouva tout naturellement sa place dans la loi du 14 août 1885 (1).

Les modifications réalisées se rattachent à quatre points principaux que nous ne faisons qu'indiquer, pour les examiner en détail dans la seconde partie de cette étude :

1° La réhabilitation devient un acte exclusivement judiciaire ; pour la décision, la Cour d'appel est substituée au pouvoir exécutif ;

2° La réhabilitation est rendue plus accessible; on facilite les conditions qui étaient de nature à faire obstacle à certaines demandes dignes d'être accueillies et, par suite, à décourager les intéressés ;

3° La réhabilitation est désormais ouverte à tous les récidivistes, on ne désespère plus de l'amendement d'aucun ;

4° Les effets et le caractère même de la réhabilitation subissent une modification profonde qui se trouve résumée dans les premiers mots de l'article 634 : « *La réhabilitation efface la condamnation* ».

La mise en vigueur de la loi nouvelle allait donner immédiatement les meilleurs résultats. Si l'on examine le tableau ci-contre (2), on voit, en effet, que de 1884 à 1886, le nombre des réhabilitations a doublé. Il double encore de 1886 à 1893 et, en 1896, il atteint

---

(1) La proposition de loi sur les moyens préventifs pour combattre la récidive (régime des prisons, libération conditionnelle, patronage, réhabilitation) avait été déposée sur le bureau du Sénat par M. Bérenger, le 27 décembre 1882. Elle ne fut discutée qu'en 1884 et 1885.

(2) A titre de comparaison, nous faisons remonter notre statistique à l'année 1880.

ANNÉES	NOMBRE DES RÉHABILITATIONS			NATURE DES CONDAMNATIONS PRONONCÉES CONTRE LES INDIVIDUS RÉHABILITÉS						DÉLAI ENTRE L'EXPIRATION DE LA PEINE ET LA RÉHABILITATION			
	Demandées	Accordées	Proportion	Travaux forcés	Réclusion ou détention	Emprisonnement Plus d'un an	Emprisonnement Un an et moins	Amende	Destitution	5 ans et moins	De 5 à 10 ans	De 10 à 12 ans	Plus de 20 ans
1880	831	549	66 %	7	10	24	466	39	3	86	149	196	118
1881	1533	900	59 %	4	13	43	793	43	4	104	259	318	219
1882	982	668	68 %	2	13	33	580	39	1	60	220	226	162
1883	884	707	80 %	6	7	44	593	57	»	79	267	220	141
1884	1044	747	71,5 %	1	11	34	645	55	1	76	281	237	153
1885 jusqu'à la loi du 14 août	671	656	98 %	3	6	37	565	45	»	133	246	233	44
1885 loi du 14 août	473	405	86 %	»	»	»	»	»	»	»	»	»	»
1886	1813	1432	79 %	28	2	106	1070	223	3	275	405	508	244
1887	1888	1518	80 %	8	19	96	1182	210	3	281	478	514	245
1888	2464	1974	80 %	15	26	177	1510	241	5	204	636	733	401
1889	2589	2106	81 %	9	20	136	1652	283	6	217	835	683	371
1890	2848	2431	85 %	11	25	179	1853	358	5	438	869	781	343
1891	2647	2144	80 %	4	26	172	1583	356	3	314	796	777	257
1892	3808	2980	78 %	7	40	186	2271	473	3	583	874	1013	510
1893	3508	2888	82 %	7	32	286	2083	477	3	562	909	950	467
1894	3565	2848	80 %	8	31	275	1920	611	3	534	989	961	364
1895	3065	2504	81 %	4	25	172	1695	605	3	512	967	725	300
1896	4053	3430	84 %	9	30	218	2397	776	»	568	1330	1074	458

près de 3.500. L'augmentation porte principalement sur les condamnés à des peines minimes, l'amende et l'emprisonnement pour un an ou moins, c'est-à-dire sur les délinquants les plus dignes d'intérêt, qui étaient restés jusqu'alors éloignés de la réhabilitation par la crainte de réveiller le souvenir d'une faute légère et vite oubliée. De même, si l'on compare les délais qui se sont écoulés entre l'expiration de la peine et la réhabilitation, on voit que ceux dont les condamnations remontent à des dates anciennes, dix ans et plus, n'hésitent plus maintenant à se faire réhabiliter. D'autre part, ces délais dépassant presque toujours de beaucoup le minimum imparti par la loi, on ne peut redouter que la réhabilitation soit accordée par les cours d'appel sans garanties suffisantes (1).

Et malgré tout, quelques esprits ne se montrent point satisfaits encore : on trouve les procédures trop longues, à Paris surtout; on se plaint qu'elles ne soient pas assez discrètement conduites. Certains membres des sociétés de patronage s'étonnent de voir des demandes écartées, alors qu'eux-mêmes avaient recueilli les meilleurs renseignements sur leurs protégés. Dès

---

(1) La partie générale du projet de code pénal français publiée en 1893 par la commission de revision instituée en 1887, reproduit textuellement, dans ses articles 100 à 112, les dispositions du code d'instruction criminelle relatives à la réhabilitation dans la forme qui leur a été donnée par la loi du 14 août 1885 (voir le texte dans le *Bul. de l'Union internationale de droit pénal*, vol. IV, mai 1893, pp. 104 et suiv.). Mais nous ne croyons pas que la commission ait consacré un examen très approfondi à cette partie de son œuvre, car dans l'article 100, correspondant à l'article 619, C. I. cr., elle n'a même pas supprimé les expressions : peines criminelles, peines correctionnelles, qu'elle n'admet pas dans l'article 10 où elle ne distingue que les peines principales et les peines accessoires.

1886, M. Bérenger paraît craindre que la loi du 14 août 1885 ne soit pas bien appliquée par les magistrats, sinon dans son texte, au moins dans son esprit (1). En 1891, à la Société générale des prisons, M. Léveillé déclare que la procédure de la réhabilitation est « terrible », car « quoi qu'on fasse, les renseignements sur le condamné seront pris par des subalternes, et les subalternes sont bavards », et M. Bérenger fait entendre de nouvelles doléances (2).

Justement émue, la commission extra-parlementaire instituée le 24 juillet 1890 pour élaborer un projet de loi sur le casier judiciaire demanda au garde des sceaux de l'investir de la mission d'examiner les simplifications qui pourraient être apportées à la procédure de la réhabilitation. Cette mission lui fut confiée par M. Fallières, dans sa séance du 20 février 1891. La discussion porta sur trois motions. La première, émanée de M. Bérenger, proposait l'institution d'une réhabilitation de plein droit qui opérait par l'écoulement d'un certain laps de temps. La seconde, présentée par M. Léveillé, tendait à la substitution de la grâce et à la réhabilitation. La troisième, due à l'initiative de M. Guillot, avait pour but de remplacer l'enquête en partie administrative, par une enquête purement judiciaire, confiée à un magistrat. La commission écarta tous ces systèmes, estimant qu'une nouvelle intervention du législateur n'était pas nécessaire; elle se borna à émettre le vœu qu'une circulaire fût adressée aux parquets pour leur recommander la discrétion.

---

(1) *Bul. Soc. des prisons* 1886, pp. 288 et 422.
(2) *Bul. Soc. des prisons* 1891, pp. 1045 et suiv.

Or, à ce moment même, l'une des innovations que la commission venait de repousser, s'introduisait à l'improviste dans notre législation pénale.

Sur l'initiative de M. Bérenger, toujours à la recherche de remèdes contre la récidive, le Parlement votait la loi de sursis du 26 mars 1891.

Aux termes des articles 1er § 2, 2 § 3 et 4 § 2 de cette loi, la condamnation est considérée comme *non avenue* à l'expiration du délai de sursis ; elle est effacée avec toutes ses conséquences juridiques, elle disparaît avec toutes les incapacités qui en étaient la suite, elle n'est plus inscrite enfin au casier judiciaire. Voilà certes une réhabilitation aussi large que celle de la loi de 1885, mais se produisant sans formalités et sans enquêtes, par le seul effet du temps. C'est la réhabilitation de plein droit. Elle se présente, il faut le reconnaître, sous un jour particulièrement favorable et avec des allures encore bien modestes ; mais le principe en est admis; maintenant elle ne paraîtra plus une conception trop hardie, elle ne sera plus de nature à effrayer le législateur (1).

Une première tentative de généralisation fut faite par M. Michelin.

Le 20 février 1894, M. Michelin présentait à la Chambre des députés une proposition de loi ayant pour but : 1° de rendre la réhabilitation applicable aux condamnés contradictoirement qui ont prescrit contre

---

(1) Le projet du Code pénal français, réglant le sursis dans ses articles 67 à 69, le restreint aux condamnations à trois mois ou moins de trois mois de prison et supprime la réhabilitation de plein droit. D'après l'article 69, la condamnation est simplement considérée comme *exécutée*, si, dans le délai de trois ans, il n'en a pas été prononcé de nouvelle.

l'exécution de leur peine ; 2° de déclarer que la réhabilitation sera de droit après un certain délai (1). La
première partie de cette proposition est devenue la
loi du 10 mars 1898, modifiant les articles 619 et 634
C. I. cr. Dans la seconde partie, M. Michelin enlevait
aux cours d'appel le droit de refuser la réhabilitation,
lorsque, depuis la libération, il se serait écoulé dix ans
pour les condamnés à une peine afflictive ou infamante, et six ans pour les condamnés à une peine correctionnelle. La commission trouva excessif de défendre aux magistrats d'écarter la demande, même lorsqu'il serait établi que le requérant est d'une immoralité notoire. Adoptant un amendement de M. Escanyé,
elle présenta à la Chambre un article ainsi conçu :
« Lorsque depuis le jour de leur libération, il s'est
« écoulé un délai de dix ans pour les condamnés à une
« peine afflictive ou infamante et un délai de six ans
« pour les condamnés à une peine correctionnelle,
« sans que ces condamnés aient subi de condamnation
« nouvelle, la Cour ne pourra refuser la réhabilitation
« que pour immoralité notoire, dûment constatée dans
« les motifs de l'arrêt. — Les avis du maire, du juge
« de paix, du sous-préfet et du procureur de la
« République devront être mentionnés dans l'arrêt (2). »
En première délibération, ce texte fut voté sans examen, mais, avant la seconde lecture, le garde des
sceaux fit observer à la commission qu'il présentait
le double inconvénient d'établir au moins l'apparence
d'une réhabilitation de plein droit ou automatique et
de ne pas définir clairement l'immoralité notoire pour

(1) J. off. du 15 mars 1894, annexes n° 413, p. 256.
(2) Rapport de M. Michelin au nom de la commission (J. off.
du 8 décembre 1894, annexes n° 977, p. 1939).

laquelle la Cour d'appel pourrait refuser la réhabilitation. A la demande du ministre, la commission le supprima purement et simplement (1).

Cette première tentative ayant échoué, M. Dejeante en fit une autre. Le 12 juillet 1898, il déposa sur le bureau de la Chambre une proposition signée d'un grand nombre de ses collègues et relative au casier judiciaire et à la réhabilitation de droit (2). Celle-ci devait s'opérer en faveur des condamnés qui n'auraient subi aucune nouvelle condamnation dans un délai de 2, 5 ou 7 années, suivant la gravité de la peine encourue (moins d'un an de prison ; — plus d'un an de prison ; — la réclusion ou les travaux forcés). Une nouvelle condamnation à un an de prison pour crime ou pour certains délits emporterait déchéance de la réhabilitation acquise. La proposition fut renvoyée à la commission de réforme judiciaire : elle n'allait pas tarder à devenir sans objet.

En 1886, M. Bérenger disait : « Au moment où je m'occupais de la loi sur la réhabilitation, on m'a, de plusieurs côtés, demandé si la réhabilitation ne pourrait pas se produire de plein droit, après un certain laps de temps. *Tel n'est pas mon avis*, car il est nombre d'individus qui, sans retomber sous la main

---

(1) Rapport supplémentaire (*J. off.* du 18 décembre 1895, annexes n° 1572, p. 1410). Sur l'initiative de M. Henri Blanc, la Chambre des députés avait introduit dans la proposition de M. Michelin, cinq articles ayant pour but de transporter au siège de la Cour d'appel l'instruction des procédures de réhabilitation, afin d'en abréger la durée. Cette partie a été repoussée par le Sénat, à la demande du garde des sceaux et de la commission. Séance du 28 janvier 1898. (*J. off.* du 29).

(2) Annexes 1898, n° 255 (*J. off.* du 30 octobre 1898).

de la justice, ne laissent pas d'être de parfaits misérables (1). »

L'honorable sénateur changeait bientôt d'idées, car,
dès 1891, nous les voyons soutenir devant la commission extra-parlementaire du casier judiciaire le système de la réhabilitation de droit. N'ayant pas réussi
à l'y faire admettre, il s'adresse à la commission du
Sénat chargée d'examiner, après de longues vicissitu-
des, le projet de loi élaboré par la commission extra-
parlementaire. Ses collègues lui opposent une fin de
non-recevoir. « Quel que soit l'intérêt qu'il attache à
faire adopter le principe de la réhabilitation de droit,
dit M. Jules Godin, rapporteur, nous avons répondu à
M. Bérenger : *non est hic locus ;* ce n'est pas dans un
projet de loi sur le casier judiciaire que nous devons
insérer un article sur la réhabilitation. La loi sur la
réhabilitation existe : ce sont les articles du code d'instruction criminelle qui en règlent l'application. Si
M. Bérenger veut déposer une proposition de loi, le
Sénat l'examinera ; mais nous, commission du casier
judiciaire, nous n'avons pas qualité pour traiter cette
question et nous croyons que le Sénat fera sagement
en l'écartant (2). »

M. Bérenger ne se décourage pas : il reprend sa
proposition par voie d'amendement et la soutient en
ces termes : « Puisque nous entrons dans cette voie
d'accorder la prescription du casier judiciaire comme
récompense à l'individu anciennement condamné et
qui, pendant un long temps, a échappé à toute condamnation, n'est-il pas légitime de lui en offrir une
autre plus complète, lorsqu'il a justifié par une

(1) *Bull. Soc. des prisons* 1886, p. 288.
(2) Sénat. Séance du 8 juillet 1898 (*J. off.* du 9 juillet).

épreuve plus prolongée l'espoir placé en lui, et de lui donner un nouveau stimulant à la bonne conduite ? Cette seconde récompense, après dix, quinze et vingt ans suivant le cas, sera la réhabilitation de droit.

« Oh ! je sais que cette proposition est considérée par certains de nos collègues comme une nouveauté dangereuse, qu'elle n'a pas rallié tous les suffrages de la commission ; mais elle a rencontré l'acquiescement de plusieurs gardes des sceaux, *de celui notamment devant lequel je parle*, et nous avons la confiance qu'elle obtiendra l'assentiment du Sénat.

« *Que parle-t-on d'ailleurs de nouveauté ? c'en eût été une, en effet, avant la loi de 1891 sur le sursis. Mais aujourd'hui ce n'est plus qu'une application nouvelle du principe qu'elle a posé.* Cinq ans passés sans condamnation nouvelle, après un sursis obtenu, non seulement délivrent de l'exécution de la peine et de l'inscription au casier judiciaire, mais produisent la réhabilitation de droit. *Voilà le principe entré alors dans nos lois. La proposition nouvelle n'en est que le légitime développement.* Les peines seront souvent plus graves, dira-t-on. C'est possible, mais l'expiation sera plus longue, dix, quinze ou vingt ans.

« Messieurs, c'est le pardon. Mais veut-on que la société soit toujours implacable ? Nous ne croyons pas que ce soit ni dans son intérêt, ni dans celui de la justice, et rien ne nous semble plus moralisateur, quand la peine a été subie et la faute expiée, que de proclamer le pardon (1). »

---

(1) Sénat. — Séance du 8 décembre 1898. (*J. off*. du 9 décembre). Dans la séance de la Société générale des prisons du 18 mai 1898, au cours d'une discussion dont nous aurons plu-

Le pardon sera désormais le prix de l'expiation, on ne parle plus de repentir, on ne parle plus d'amendement !

Pour établir au moins une apparence de relation entre le casier judiciaire et la réhabilitation de droit, le texte proposé par M. Bérenger, au lieu de donner à celle-ci une organisation propre, en fait une extension de la règle établie par l'article 8 du projet, d'après laquelle certaines condamnations doivent, au bout d'un temps plus ou moins long, cesser d'être inscrites sur le bulletin n° 3 délivré aux particuliers. Après de nouveaux délais, ces mêmes condamnations seront effacées par la réhabilitation : ainsi dispose l'amendement qui devient l'article 10. Par suite, tout changement fait à l'article 8 relatif au casier judiciaire aura son contre-coup dans l'article 10 réglant la réhabilitation de plein droit. C'était bien périlleux et ce système allait aboutir à faire entièrement oublier le but que l'on s'était proposé d'abord : étendre à tous les condamnés primaires le bénéfice de la réhabilitation de plein droit créée par la loi de sursis.

Ainsi que le constate M. Bérenger, M. Lebret, garde des sceaux, se montrait favorable à la réhabilitation de droit, mais à la condition expresse qu'elle serait réservée aux condamnés primaires. Il s'en explique ainsi : « Nous disons dans l'article 10 qu'au bout d'un certain délai le délinquant, *n'ayant jamais subi d'autre condamnation*, sera réhabilité de plein

---

sieurs fois à parler dans notre seconde partie et relative aux réformes qui pourraient être apportées à la procédure de la réhabilitation, M. Bérenger avait présenté d'autres arguments en faveur de la réhabilitation de droit. (*Revue pénitentiaire 1898*, *pp. 800 et suiv.*) Nous en examinerons plus loin la valeur.

droit par le seul fait du laps de temps. Nous effaçons sa condamnation et les conséquences qui y étaient attachées. C'est toujours l'application de la loi de sursis.

« Cette faveur est réservée, bien entendu, aux individus qui n'ont encouru qu'une seule condamnation — du moins, en ce qui me concerne, c'est une idée très ferme et dont je ne me départirai pas — et je tiens à expliquer dès maintenant pourquoi je ne serais pas enclin à accepter des dispositions analogues en faveur des gens qui ont été frappés de condamnations multiples.....

« Que, par une mesure spéciale et à la condition d'une bonne conduite maintenue pendant un temps très long, nous fassions au délinquant primaire la faveur d'effacer sa condamnation du casier judiciaire, de l'effacer ensuite des registres eux-mêmes qui la consacrent, cela se conçoit parce que nous sommes en présence d'un individu qui n'a commis qu'une infraction, chez lequel, par conséquent, il n'y a pas d'instincts mauvais, révélés par la persévérance dans les délits ou les crimes.

« Mais lorsqu'il s'agit au contraire d'individus ayant encouru des peines successives, la voie ordinaire de la réhabilitation est ouverte. Pour ceux-là, il faut examiner la situation de plus près et les enquêtes établies par le législateur dans la loi sur la réhabilitation sont nécessaires. Nous ne voulons pas organiser pour eux la faveur que nous réservons à ceux qui n'ont commis qu'une faute, qui a pu être une erreur rachetée par de longues années de bonne conduite et de travail (1). »

_____

(1) Séance du Sénat du 8 décembre 1898 (*J. off.* du 9 décembre).

Voilà sur quel terrain l'accord s'était établi entre le garde des sceaux et M. Bérenger. Et, en effet, si l'on combine l'article 10 actuel avec la rédaction primitive de l'article 8, on voit que la réhabilitation ne devait être acquise de plein droit, après l'expiration de la peine, que dans les trois cas suivants :

1° Au bout de dix ans, à ceux qui auraient subi *une condamnation unique* à 6 mois ou moins de 6 mois de prison ou à une amende ;

2° Au bout de quinze ans, à ceux qui auraient subi *une condamnation unique* à une peine de deux ans ou moins de deux ans de prison ;

3° Au bout de vingt ans, à ceux qui auraient subi *une condamnation unique* supérieure à deux ans de prison.

Or, au cours de la discussion de l'article 8, M. Bérenger propose un amendement ayant pour but d'assimiler aux condamnés à une peine unique de deux ans ou moins, ceux qui auront subi des *condamnations multiples* dont l'ensemble ne dépassera pas un an. En première lecture, grâce à l'intervention du garde des sceaux, cet amendement est repoussé ; mais, dans l'intervalle des deux délibérations, M. Bérenger le reprend devant la commission qui l'accepte et, malgré la vive résistance du garde des sceaux montrant combien l'on s'écarte « du criterium unique, du vrai principe directeur puisé dans la distinction entre le délinquant primaire et celui qui a été condamné plusieurs fois (1) », il est enfin adopté par le Sénat en seconde lecture, de sorte que la réhabilitation de droit, organisée par l'article 10, corollaire de l'article 8,

_____

(1) Séance du Sénat du 7 mars 1899 (*J. off.* du 8 mars).

bénéficie non plus seulement aux condamnés primaires, mais à ceux qui ont subi plusieurs condamnations dont le total ne dépasse pas un an. Nous voici
loin de la loi de sursis ! M. Godin n'avait-il pas raison
de dire que, lorsqu'il s'agissait d'indulgence et de
pitié, M. Bérenger « était presque insatiable (1) ! »

Quant au principe même de la réhabilitation de
plein droit, il ne rencontra aucun adversaire et l'article 10 fut voté sans débats.

La loi, transmise à la Chambre des députés, n'y fut
l'objet d'aucune discussion ; on l'adopta d'urgence.
Elle a été promulguée le 5 août 1899 : en voici les dispositions qui nous intéressent :

Aʀт. 8. — Cessent d'être inscrites au bulletin n° 3 délivré au
simple particulier :

1° Un an après l'expiration de la peine corporelle ou le paiement de l'amende, la condamnation unique à moins de six jours
de prison ou à une amende ne dépassant pas vingt-cinq francs,
ou à ces deux peines réunies, sauf le cas où ces condamnations entraîneraient une incapacité civile ou politique ;

2° Cinq ans après l'expiration de la peine corporelle ou le
paiement de l'amende, la condamnation unique à six mois ou
moins de six mois de prison ou à une amende, ainsi qu'à ces
deux peines réunies ;

3° Dix ans après l'expiration de la peine, la condamnation
unique à une peine de deux ans ou moins de deux ans, ou les
condamnations multiples dont l'ensemble ne dépasse pas un an ;

4° Quinze ans après l'expiration de la peine, la condamnation
unique supérieure à deux ans de prison.

Le tout sans qu'il soit dérogé à l'article 4 de la loi du 26 mars
1891, sur l'atténuation et l'aggravation des peines.

Dans le cas où une peine corporelle et celle de l'amende auront été prononcées cumulativement, les différents délais pres-
crits par le présent article commenceront à courir à partir du
jour où ces deux peines auront été complètement exécutées.

_____

(1) Séance du Sénat du 7 mars 1899 (*J. off.* du 8 mars).

La remise totale ou partielle, par voie de grâce, de l'une ou de l'autre de ces peines, équivaudra à leur exécution totale ou partielle.

L'exécution de la contrainte par corps équivaudra au paiement de l'amende.

Art. 10. — Lorsqu'il se sera écoulé dix ans, dans le cas prévu par l'article 8, 1° et 2°, sans que le condamné ait subi de nouvelles condamnations à une peine autre que l'amende, la réhabilitation lui sera acquise de plein droit.

Le délai sera de quinze ans dans le cas prévu par l'article 8, § 3°, et de vingt ans dans le cas prévu par l'article 8, § 4°.

En cas de contestation sur la réhabilitation, le demandeur pourra s'adresser au tribunal du lieu de son domicile, dans les formes et suivant la procédure prescrites à l'article 14. Le jugement rendu sera susceptible d'appel et de pourvoi en cassation.

Art. 14. — Celui qui voudra faire rectifier une mention portée à son casier judiciaire, présentera requête au président du tribunal ou de la cour qui aura rendu la décision. Le président communiquera la requête au ministère public et commettra un juge pour faire le rapport.

Le tribunal ou la cour statuera en audience publique, sur le rapport du juge et les conclusions du ministère public. Le tribunal ou la cour pourra ordonner d'assigner la personne objet de la condamnation.

Dans le cas où la requête est rejetée, le requérant sera condamné aux frais. Si la requête est admise, les frais seront supportés par celui qui aura été la cause de l'inscription erronée, s'il a été appelé dans l'instance.

Le ministère public aura le droit d'agir d'office dans la même forme en rectification de casier judiciaire.

Mention de la décision sera faite en marge du jugement ou de l'arrêt visé par la demande en rectification.

Ces actes, jugements et arrêts seront dispensés de timbre et enregistrés gratis (1).

---

(1) Le 4 décembre 1899, le gouvernement a déposé sur le bureau du Sénat un projet de loi (annexes n° 245, année 1899) ayant pour but de modifier les articles 4 §§ 2 et 3; 5 § 2; 8 n° 1; 10 § 3; 12; 14 §§ 6 et 9 de la loi du 5 août 1899 et d'y ajouter deux articles nouveaux. Ces changements n'ont pas grande importance pour la réhabilitation de droit.

1° L'article 8 n° 1 reçoit la rédaction suivante : *Deux ans*

Nous sommes parvenus au terme de notre élude historique.

Nous avons vu la théorie de la réhabilitation se dégager peu à peu et se modifier à mesure qu'évoluaient les idées admises sur le fondement et le but de la peine. Pour nous en tenir à l'époque moderne, plus la science pénale s'est faite subjective par l'étude du criminel vivant et agissant, plus on a tenu compte, dans la répression, de la moralité de l'agent, plus on a été porté à lui faciliter l'accès de la réhabilitation, afin de supprimer des incapacités dont une conduite satisfaisante montrait l'inutilité et l'injustice. Par l'observation at-

---

après l'expiration de la peine corporelle ou le paiement de l'amende, la condamnation unique à moins de six jours de prison ou à une amende ne dépassant pas 25 francs ou à ces deux peines réunies. Ces condamnations rentraient déjà dans l'article 10 § 1er qui vise les nos 1 et 2 de l'article 8.

2° Le § 9 de l'article 14 employant une formule défectueuse, sera rédigé ainsi : *Ces actes, jugements et arrêts seront visés pour timbre et enregistrés en débet.*

4° Le § 3 de l'article 10 est supprimé, mais remplacé par les articles suivants :

ART. 15. — *En cas de contestation sur la réhabilitation de droit ou de difficultés soulevées sur l'application des articles 7, 8 et 9 de la présente loi ou l'interprétation d'une loi d'amnistie dans les termes de l'article 2 § 3, l'intéressé pourra s'adresser au tribunal correctionnel du lieu de son domicile, suivant les formes de la procédure prescrite par l'article précédent.*

ART. 16 — *Les jugements et arrêts rendus dans les conditions prévues par les articles 14 et 15 peuvent être l'objet des voies de recours établies par le code d'instruction criminelle ou, dans le cas de l'article 14, par la législation spéciale à la juridiction qui aura statué sur la rectification.*

D'après l'article 15 proposé, ce ne sera plus au tribunal civil, mais au tribunal correctionnel qu'il appartiendra de statuer sur les contestations relatives à la réhabilitation de droit : c'est la seule modification qui mérite d'être signalée à notre point de vue.

tentive des faits sociaux, on s'aperçoit des obstacles que rencontrent les condamnés lorsqu'ils veulent se reclasser, on en voit beaucoup succomber à la tâche et devenir des ennemis irréconciliables de l'ordre ; on cherche dès lors à leur faciliter ce reclassement en leur rendant, aussitôt que possible, l'intégrité de leur précédent état.

La statistique démontre que l'armée des récidivistes fait sans cesse de nouvelles recrues. Les méfaits de ces délinquants irréconciliables, vieillis dans la révolte, professeurs de vice et embaucheurs du crime, menacent incessamment de troubler la paix sociale. Il faut se défendre contre eux par des mesures spéciales. D'où la nécessité de séparer les criminels d'habitude des criminels d'occasion. Maintenant, tout le monde l'admet : « La distinction entre les délinquants d'habitude est essentielle en pratique comme en théorie. Elle doit être la base de toute législation pénale. (1) » User d'indulgence envers le criminel d'occasion et l'empêcher de devenir un criminel d'habitude en lui tendant la main ; lutter avec énergie contre les instincts antisociaux du criminel d'habitude, telles sont, en effet, les deux idées qui ont inspiré nos lois pénales les plus récentes. Les unes sont venues frapper plus sévèrement le récidiviste et le réduire à l'impuissance de nuire, lorsque tout espoir de réforme est perdu ; les autres ont créé des moyens préventifs, avant l'expiation par le sursis, pendant l'expiation par l'emprisonnement cellulaire et la libération conditionnelle, après l'expiation enfin par le patronage,

---

(1) Statuts de l'Union internationale de droit pénal, article 4.

par un silence partiel imposé au casier judiciaire et par la réhabilitation.

Cette dernière institution s'est elle-même divisée. Tous les délinquants, même ceux qui paraissaient les plus incorrigibles, peuvent obtenir désormais la récompense de leur retour au bien, mais on a cru devoir légalement présumer ce retour en faveur des criminels d'occasion. A côté de la réhabilitation judiciaire, ouverte à tous ceux dont une minutieuse enquête a prouvé l'amendement, nous avons aujourd'hui la réhabilitation de plein droit, réservée dans son principe, sinon dans son organisation actuelle, aux condamnés primaires.

Ces deux réhabilitations produisent des effets identiques, mais elles ne font pas double emploi. Nous nous proposons de les étudier parallèlement, après avoir jeté un rapide coup d'œil sur les législations des pays étrangers.

CHAPITRE VI

DROIT COMPARÉ

Pour faire une étude de législation comparée véritablement fructueuse, nous devrions, avant de rechercher si une nation étrangère admet la réhabilitation
et suivant quels principes, analyser son système
pénal et rappeler les traits généraux de son organisation politique. L'histoire nous l'a montré en effet, suivant que le souverain jouit d'un pouvoir plus ou
moins absolu, la réhabilitation est son œuvre plus ou
moins exclusive ; elle est soumise à des conditions
d'autant mieux définies que la peine poursuit un but
plus moralisateur ; son utilité dépend enfin de la gravité des incapacités qu'elle fait disparaître et dont il
faudrait par suite fixer le nombre et l'étendue. Mais
une pareille méthode nous conduirait fort au delà des
limites de ce travail. Nous nous bornerons donc
à indiquer les règles suivies par les grands peuples de l'Europe en matière de réhabilitation, sans en
chercher l'origine dans les institutions ou dans les
mœurs (1). Nous parlerons d'abord de la réhabilitation

---

(1) Nous avons consulté principalement :
1° La collection des codes étrangers traduits et publiés par le
comité de législation étrangère établi au ministère de la justice ;
2° Les *Annuaires* de la Société de législation comparée ;
3° Le *Bulletin* de la même Société ;
4° Le *Bulletin* de l'Union internationale de droit pénal.

accordée aux condamnés sur leur demande, puis nous envisagerons la réhabilitation obtenue de plein droit.

Réhabilitation sollicitée par le condamné

On peut grouper les législations des États européens en deux catégories : les uns considèrent la réhabilitation comme un cas particulier de la grâce, les autres en ont fait une institution spéciale.

Dans la première catégorie, nous trouvons : la Russie, les Pays-Bas, la Roumanie, l'Angleterre, l'Allemagne, l'Autriche, la Hongrie, l'Espagne et le Portugal.

En ANGLETERRE, la réhabilitation fait partie du *power of pardon* dont l'exercice appartient au roi et au Parlement et qui permet de relever le condamné de la peine principale ainsi que de toutes les autres conséquences de la condamnation. Lorsque la grâce n'intervient qu'après le jugement, le Parlement seul peut réhabiliter le condamné.

LE CODE DE PROCÉDURE PÉNALE ALLEMAND du 1er février 1877 décide, dans son article 484, que le droit de grâce sera exercé par l'empereur, mais il reste muet sur la réhabilitation qui n'est donc soumise à aucune condition particulière.

En AUTRICHE, l'article 13 de la loi organique du 21 décembre 1867 donne à l'empereur le droit d'amnistie et le droit d'accorder la réduction des peines prononcées par les tribunaux, «ainsi que de relever les condamnés

« des conséquences légales de leurs condamnations (1) ».
Mais, sauf lorsque des ordres supérieurs sont intervenus dans des cas spéciaux, les condamnés ne peuvent
faire directement appel à la clémence impériale ; ils
doivent se soumettre à une procédure fixée par l'article 411 du code d'instruction criminelle de 1874. Le
recours en grâce est adressé à la cour qui a connu de
l'affaire en première instance, soit directement, soit
par l'intermédiaire du directeur de la prison où le suppliant subit sa peine. La cour examine la demande et la
repousse lorsqu'elle ne lui paraît pas justifiée par d'im-
portants motifs. Quand elle l'admet, elle la fait par-
venir, avec sa proposition, à la cour de seconde instance
qui prend une décision après avoir entendu le ministère public et rejette la demande ou la soumet, avec
son avis, au ministre de la justice. Si même la cour
de cassation avait eu à connaître de l'affaire, la proposition de la cour de seconde instance favorable à la
grâce devrait lui être adressée et c'est elle qui décide-
rait, le procureur général entendu, si la demande serait repoussée ou appuyée auprès du ministre de la
justice.

La législation autrichienne nous offre donc ce fait
digne de remarque : la réhabilitation ne s'y distingue
pas de la grâce, mais la grâce elle-même se trouve
entourée de formalités rappelant celles qui, en France,
accompagnaient la réhabilitation avant la loi de 1885.

---

(1) L'article ajoute : « sous réserve des restrictions contenues
« dans la loi sur les responsabilités ministérielles », faisant allusion à l'art. 29 de la loi du 25 juillet 1867 aux termes duquel
« l'empereur ne pourra exercer le droit de grâce au profit d'un
« ministre coupable que sur la proposition de la Chambre de
« laquelle sera émanée l'accusation. »

Le pouvoir judiciaire, à ses divers degrés, doit formuler un avis et sa décision défavorable équivaut au rejet contre lequel, ajoute l'article 411 du code autrichien, aucune voie de recours n'est ouverte. En faisant de la réhabilitation une œuvre purement judiciaire, la France a devancé l'Autriche dans la voie du progrès.

En HONGRIE, la loi constitutionnelle de 1848 abandonne au roi le droit de grâce dans toute sa plénitude : il peut accorder aussi bien des grâces particulières que des amnisties générales ; il peut prévenir l'action pénale (art. 105 du code pénal hongrois) ou empêcher l'exécution de la peine (art. 117 du même code). La réhabilitation ne fait l'objet d'aucune disposition spéciale (1).

LE CODE PÉNAL ESPAGNOL de 1870 (art. 45) dispose que la réhabilitation des condamnés aura lieu suivant les règles tracées par la loi. Cette loi n'a pas encore été votée, mais l'article 46 du code pénal ajoute que la réhabilitation pourra émaner de la clémence du souverain.

En PORTUGAL, une loi du 3 avril 1896, développant le principe posé par le code pénal du 14 juin 1884, paraît, si l'on s'en rapporte à son titre, réglementer la réhabilitation. Mais il n'en est rien, car, aux termes de l'article 1er, « la réhabilitation a lieu par voie de revi- « sion des sentences de condamnation, lorsque se sont « produits des faits établissant l'innocence du con- « damné ». Il ne s'agit donc pas de réhabilitation, mais de revision et la loi l'indique plus clairement encore,

---

(1) On peut s'en étonner, car l'art. 48 du code pénal hongrois, organisant la libération conditionnelle, permet de l'accorder « à « ceux qui, par leur bonne conduite et leur application, auront « fortifié l'espérance que l'on avait conçue de leur amendement ». Pourquoi cet amendement ne donne-t-il pas également droit à la réhabilitation ?

lorsqu'elle déclare qu'on ne prendra jamais en considération une demande ayant pour but de modifier la peine encourue (art. 4) et lorsqu'elle consacre le principe de l'indemnité aux victimes d'erreurs judiciaires (art. 12). On ne parle pas de rendre sa pleine capacité au condamné qui a expié et qui s'est repenti.

Au nombre des Etats qui admettent la réhabilitation comme une institution spéciale, nous voyons figurer le Danemark (loi du 3 avril 1868), le canton de Genève, le canton de Neuchâtel, la Norwège, l'Italie et la Belgique.

Le code d'instruction pénale du 25 octobre 1884 pour le canton de GENÈVE considère la réhabilitation comme un droit et en remet la décision au pouvoir judiciaire. La procédure très simple est fixée par les articles 516 à 525 : la réhabilitation peut être demandée cinq ans après l'expiration de la peine à la cour de justice statuant au nombre de cinq membres. Une loi du 1er juin 1895 a étendu la faculté de l'obtenir aux condamnés correctionnels.

Dans le canton de NEUCHATEL, le code de procédure pénale du 7 avril 1875 (titre IX) dit que la réhabilitation peut être demandée cinq ans après l'expiration de la peine aux cas ordinaires et seulement dix ans après si le condamné était en état de récidive. Lorsque le condamné a obtenu un décret de grâce avant la fin de sa peine, le délai de cinq ans ne commence à courir *qu'après l'époque où la peine aurait dû se terminer*. C'est la chambre d'accusation qui instruit les demandes ; elle les adresse ensuite à la cour de cassation, seule compétente pour statuer.

En NORWÈGE, la loi du 9 juin 1883 avait admis le système mixte de notre loi de 1852 : la réhabilitation

était accordée par le roi après une enquête administrative faite par le *fodge* (bailli) auprès des conseils communaux et sur l'avis du tribunal de première instance
qui ne pouvait écarter la demande par une décision
défavorable. Mais une loi du 6 août 1897, abrogeant
expressément la loi de 1883, a fait de la réhabilitation
une œuvre exclusivement judiciaire et a ramené sa
procédure aux formes les plus simples. On peut l'obtenir désormais après dix ans écoulés pour les peines
infamantes graves et, pour les courtes peines de liberté, après un délai égal à la durée de la peine prononcée, sans pouvoir descendre au-dessous de trois
ans. Cette dernière disposition nous semble fort ingé-
nieuse. Le délai court de l'époque où la peine est considérée comme subie, a été prescrite ou remise par
l'effet de la grâce. On demande seulement au condamné de justifier d'une manière suffisante que, pendant les trois dernières années, il a mené une conduite
honnête et qu'il a réparé, selon ses moyens, le dommage causé par son délit (art. 2) (1).

La requête est présentée au ministère public qui
instruit l'affaire conformément aux règles ordinaires
de la procédure pénale. Aucune forme spéciale d'enquête n'est prescrite ; il n'est plus nécessaire de consulter les conseils communaux ni les autorités administratives, il suffit qu'il soit établi que le suppliant

---

(1) La loi du 9 juin 1883 imposait au condamné l'obligation
d'avoir mené pendant les cinq dernières années, une conduite
irréprochable dont il devait rapporter la preuve par le témoignage de personnes qui avaient eu l'occasion de s'en rendre un
compte exact. Il devait, en outre, avoir acquitté les dommages-
intérêts mis à sa charge par le jugement ou établir soit qu'il
en avait obtenu la remise, soit qu'il était dans l'impossibilité
absolue de les payer (art. 2).

remplit les conditions imposées par la loi. L'instruction terminée, l'affaire est soumise au tribunal de première instance du lieu où le condamné demeure ou a
eu son dernier domicile en Norwège. Le tribunal rend
sa décision dans la forme ordinaire des jugements et,
s'il est nécessaire, après audition du condamné et de
témoins. Le jugement est susceptible des voies de
recours de droit commun. Lorsque la requête est rejetée, elle ne peut être présentée à nouveau qu'après
un délai de deux ans (art. 4).

Par son article 3, la loi de 1897 établit une réhabilitation de plein droit que nous examinerons dans la section II du présent chapitre, mais ce que nous ne
saurions trop louer c'est la procédure à la fois simple
et rapide qu'elle institue pour la réhabilitation judiciaire et que nous venons d'analyser.

La réhabilitation judiciaire ou de plein droit n'est
ouverte en Norwège qu'aux condamnés pour délit infamant ou à une peine infamante (1). Elle fait disparaître pour l'avenir toutes les restrictions résultant de
la condamnation, conformément à la loi, aux droits
touchant à l'honneur du condamné, y compris la
perte du droit de vote dans les affaires publiques
(article 1er de la loi de 1897).

L'article 100 du CODE PÉNAL ITALIEN de 1889 pose le
principe de la réhabilitation : « L'interdiction des fonc-
« tions publiques et toute autre incapacité perpétuelle
« dérivant d'une condamnation, cesseront par le fait de

---

(1) L'article 6 de la loi de 1883 précisait que la réhabilitation
ne pourrait être demandée s'il ne résultait de la condamnation
aucune atteinte aux droits civils et politiques. L'article 1er de la
loi de 1897 ne parle que des condamnations pour délit infamant
ou à des peines infamantes.

« la réhabilitation. » Celle-ci ne peut être demandée
que si le condamné a tenu une conduite de nature à
faire présumer son repentir et s'il s'est écoulé cinq
ans à partir du jour où la peine principale a été subie
ou a été éteinte par suite d'un indult ou d'une grâce,
ou s'il s'est écoulé dix ans à partir du jour où elle a
été prescrite (1). Lorsque l'interdiction n'est pas l'accessoire d'une autre peine, la réhabilitation ne peut
être sollicitée que cinq ans après le jour où la condamnation est devenue irrévocable. Ces délais sont doublés
pour les conda nnés récidivistes (2). L'article 100
ajoute que « la loi détermine de quelle manière la
« réhabilitation est accordée et quels effets elle produit
« en faveur du condamné. » Ces points sont réglés par
les articles 834 à 847 du code de procédure pénale qui
reproduisent presque textuellement les dispositions
de notre code d'instruction criminelle avant la loi de
1852. Il serait utile qu'une loi nouvelle vînt rajeunir
une procédure depuis longtemps vieillie (3).

En BELGIQUE, les articles 619 à 634 de notre code

---

(1) La loi française du 10 mars 1898 double également les délais au cas de prescription.

(2) *Sic* loi française du 14 août 1885.

(3) La réhabilitation en Italie a fait l'objet d'une étude de
M. Alianelli traduite par M. Sarraute et publiée par la *France
Judiciaire* (année 1882, pp. 525 et suiv.).

M. Alianelli examine également de quelles améliorations serait susceptible le régime en vigueur. Il estime que le délai d'é-
preuve devrait varier d'après la gravité de la peine encourue :
dix ans pour l'interdiction des emplois publics, pour les travaux
forcés à perpétuité suivis de grâce, pour la récidive de crime à
crime ; — huit ans pour les travaux forcés à temps ou la réclusion du 3e degré, *avec* soumission à la surveillance spéciale de
la sécurité publique ; — six ans pour les travaux forcés ou la

d'instruction criminelle étaient restés en vigueur jusqu'à la publication du code pénal de 1867 qui partit
d'un principe tout opposé. L'article 73 de la constitution belge confère au roi « le droit de remettre ou de
« réduire les peines prononcées par les juges », et l'on
entendit par là non seulement les peines principales,
mais encore les incapacités *exprimées* dans la sentence. Adoptant cette interprétation et la développant,
l'article 87 du code pénal de 1867 s'exprimait ainsi :
« les incapacités prononcées par les juges *ou atta-*
« *chées par la loi à certaines condamnations*,
« cessent par la remise que le roi peut en faire en vertu
« du droit de grâce. » Il résultait de ce texte et des travaux préparatoires que les articles 619 et suivants du
code d'instruction criminelle se trouvaient implici-
tement abrogés ; il ne subsistait que l'exercice pur et
simple du droit de grâce sans délais nécessaires, sans
aucune épreuve ou attestation préalable.

On avait cependant proposé, dès 1867, de maintenir

réclusion du 3ᵉ degré *sans* surveillance ; — trois ans pour les
peines inférieures. Cette idée très juste avait déjà été admise
par la loi française de 1852.

Partisan d'une réhabilitation exclusivement judiciaire,
M. Alianelli voudrait que la demande soit instruite, comme
une affaire criminelle ordinaire, par le juge d'instruction, que
la procédure soit ensuite examinée par la chambre d'accusation, puis déférée à la cour d'assises, le jury devant statuer définitivement en audience publique. On reviendrait ainsi à la
grande publicité de 1791 dont les résultats pratiques ne furent
pas heureux.

M. Alianelli propose enfin de créer deux réhabilitations successives, la première laissant subsister l'incapacité de voter
dans les conseils pour l'élection des députés, celle d'être juré
et celle d'être nommé aux fonctions publiques, et la seconde,
après un nouveau délai, supprimant toutes les incapacités.
Nous ne voyons pas les avantages de ce système compliqué.

à côté de la remise gracieuse des incapacités, une réhabilitation avec formes légales et même de donner à celle-ci un caractère purement judiciaire : la cour d'appel, au lieu d'émettre un avis comme dans l'ancien article 629 c. inst. crim., aurait prononcé elle-même la réhabilitation. Mais on craignit de méconnaître le principe de la séparation des pouvoirs, en établissant cette espèce de concurrence entre l'autorité royale et l'autorité judiciaire ; on voulut éviter tout conflit et la proposition fut écartée.

Aujourd'hui, la réhabilitation judiciaire existe en Belgique, depuis que la loi du 25 avril 1896, issue de l'initiative gouvernementale, a été adoptée par le vote unanime des deux Chambres. Mais le droit qui appartient au roi de remettre les incapacités est demeuré intact. On ne s'est point arrêté à l'objection tirée de la contrariété ou du double emploi. « La grâce, dit l'exposé des motifs, soit qu'elle porte sur une peine principale, soit qu'elle atteigne les incapacités, est une faveur, un acte de clémence. » La réhabilitation est « une réparation morale accordée au condamné qui s'en est montré digne par une conduite irréprochable. L'espérance d'une rénovation complète comme récompense de ses efforts, constitue pour lui un stimulant d'autant plus précieux que, dans ce système, la réhabilitation cesse d'être une faveur pour devenir un droit acquis sous l'appréciation de la justice. » Et par ces considérations l'on admet, contrairement à la jurisprudence française, que la grâce et la réhabilitation pourront, l'une et l'autre, mettre fin aux incapacités (1).

_____

(1) On n'oubliera pas qu'il s'agissait de substituer la réhabilitation à la grâce et que, par suite, on n'a pas eu à se demander si la grâce était assez puissante pour relever des incapacités,

D'après la loi belge du 25 avril 1896, les individus
condamnés à une peine quelconque en matière criminelle correctionnelle ou de police (1) peuvent être réhabilités à condition : 1° que les peines pécuniaires ou
privatives de liberté aient été accomplies ou interrom-
pues par l'amnistie ou la grâce, ou soient non avenues
par suite de condamnation conditionnelle (2); 2° que
le condamné ait payé les dommages-intérêts et les
frais mis à sa charge par le jugement et, s'il s'agit d'une
condamnation pour banqueroute frauduleuse, qu'il ait
complètement acquitté son passif en principal et intérêts, sauf le cas d'indigence absolue dûment établie ou
d'impossibilité de payer pour une cause qui ne lui soit
point imputable (4); 3° qu'il se soit écoulé cinq ans (4),
soit depuis la condamnation conditionnelle, soit depuis
l'extinction de la peine par l'exécution ou la grâce. Ce
délai est porté à dix ans si le condamné est récidiviste

question à laquelle l'arrêt du Conseil d'Etat de 1823 avait, en
France, répondu négativement.

(1) La loi française ne parle pas des peines de simple police.

(2) En Belgique, la condamnation conditionnelle dispense de
l'exécution de la peine, mais s'oppose à ce qu'un nouveau sursis soit accordé. (V. Thiry, *Cours de droit crim.* n° 342; — Cassation belge, 10 janvier 1894). Le condamné conditionnel peut,
au contraire, obtenir un second sursis lorsqu'il a été réhabilité
(article 7 de la loi de 1896). Une telle disposition serait sans
objet en France.

(3) Au cas d'indigence, la cour peut, sans préjudicier aux
droits des créanciers, fixer la partie des restitutions, des dommages-intérêts, des frais de justice et du passif que le condamné devra payer avant d'être admis à la réhabilitation
(article Ier).

(4) La loi française admet avec raison deux délais : 5 ans pour
les peines criminelles et 3 ans pour les peines correctionnelles.

en matière criminelle ou correctionnelle ; 4° que, pendant ce temps, le condamné ait eu une bonne conduite, qu'il ait vécu dans des endroits et avec des moyens d'existence connus et que, durant les deux dernières années, il ait eu sa résidence dans la même commune, à moins qu'il n'ait été contraint d'en changer par les nécessités de sa position ; 5° qu'il n'ait pas déjà joui antérieurement du bénéfice de la réhabilitation (article 1er) (3).

La demande est adressée au procureur du roi de l'arrondissement dans lequel le condamné réside (article 2). Ce magistrat fait une enquête auprès des maires et des juges de paix des villes et des cantons indiqués par le condamné comme lieux de sa résidence ; cette enquête porte sur l'époque et la durée de son séjour, sur sa conduite et sur ses moyens d'existence (2). Le procureur du roi se fait également délivrer une expédition de l'arrêt ou du jugement de condamnation, un extrait du casier judiciaire et un extrait de la comptabilité morale du condamné dans l'établissement pénitentiaire où ce dernier a subi sa peine, puis il envoie le tout au procureur général en formulant son avis (article 3).

Le procureur général prescrit telles enquêtes complémentaires qu'il juge utiles et, dans le délai de deux mois, transmet la demande, avec les pièces et ses réquisitions, à la chambre d'accusation qui fixe un jour

---

(1) La loi belge rejette donc la récidive de la réhabilitation et admet la réhabilitation du récidiviste. Nous savons déjà que la loi française assimile les deux situations. En France, le délai est de six ans au cas de récidive correctionnelle.

(2) Ces attestations doivent mentionner qu'elles sont délivrées en vue de la réhabilitation.

pour l'audition du ministère public et de l'intéressé. Si, après la comparution, la cour croit nécessaire de procéder à une nouvelle enquête, elle désigne les témoins à entendre, après quoi elle entend à nouveau le procureur général et l'intéressé qui doit comparaître en personne à toutes les audiences, sauf à celle où l'arrêt est rendu, et peut toujours se faire assister d'un conseil (1). La cour rend son arrêt dans le délai de huitaine (article 4).

Si la cour rejette la demande, celle-ci ne pourra être renouvelée avant qu'il se soit écoulé deux années depuis la date de l'arrêt. Si, au contraire, elle accorde la réhabilitation, un extrait de l'arrêt est transcrit en marge des arrêts ou jugements définitifs prononcés à la charge du réhabilité et celui-ci pourra en obtenir copie (article 5) (2).

L'article 7 énumère les conséquences de la réhabilitation : elle fait cesser pour l'avenir *tous les effets* de la condamnation, sans préjudice des droits acquis aux tiers. En particulier : 1° elle met fin aux incapacités résultant de la condamnation ; 2° elle empêche que la condamnation puisse servir de base à la récidive (3) ou faire obstacle à une nouvelle condamna-

_____

(1) Si l'intéressé ne comparaît pas sans raison légitime, la demande est considérée comme non avenue ; si le défaut de comparution est justifié, la cour peut passer outre ou suspendre l'examen des faits suivant le cas (article 4). Notre loi du 14 août 1885 ne contient aucune disposition correspondante ; la rigueur de la loi belge nous paraît difficile à justifier.

(2) Les frais sont à la charge de l'Etat (art. 6).

(3) Cet effet de la réhabilitation sur la récidive a été le point le plus discuté du projet devant le Sénat belge. Il a donné naissance à trois opinions :

1° D'après M. Limpens, la conduite du condamné qui comtion conditionnelle ou qu'elle soit mentionnée sur le casier judiciaire de l'intéressé. Mais elle ne fera pas rentrer le condamné dans ses titres, grades, fonctions, emplois et offices publics dont il a pu être destitué ; elle ne le relèvera pas de l'indignité de succéder et ne fera pas obstacle à la demande en séparation de corps ou à la demande en dommages-intérêts, fondée sur la condamnation (1).

En résumé, la loi belge de 1896 ne diffère que très peu de notre loi du 14 août 1885, fréquemment citée au cours des travaux préparatoires. Une fois de plus, nous avons le plaisir de voir notre législation exercer son heureuse influence au delà de nos frontières.

---

met un nouveau délit prouve que l'amendement n'existe pas ; tenir la condamnation comme oubliée, c'est s'obstiner dans une fiction dont les faits ont démontré la fausseté : la réhabilitation ne peut donc s'opposer à la récidive ;

2° M. Begerem, ministre de la justice, soutient au contraire qu'en admettant la récidive malgré la réhabilitation, on établirait une sorte de réhabilitation conditionnelle ; on pourrait aussi décider alors qu'une inconduite notoire suffira pour justifier une procédure en retrait de réhabilitation. Enfin, si la récidive faisait disparaître une fiction, il faudrait faire revivre la première condamnation avec toutes ses conséquences ;

3° M. Lejeune propose de remettre conditionnellement les incapacités après cinq ans d'épreuve et de ne donner à la réhabilitation un caractère définitif qu'au bout d'un plus long délai.

(1) Nous aurons à rechercher les effets que la réhabilitation exerce en France sur les conséquences civiles de la condamnation. La loi du 14 août 1885 est muette sur ce point.

Réhabilitation de plein droit

Nous plaçons sous cette rubrique les dispositions
législatives que l'on peut rapprocher soit de l'article
10 de notre loi du 5 août 1899, soit de l'article 2 § 3 de
notre loi du 26 mars 1891.

Nous ne connaissons que deux pays, le Danemark
et la Norwège, qui possèdent une réhabilitation de
plein droit analogue à celle instituée par la loi française du 5 août 1899.

En DANEMARK, cette réhabilitation existe depuis la
loi du 13 avril 1894, dont l'article unique est ainsi
conçu : « Quiconque aura été puni en raison d'un
« acte déshonorant recouvrera, *lorsque la condam-*
« *nation aura été prononcée pour la première*
« *fois à raison d'un acte de cette nature et que*
« *la peine ne sera pas supérieure à celle de la*
« *prison au pain et à l'eau*, la pleine possession de
« tous les droits résultant de la réhabilitation aux
« termes de la loi du 3 avril 1868, *lorsque dix ans*
« *se seront écoulés après le prononcé du jugement*
« *et que l'intéressé aura constamment demeuré*
« *en Danemark pendant cette période, sans avoir*
« *été accusé ni condamné pour un fait de ce*
« *genre.* L'intéressé aura le droit de demander au com-
« missaire de police du lieu de son domicile un certi-
« ficat écrit de la réhabilitation obtenue d'après la pré-
« sente loi ; ce certificat sera délivré gratuitement. »

Cette réhabilitation de plein droit ne bénéficie donc qu'aux condamnés primaires et seulement pour des faits aïsez peu graves (1). Afin d'être bien certain que, depuis leur première faute, ils n'ont commis aucun nouveau délit, on exige que les condamnés aient résidé en Danemark pendant toute la période d'épreuve. Un seul délai leur est imparti et l'on n'entre pas dans les distinctions compliquées que le législateur français a cru devoir admettre. On se préoccupe enfin du moyen par lequel le condamné pourra obtenir une preuve de sa réhabilitation, détail que notre loi de 1899 a omis de régler. Mais nous ferons des réserves sur la disposition qui écarte les individus simplement « accusés » et sur le point de départ du délai fixé au jour du jugement et non à celui de l'exécution de la peine.

En NORWÈGE, la loi du 9 juin 1883, dans son article 4, stipulait que la réhabilitation *ne pourrait être refusée* si le condamné, sa peine expirée ou remise, avait mené une vie irréprochable pendant les quinze dernières années ou, lorsque la peine n'était pas plus grave que la prison, pendant les dix dernières années seulement, et s'il justifiait en outre du paiement des dommages-intérêts ou de sa bonne volonté de les acquitter. On peut voir dans cette prescription une première idée de la réhabilitation de plein droit dont l'article 3 de la loi du 6 août 1897 a étendu l'application. Maintenant, « tout condamné à la prison ou au « travail forcé pour trois ans au plus a droit à la réha- « bilitation *après cinq ans écoulés* depuis l'époque

---

(1) L'emprisonnement au pain et à l'eau n'est appliqué que pour une durée de 20 à 30 jours. Cf. F. von Litz : *Le droit criminel européen.*

« où la peine a été subie ou a été prescrite ou remise
« par l'effet de la grâce, *s'il a résidé en Norwège*
« *pendant les trois dernières années et s'il n'appa-*
« *raît pas qu'il se soit rendu coupable. pendant*
« *cette période, d'aucun fait punissable de nature*
« *infamante.* Il en est de même du condamné au
« travail forcé pour six ans au plus, *après dix ans*
« *révolus,* et du condamné à une peine plus forte,
« *après quinze ans révolus.* Tout condamné à l'em-
« prisonnement pour un fait punissable commis
« avant l'accomplissement de sa dix-huitième
« année a droit à la réhabilitation, *dès que* la peine
« a été subie, prescrite ou remise par la grâce. »
D'après l'article 4 de la même loi, le ministère public,
saisi d'une requête, y fait droit sur le champ, si, après
avoir procédé à l'enquête nécessaire, il reconnaît que
le condamné remplit les conditions ci-dessus, sinon il
la soumet au tribunal de première instance qui statue sur la réhabilitation judiciaire. De même qu'en
Danemark, le condamné ne doit pas avoir quitté le
pays, mais le délai d'épreuve dépend de la peine encourue et les condamnés aux peines les plus graves
peuvent être réhabilités de plein droit (1).

Si nous recherchons les pays dans lesquels l'expiration du délai de sursis produit réhabilitation de
plein droit, nous devons écarter non seulement les
nations où l'usage de la condamnation conditionnelle est remplacé par celui de l'admonition, mais
encore le groupe législatif anglo-américain qui admet
le système inauguré en Massachusetts et adopté suc-

---

(1) Le système adopté par notre loi du 5 août 1899 tient le milieu entre la législation danoise et la législation norwégienne.

cessivement en Nouvelle-Zélande, en Australie et en Angleterre (1), d'après lequel le tribunal, au lieu d'infliger immédiatement une peine, ordonne que l'inculpé sera laissé en liberté moyennant l'engagement de se bien conduire pendant un certain temps et de comparaître à première réquisition pour être jugé. Dans ce système, aucune condamnation n'est prononcée, il n'est pas sursis à l'exécution de la peine, mais à la décision elle-même; il n'y a point d'incapacités encourues et, par suite, point de réhabilitation nécessaire.

Avant la France, la Belgique avait institué le sursis à l'exécution de la peine, par la loi du 31 mai 1888 plusieurs fois invoquée lors de la discussion de la loi Bérenger (2). Le sursis peut être accordé à ceux qui n'ont subi aucune condamnation antérieure pour crime ou délit; le tribunal fixe le délai qui ne peut dépasser cinq années et dont l'expiration, sans nouvelle condamnation pour crime ou délit (3), fait que la

---

(1) Pour l'Angleterre: *Probation of first offenders Act*, du 8 août 1897.

(2) Loi belge du 31 mai 1888, art 9 : « Les cours et tribunaux, « en condamnant à une ou plusieurs peines, peuvent, lorsque « l'emprisonnement à subir soit comme peine principale ou sub- « sidiaire, soit par suite du cumul des peines principales ou sub- « sidiaires, ne dépasse pas six mois et que le condamné n'a en- « couru aucune condamnation antérieure pour crime ou délit, or- « donner par décision motivée qu'il sera sursis à l'exécution du « jugement ou de l'arrêt pendant un délai dont ils fixeront la du- « rée à compter de la date du jugement ou de l'arrêt, mais qui ne « pourra excéder cinq années. — La condamnation sera comme « non avenue si, pendant ce délai, le condamné n'encourt pas de « condamnation nouvelle pour crime ou délit.... »

(3) Une loi du 27 juin 1895 tranchant un conflit qui s'était élevé entre la cour de cassation belge et les cours d'appel, a

condamnation primitive est considérée comme *non avenue* : toutes ses conséquences disparaissent, notamment les incapacités ; le condamné est donc réhabilité de plein droit (2).

L'exemple de la Belgique et de la France a été suivi par le canton de Genève et par le Portugal.

Pour le CANTON DE GENÈVE, la loi du 20 octobre 1892 permet aux cours criminelles jugeant correctionnellement et aux cours correctionnelles de prononcer des condamnations à l'emprisonnement ou à l'amende avec sursis à l'exécution pendant deux ans au moins et cinq ans au plus. L'article 2 de la loi dispose que « les peines « accessoires et les incapacités suivront le sort de la « peine principale » ; l'expiration du délai de sursis sans condamnation nouvelle ne réhabilite donc pas le condamné. Toutefois la condamnation qui figurait au casier judiciaire en est rayée à ce moment (2) : on peut dire que, pour le casier judiciaire, il se produit une sorte de réhabilitation de plein droit.

---

décidé que, par condamnation *pour crime ou délit*, on devait entendre : condamnation *à une peine criminelle ou correctionnelle.*

(1) Toutefois il ne peut obtenir un nouveau sursis (Cf. *supra* p. 141 note 2). — L'art. 9 de la loi belge du 31 mai 1888 ne dit pas *in terminis* comme l'art. 1 § 2 de la loi Bérenger, que le sursis ne s'applique pas aux incapacités, mais on peut le conclure de ce que ledit article ne parle que du sursis à *l'exécution* du jugement, car les incapacités sont encourues immédiatement, sans que le jugement ait besoin d'être exécuté.

(2) Art. 9 de la loi genevoise du 20 octobre 1892: « Pendant la « période du sursis la condamnation sera inscrite au casier judi- « ciaire avec la mention expresse de la suspension accordée. Si « aucune poursuite suivie de condamnation dans les termes de « l'art 4 (condamnation pour un crime ou un délit intentionnel de « droit commun puni par les lois genevoises) n'est intervenue « dans le délai du sursis accordé, la mention sera rayée des « registres du casier judiciaire. »

En PORTUGAL, les condamnations conditionnelles
font l'objet des articles 8 à 11 de la loi du 6 juillet
1893. Le sursis peut être accordé par les tribunaux
ordinaires pour la peine d'emprisonnement correctionnel, soit seule, soit accompagnée d'une amende ; sa
durée varie de deux à cinq ans. Aux termes de l'article 10, la suspension ne s'étend pas au paiement des
frais ni aux dommages-intérêts, mais il n'est pas question des incapacités et l'on peut se demander si elles
sont ou non suspendues. Lorsque le sursis expire sans
nouvelle condamnation, la sentence qui avait été inscrite au registre criminel ne doit plus figurer sur les
extraits dont la délivrance peut être requise (1). Au
moins à cet égard, il y a réhabilitation de droit.

La trop rapide étude à laquelle nous venons de nous
livrer nous permet cependant de constater que la
réhabilitation tend à suivre partout une même évolution législative qui s'accomplit plus ou moins rapi-
dement. Comme en France, elle ne se distingue pas
tout d'abord de la grâce et nombre de pays en sont
encore à ce premier stade ; puis ses caractères se pré-
cisent et se fixent, elle acquiert une existence propre :
elle est alors l'œuvre combinée des administrations
communales, de la justice et du souverain qui y col-

---

(1) Loi portugaise du 6 juillet 1893, art. 10 : « La sentence
« est inscrite sur le registre criminel avec la mention expresse
« de la suspension. Si, au cours de la période fixée par l'article 9,
« le condamné n'encourt pas de nouvelle condamnation, il ne
« sera fait aucune mention du procès dans les extraits du regis-
« tre dont la délivrance pourra être requise ; dans le cas con-
« traire l'inscription de la sentence demeurera définitive et pro-
« duira tous ses effets. »

laborent suivant des règles établies par la loi. Peu à peu le rôle du pouvoir exécutif s'efface ; on comprend que le condamné, par l'expiation et le repentir, acquiert le droit d'être réhabilité et la reconnaissance de ce droit est confiée à la justice qui statue sur enquête auprès des autorités locales. La réhabilitation devient enfin une arme contre la récidive et, pour engager les condamnés les moins pervers à ne pas commettre de nouvelle infraction, on la leur offre en récompense non plus d'une conduite irréprochable, mais de leur *non-délictuosité* (1) : c'est la réhabilitation de plein droit.

En France, l'évolution est aujourd'hui complète. Pour la réhabilitation judiciaire, la plupart des nations étrangères qui l'ont admise n'ont fait que nous imiter en s'inspirant de nos lois de 1852 et de 1885. Le Danemark, la Norwège et la Belgique ne nous ont dèvancés que de bien peu en instituant la réhabilitation de plein droit. Enfin, à part quelques détails peut-être mieux réglés, la comparaison des lois étrangères avec les nôtres ne nous suggère l'idée d'aucun perfectionnement nouveau.

---

(1) Nous nous excusons de ce néologisme : il exprime bien cet état de moralité relative dans lequel se maintient le condamné par le seul fait qu'il ne récidive pas.

DEUXIÈME PARTIE

Théorie actuelle

Dans notre Avant-Propos, nous avons défini la réhabilitation. L'étude que nous abordons se divise naturellement en quatre chapitres :

Chapitre Ier. — *Des condamnés admis à la réhabilitation ;*

Chapitre II. — *Conditions de la réhabilitation ;*

Chapitre III. — *Procédure ;*

Chapitre IV. — *Effets de la réhabilitation.*

Chacun de ces chapitres comprendra deux sections, l'une consacrée à la réhabilitation judiciaire (art. 619 à 634, C. l. crim.), l'autre à la réhabilitation de plein droit (lois des 26 mars 1891 et 5 août 1899).

Sous forme d'appendice, nous examinerons enfin la délicate question de savoir si la grâce, en relevant des incapacités, pourrait, au moins à cet égard, atteindre le même but que la réhabilitation.

CHAPITRE PREMIER

DES CONDAMNÉS ADMIS A LA RÉHABILITATION

Réhabilitation judiciaire

L'article 619 du C. I. cr. ouvre la réhabilitation « *à tout condamné à une peine afflictive ou* « *infamante ou à une peine correctionnelle* », et l'article 1er de la loi du 19 mars 1864 en étend le bénéfice « *aux notaires, greffiers et officiers ministériels destitués* ». Supposant une condamnation pénale ou disciplinaire, l'institution qui nous occupe se distingue nettement de la réhabilitation commerciale (art. 604 à 614 code com.), qui permet au négociant failli ou judiciairement liquidé de se faire relever des incapacités dérivant du jugement déclaratif.

Entre la réhabilitation pénale ou disciplinaire et la réhabilitation commerciale, nous relevons encore les différences suivantes :

1° Lorsque les conditions imposées par la loi au failli ou au liquidé se trouvent remplies, la réhabilitation s'impose ; la cour d'appel n'intervient que pour en vérifier l'accomplissement, sans pouvoir repousser la demande pour cause de mauvaise conduite. — La réhabilitation pénale exige l'examen de la conduite du condamné, et la cour possède, à cet égard, un pouvoir d'appréciation souverain ;

2° Par suite, la réhabilitation commerciale n'est précédée d'aucune enquête sur la moralité du requérant. Pour la réhabilitation pénale, cette enquête est indispensable ;

3° La réhabilitation commerciale peut être accordée après la mort du failli ou du liquidé. — On admet généralement, au contraire, que la réhabilitation pénale ne peut intervenir après le décès du condamné ;

4° Certains individus, notamment les banqueroutiers frauduleux, ne sont pas admis à la réhabilitation commerciale (art. 612 code com.). — Ils sont au contraire admis à la réhabilitation pénale (art. 619 et 623 C. I. cr.) (1) ;

5° Une première demande en réhabilitation ayant été rejetée, le débiteur failli ou liquidé peut en former une nouvelle après une année (art. 610 code com.) ; pour la réhabilitation pénale, une nouvelle demande ne peut être présentée avant deux années (art. 629 C. I. cr.).

I. — Quels sont les condamnés visés par l'article 619 C. I. cr. ?

Cette question doit être examinée soit au point de vue de la peine encourue, soit au point de vue des antécédents judiciaires du requérant, soit enfin au point de vue de sa nationalité.

---

(1) Après avoir été réhabilité comme condamné, le banqueroutier frauduleux reste incapable de l'être comme failli. Cf. *Supra*, p. 104 note 1.

1° Nature de la condamnation. — Il faut et il
suffit que ce soit une condamnation à une peine afflictive, infamante ou correctionnelle, privative ou
restrictive de liberté, privative ou restrictive de
droits ou enfin pécuniaire. C'est ainsi que, depuis
1832, la réhabilitation s'applique à la dégradation
civique (1) et, depuis 1852, à la surveillance de la haute
police (aujourd'hui l'interdiction de séjour) (2) prononcées à titre principal. Elle s'applique de même au
bannissement.

Le témoin défaillant condamné à l'amende par le
juge d'instruction (art. 80 code inst. crim.), le tribunal
ou le juge-commissaire (art. 157, 189 code inst. crim.,
263, 264 cod. pr. civ.), la cour d'assises (art. 355 code
inst. crim.), le juré défaillant condamné à la même
peine par la cour d'assises (art. 396 code inst. crim.,
art. 20 de la loi du 21 novembre 1872) ou le magistrat directeur du jury (art. 32 de la loi du 3 mars 1841) ne
nous paraissent pas devoir être admis à la réhabilitation. Il n'y a pas, en effet, dans ces diverses hypothèses, de condamnation à une peine correctionnelle au
sens propre du mot : il s'agit plutôt de moyens de
contrainte, de mesures de discipline, qui ne laissent
d'ailleurs aucune trace et n'impriment aucune flétrissure. Et nous adopterons cette solution, même pour le
cas où l'interdiction des fonctions de juré aurait été
prononcée en vertu des articles 396 et 398 code inst.
crim.

Le mineur de seize ans, que le tribunal correctionnel ou la cour d'assises a renvoyé dans une maison de

(1) Art. 620 § 2. Voir *Supra*, p. 90.
(2) Art. 620 § 3. *Supra*, p. 98.

correction après l'avoir acquitté comme ayant agi sans discernement (art. 66 code pén.) ne subit aucune condamnation puisqu'il n'est pas reconnu coupable, il n'a donc pas besoin de se faire réhabiliter (1).

Enfin, l'individu poursuivi pour crime ou délit et renvoyé des fins de la plainte par une ordonnance de non-lieu, acquitté ou absous, ne serait pas en droit de recourir à la réhabilitation, quelque flétrissure morale que la poursuite ait pu lui infliger (2).

Est-il nécessaire que la condamnation à une peine correctionnelle emporte des déchéances légales ou des incapacités pour que la demande en réhabilitation puisse être admise? Nous avons déjà dit que la cour de cassation, par arrêt du 27 avril 1865, annulant un avis de la cour de Colmar du 29 avril 1864 (3) avait répondu négativement (4). Sous l'empire de la loi de 1852, d'après laquelle la réhabilitation ne faisait que supprimer pour l'avenir les incapacités résultant de la condamnation, la jurisprudence de la cour suprême n'était pas inattaquable, quelques sérieux motifs d'équité que l'on ait pu invoquer en sa faveur.

---

(1) Billecoq. *De la Réhabilitation*, p. 20. André. *De la Récidive*, p. 189. — Orléans, 29 novembre 1887. (D. 88, 2, 274).

(2) Billecoq. *Op. et loc. cit.*

(3) La cour de Colmar avait déjà précédemment refusé la réhabilitation à des condamnés n'ayant encouru aucune incapacité légale (Colmar, 12 avril 1861 et 26 juillet 1861. S. 62, 2, 31).

(4) Cass., 27 avril 1865 (D. 65, 1, 393 et la note. S. 65, 1, 289 et la note de M. Dufruc en sens contraire). Dans son rapport, M. le conseiller Nouguier avait émis un avis opposé à la solution de l'arrêt. — *Contra*, Aix, 11 avril 1869 (D. 71, 5, 329). — Cf. *Supra*, p. 107.

Peut-être même la cour aurait-elle hésité à l'admettre si, en l'espèce, la condamnation n'avait été prononcée pour un délit contraire à la probité, entraînant l'incapacité d'enseigner. Aujourd'hui la discussion ne présenterait plus qu'un intérêt rétrospectif. La loi de 1885, en édictant expressément que la réhabilitation blanchit le casier judiciaire, a donné à tous les condamnés un intérêt évident et pour ainsi dire matériel à se faire réhabiliter ; par suite, la réhabilitation doit être accessible à tous. On pourrait objecter que si, par application de l'article 7 ou de l'article 8 de la loi du 5 août 1899, la condamnation n'était plus mentionnée au bulletin n° 3 délivré aux particuliers, cet intérêt disparaîtrait. Nous répondrons que la réhabilitation efface la condamnation, qu'elle l'anéantit, que ses effets sont assez larges pour comprendre l'effet moral, dont le condamné peut seul apprécier la portée. Notre solution résulte d'ailleurs expressément des travaux préparatoires de la loi de 1885 : « D'après le code d'instruction criminelle, dit M. Bérenger, rapporteur (1), la réhabilitation, une fois obtenue, n'avait pas d'autre effet que d'effacer les incapacités résultant de la condamnation. Messieurs, je crois pouvoir dire que la conscience publique a souvent protesté contre ces effets si restreints et vous allez comprendre pourquoi : déclarer que la réhabilitation n'était que le relèvement des incapacités encourues, c'était tout simplement enlever la possibilité de la réhabilitation à un très grand nombre de condamnés. En effet, les condamnés à des peines légères et qui n'emportent aucune priva-

---

(1) Discours au Sénat. Séance du 22 mars 1884. (*Journ. Offic.* du 23).

tion de droits n'avaient rien à demander à la réhabilitation ; l'individu frappé d'une amende ne pouvait pas
davantage y recourir. C'était proscrire assurément les
plus intéressants et les plus dignes ». Et c'est pourquoi la jurisprudence les y avait admis déjà, contrairement à ce que paraît croire M. Bérenger.

Non seulement on ne doit pas rechercher si la condamnation a été suivie ou non d'incapacités légales,
mais il n'est même pas nécessaire que le délit suppose mauvaise foi ou intention frauduleuse, que la
condamnation atteigne l'individu dans son honneur,
sa probité ou sa délicatesse. Lorsqu'on admettait l'existence des prétendus délits contraventionnels, on ne
contestait cependant pas aux condamnés pour faits de
cette nature le droit de se faire réhabiliter. L'article
619 parle de *toute* condamnation à une peine correctionnelle (1).

Mais cet article n'étend pas la réhabilitation aux
peines de simple police ; elle ne s'applique donc
point aux contraventions qui n'entraînent aucune
conséquence, quelle qu'elle soit, et ne figurent jamais
au casier judiciaire (argument *a contrario* de l'art. 1er
n° 1 de la loi du 5 août 1899). C'est ici le cas d'appliquer la maxime « *de minimis non curat præ-
tor* » (2).

Que décider lorsqu'un fait qualifié délit a été puni
d'une peine de simple police grâce au bénéfice des circonstances atténuantes ? La condamnation, intervenue
pour un délit, figurera au casier ; le condamné aura

(1) Toulouse : 21 décembre 1887, D. 88-2-273.

(2) Sarraute. *De la Réhabilitation*, p. 27. — Prudhomme :
De la Réhabilitation (France judiciaire, 18:6, p. 262).

intérêt à la faire disparaître et, malgré les expressions de l'art. 619 qui semblent exclure les peines de simple police, nous croyons que l'on resterait dans l'esprit de la loi en l'admettant à la réhabilitation. Autrement, un individu condamné à plus de cinq jours de prison ou à une amende de plus de 16 francs, pourrait faire purger son casier et celui qui aurait encouru une peine moindre, parce qu'il serait moins coupable, devrait en conserver à jamais le stigmate. Cette seule considération nous paraît décisive (1).

Si au contraire le tribunal correctionnel a prononcé une peine de simple police, parce qu'il a considéré que le fait ne constituait qu'une simple contravention dont il a retenu la connaissance en vertu de l'art. 192, C. I. cr., la réhabilitation ne sera pas admise. Le tribunal correctionnel n'a statué que comme tribunal de police ; la situation sera identiquement la même que s'il s'agissait d'une contravention punie par la juridiction qui aurait dû régulièrement en connaître.

Lorsqu'une peine criminelle ou correctionnelle a été encourue, peu importe la juridiction qui a statué. Le droit à la réhabilitation s'étend aux individus condamnés par les tribunaux militaires ou maritimes. Décider le contraire serait faire une distinction arbitraire qui ne se trouve ni dans le texte de la loi, ni dans son esprit (2).

Mais ce droit ne s'étend pas aux condamnations prononcées en pays étranger contre un Français ou

---

(1) Brégeault et Delagarde, *Traité de la Réhabilitation*, p. 27. André, *op. cit.*, p. 193.

(2) André, *op. cit.*, p. 190. — Sarraute, *op. cit*, p. 28.

contre un étranger : les lois pénales sont de statut
réel (1).

2° *Situation pénale du requérant.* — Sous la
législation de 1852, une double restriction était appor-
tée, pour cause d'indignité, au droit de se faire réhabiliter. L'article 634, C. I. cr., excluait du bénéfice de la
réhabilitation :

a) Les individus frappés de deux peines afflictives
ou infamantes, c'est-à-dire les récidivistes de crime à
crime (art. 56 du C. pén.).

b) Les individus qui, après avoir bénéficié d'une
première réhabilitation, encouraient une nouvelle
condamnation quelle qu'elle fût.

La loi de 1885 a permis la réhabilitation à ces deux
classes de condamnés. « Il n'a pas semblé, dit
M. Bérenger (2), que la gravité même de ces deux cas,
si évidente qu'elle fût, pût justifier cette sorte de mise
hors la loi contre des individus qui, bien qu'exceptionnellement coupables, pouvaient se trouver touchés
par le repentir ; la commission a pensé qu'il était à la
fois inhumain et contraire à l'intérêt social de leur
interdire tout espoir et de risquer, par cela même, de
les plonger plus profondément dans le crime et qu'il
suffisait, pour tenir un juste compte de leurs fautes et
accorder une protection suffisante à la société, de leur
imposer des conditions plus dures. »

Dans cet esprit, le Sénat admit à la réhabilitation au
bout de dix ans, les individus précédemment réhabili-

(1) Circul. chanc. du 28 décembre 1893, § 8, *Rec. off.*, 1893,
p. 256. — Note chanc. de juin 1894 (*Journ. des Parquets*, 1894,
p. 143).

(2) 1er rapport au Sénat (*J. off.*, 1884, p. 1187, annexe n° 149).

tés et tous les récidivistes, sans établir aucune distinction entre eux (art. 634, § 3 actuel). Mais la commission de la Chambre trouva cette disposition trop
rigoureuse pour les condamnés à des peines correctionnelles : elle proposa d'ajouter à l'article 634 un
quatrième paragraphe réduisant à six années le temps
d'épreuve imposé aux condamnés en état de récidive
légale qui n'auraient subi aucune peine afflictive ou
infamante et aux réhabilités qui n'auraient encouru
qu'une peine correctionnelle. La proposition, votée
par la Chambre, fut acceptée par le Sénat. La loi du
26 mars 1891, en créant la petite récidive, n'a rendu
que plus équitable cet adoucissement.

Tous les auteurs font remarquer que la loi de 1885
n'a amélioré que la situation des condamnés auxquels
la législation antérieure fermait la réhabilitation, tandis qu'elle se montre plus rigoureuse envers les récidivistes de peine criminelle à peine correctionnelle et
de peine correctionnelle à peine correctionnelle (art.
57 et 58, C. pén.) qui, précédemment, rentraient dans
le droit commun. Mais n'oublions pas que la loi de
1885 se propose de lutter contre la récidive ; qu'elle
devait, par suite, réserver à tous les récidivistes un trai-
tement moins avantageux que celui des autres condamnés et leur imposer un repentir d'autant plus prolongé
qu'il était destiné à racheter un plus mauvais passé.

On a dit que la réhabilitation avait pour but « de
relever le condamné de l'état civil que l'irrévocabilité ou l'exécution de sa condamnation lui avait
fait (1). » Elle tend à sa rénovation intégrale, à son
rétablissement dans son précédent état : c'est, en un

---

(1) Bertault. *Cours de droit criminel*, p. 559.

mot, la constatation de sa réhabilitation morale. Pour être complète, elle doit comprendre tous les arrêts ou jugements prononcés contre lui, qu'ils aient ou non produit des déchéances légales, pourvu, bien entendu, qu'ils n'aient pas été effacés par l'amnistie ou la revision. C'est ce que l'on exprime en disant que *la réhabilitation est indivisible* (1). Par suite, l'instruction de la demande devra porter sur toutes les condamnations figurant au bulletin n° 2 du casier judiciaire ; pour chacune d'elles, le requérant devra remplir les conditions et fournir les justifications exigées par la loi.

3° *Nationalité du requérant.* La réhabilitation peut être accordée aussi bien à l'étranger qu'au Français, pour les condamnations qu'il aurait encourues en France. Rien ne s'y oppose et l'étranger peut avoir intérêt à l'obtenir pour être admis au domicile ou à la naturalisation, pour ouvrir une école ou pour blanchir son casier judiciaire en vue de solliciter un emploi (2).

II. L'art. 1er de la loi du 19 mars 1864 vise les notaires, greffiers et officiers ministériels destitués. Lors des travaux préparatoires, on s'était demandé à quelles hypothèses de destitution la réhabilitation s'appliquerait. En effet, tandis que les notaires (3) et les greffiers (4), sont destitués par jugement du tribunal civil

---

(1) *Sic* Garraud, *Traité de droit pénal*, t. II, p. 485.— Laborde, *Cours de droit criminel*. n° 623. — Orléans, 19 juillet 1887, D. 88, 2, 273.

(2) Billecoq, *op. cit.*, p. 20. — Sarraute, *op. cit.*, p. 18. — Prudhomme, *op. cit.*, p. 262.

(3) Loi du 25 ventôse an XI, art. 53.

(4) Loi du 21 ventôse an VII, art. 23.— Décret du 18 juin 1811, art. 64. — En outre, les greffiers, étant des fonctionnaires, peuvent être révoqués par décret (loi du 27 ventôse an VIII, art. 92).

rendu en audience publique, les huissiers, les commissaires-priseurs et les avoués ne pouvaient l'être que par décret rendu sur le rapport du garde des sceaux, le tribunal, en chambre du conseil, n'émettant qu'un simple avis auquel la chancellerie n'était pas tenue de se conformer (1).

Or, l'art. 8 de la loi du 31 mai 1850 et l'art. 15 § 8 du décret du 2 février 1852, n'attachaient l'incapacité électorale qu'aux destitutions prononcées *en vertu de décisions judiciaires.* Un officier ministériel destitué par le garde des sceaux *proprio motu*, encourait-il cette incapacité? Le gouvernement consulté estima que la condition exigée par le décret de 1852 était suffisamment remplie lorsque le décret de destitution « avait eu sa source, s'était trempé » dans un procès disciplinaire, la justice eût-elle été d'avis que l'officier ministériel ne méritait aucune peine. La cour de cassation avait d'ailleurs statué en ce sens (1). La commission du Corps législatif inclinait vers l'opinion contraire, mais, pour ne pas trancher la question, l'art. 1er de la loi de 1864 fut rédigé en termes généraux permettant à tous les officiers ministériels qui en auraient besoin, de se faire réhabiliter. Plus tard, la cour de cassation modifia sa première jurisprudence : par différents arrêts (3), elle parut exiger, pour que l'incapacité électorale fût encourue, non seulement qu'il y ait eu des poursuites judiciaires, mais encore qu'une peine correctionnelle ou disciplinaire quelconque ait été prononcée ou demandée, « la destitution

---

(1) Décret du 30 mars 1808, art. 102 et 103.

(2) Cass. 14 août 1850. D. 50-5-188.

(3) Cass. 25 novembre 1874 (D. 75-1-73) 19 avril 1880 (D. 80-1-155) 30 juin 1890 (D. 90-1-343).

n'étant plus que le complément et le dernier acte de la poursuite ».

La loi du 10 mars 1898 est venue mettre fin à ces hésitations en supprimant le pouvoir disciplinaire du garde des sceaux et en confiant aux tribunaux civils la mission de prononcer la suspension ou la destitution des avoués, commissaires-priseurs et huissiers, en audience publique et par jugement susceptible d'appel (art. 1er). D'autre part, ces officiers ministériels, ainsi que les notaires et les greffiers, n'encourent plus l'incapacité électorale que si, par une disposition formelle du jugement ou de l'arrêt de destitution, ils ont été déclarés déchus des droits de vote, d'élection et d'éligibilité (art. 3, modifiant l'art. 15 § 8 du décret du 2 février 1852). Mais tous restent incapables d'être jurés (l. du 21 novembre 1872, art. 2, n° 7) et, par suite, la destitution est toujours mentionnée au casier judiciaire (loi du 5 août 1899, art. 1er, n° 3). Tous seront donc admis à la réhabilitation qu'ils pourraient d'ailleurs solliciter même dans un simple intérêt moral, les termes de l'art. 1er de la loi du 19 mars 1864 étant, ainsi que nous venons de le dire, absolument généraux.

Mais la réhabilitation instituée par la loi de 1864 n'est applicable qu'aux officiers ministériels destitués. Elle ne pourrait être obtenue par ceux qui n'auraient encouru qu'une peine disciplinaire inférieure, telle que la suspension ou l'interdiction de récidiver, quelles qu'en soient d'ailleurs les conséquences (1).

_____

(1) Limoges, 11 février 1897 (S. 97-2-304). — Nimes, 24 mai 1899 (S. 99-2-245), confirmé par Cass. 21 novembre 1899 (S. 1900-1 64).

III. Tous les condamnés dont nous venons d'établir la liste peuvent demander leur réhabilitation. Lorsqu'ils remplissent les conditions prescrites, ils ont *le droit* de l'obtenir. Depuis que la loi de 1885 a supprimé toute intervention du pouvoir exécutif, la réhabilitation n'a même plus l'apparence d'une faveur, c'est la reconnaissance d'un droit. Il ne s'agit pas ici, bien entendu, d'un droit acquis, se trouvant dans le patrimoine du condamné et transmissible à ses héritiers, existant par lui-même et indépendamment de toute décision judiciaire, mais d'un droit éventuel, n'existant qu'en puissance tant que l'arrêt de la chambre d'accusation n'est pas venu le révéler, imparfait jusqu'au jour où la justice constate que les conditions auxquelles il est soumis se trouvent réunies. Nous exprimerons la même idée en disant que l'arrêt de réhabilitation est attributif et non déclaratif de droits (1).

---

(1) M. Roux, professeur à la Faculté de Droit de Dijon, soutient, dans une note sous un arrêt de la cour de Paris du 19 février 1897 (S. 1899-2-89), que, même sous le régime de la loi de 1885, la réhabilitation n'est pas un droit pour le condamné, mais une mesure de clémence en sa faveur: « Dans cette œuvre de pardon, dit M. Roux, la société agit spontanément sans y être contrainte par un droit né dans la personne du coupable et quelle que soit l'autorité à laquelle elle remet le pouvoir de prononcer la réhabilitation, c'est toujours d'un acte de clémence qu'il s'agit, puisqu'il s'agit de renoncer aux droits acquis qui résultent d'une condamnation légitime. » Il est incontestable qu'au point de vue rationnel la réhabilitation repose sur une idée de clémence; que, législativement, elle constitue une mesure d'indulgence et de pardon. Mais nous ne croyons pas que l'arrêt qui la prononce puisse être considéré comme un acte de clémence : ce qui nous paraît, en effet, caractériser l'acte de clémence, c'est l'indétermination de ses conditions, la possibilité de l'accomplir ou de ne pas l'accomplir *ad nutum*; or, si la

La loi ne reconnaît expressément cette éventualité de droit qu'aux condamnés à une peine criminelle ou correctionnelle et aux officiers ministériels destitués. Nous en concluons qu'elle n'appartient pas à leurs héritiers et qu'en conséquence notre législation n'admet pas la réhabilitation de la mémoire (1). Tant que les effets de la réhabilitation furent restreints à la cessation des incapacités dans la personne du condamné, on comprenait qu'elle n'eût d'utilité que pendant la vie de ce dernier, mais depuis qu'elle efface les condamnations, l'un des plus sérieux arguments pour refuser de l'étendre aux héritiers des condamnés décédés se trouve manquer de base. Sans doute, le décret du 21 janvier 1790 a déclaré que la flétrissure ne s'étendait pas à la famille du criminel, mais la malignité publique s'attache toujours à ceux dont un parent a failli. Ne montrerait-il pas un noble courage, « cet enfant qui n'hésiterait pas à rappeler le déshonneur passé pour faire constater le relèvement de son père, ayant l'âpre désir de lui faire rendre cette justice et d'effacer du nom qu'il porte la note d'infamie dont il souffre lui-même, au point d'être parfois obligé de

cour doit apprécier en fait, la réalisation des conditions requises, elle est du moins liée par les dispositions légales qui fixent ces conditions; elle ne pourrait ni en exiger d'autres ni dispenser de quelques-unes.

(1) En ce sens Laborde, *op. cit.*, n° 607. — Billecoq, *op. cit.*, p. 23. — Sarraute, *op. cit.*, n° 41. — Brégeault et Delagarde, *op. cit.*, p. 25. — Prudhomme, *op. cit.*, p. 262. — Paris, 19 février 1897 (D. 97-2-223. S. 99-2-89 et la note précitée. — *Rev. critiq.* 1898, pp. 83-85 et l'opinion de M. Laborde). — *Contra*, Garraud, *op. cit.*, 2ᵉ édit., t. II, p. 472, note 14. — On se souvient qu'un amendement à la loi de 1852, présenté par M. de Beauverger en vue de faire admettre la réhabilitation de la mémoire, avait été repoussé (Cf. *Supra*, p. 98).

cacher son origine? (1) ». Nous ne verrions donc aucun inconvénient à ce que l'on permette aux héritiers d'un condamné décédé de solliciter la réhabilitation de sa mémoire, lorsqu'ils penseraient y avoir intérêt, Mais quant à présent, la loi ne leur donne pas ce droit et la procédure actuelle de la réhabilitation s'oppose à ce qu'ils l'exercent. Elle exige, en effet, la présence du condamné qui fournit les renseignements nécessaires; elle comprend des enquêtes qui, faites plusieurs années après la mort de celui qu'elles concernent, présenteraient de fortes chances d'inexactitude. Pour y obvier, il faudrait de nouvelles dispositions légales.

Section II

Réhabilitation de plein droit

Loi du 26 mars 1891. — Tous les condamnés ayant obtenu le bénéfice du sursis sont susceptibles d'être réhabilités de plein droit. Nous n'avons pas à examiner ici les conditions d'application du sursis; rappelons seulement les principes :

1° Le sursis ne peut être accordé qu'aux délinquants n'ayant encouru aucune condamnation antérieure à l'emprisonnement pour crime ou délit de droit commun. Il faut assimiler au délinquant primaire celui dont le procès a été revisé, celui qui a bénéficié d'une

---

(1) Note de M. Roux, sous arrêt précité.

amnistie, celui enfin qui a été réhabilité soit judiciairement, soit de plein droit.

2° Le sursis ne s'applique qu'aux condamnations à l'emprisonnement ou à l'amende (1).

3° Il peut être accordé par toute juridiction autre que les tribunaux de simple police, les tribunaux militaires et les tribunaux maritimes (2).

. On peut se demander si les condamnés avec sursis devraient avoir besoin de la réhabilitation de plein droit, si, en d'autres termes, le sursis ne devrait pas s'appliquer non seulement à l'exécution de la peine principale, mais encore aux incapacités et à l'inscription au casier judiciaire (3).

Comment le législateur a-t-il été amené à décider que le sursis à l'exécution ne s'étendrait pas aux peines accessoires ? Un rapide examen des travaux préparatoires va nous le faire connaître. L'article 3 du projet adopté par la commission du Sénat portait que la suspension comprendrait les peines accessoires et les incapacités résultant de la condamnation, à moins qu'il n'en ait été autrement décidé par le jugement ou l'arrêt. A la séance du 3 juin 1890, M. Demôle proposa un amendement qui est devenu l'art. 2 § 2 : « Elle (la « suspension) ne comprend pas non plus les peines « accessoires ou incapacités résultant de la condam-

(1) Pour l'application du sursis aux délits prévus par des lois spéciales, aux infractions fiscales et forestières, voir George, *Du Sursis conditionnel à l'exécution de la peine*, pp. 197 à 219.

(2) Pour le cas où une juridiction de droit commun est appelée à connaître d'un délit militaire, voir George, *op. cit.* pp. 239 à 241.

(2) *Sic*, loi genevoise du 20 octobre 1892, cf. *Supra* p. 149.

« nation. » M. Demôle appuya son amendement en
disant que les incapacités légales sont de droit strict,
qu'il appartient à la loi de les prononcer et qu'on ne
peut donner au juge une faculté d'appréciation qu'il
n'avait pas jusqu'alors, que d'ailleurs ces incapacités
sont attachées à la condamnation qui subsiste malgré
le sursis. MM. Humbert et Lenoël répondirent qu'au
point de vue pratique, la disposition proposée présentait de graves inconvénients. Décider que le condamné restera frappé de certaines déchéances, notamment de celle du droit de vote, c'est lui infliger le
déshonneur que la loi a précisément voulu lui éviter, c'est le décourager, c'est briser chez lui « le ressort moral sur lequel on était en droit de compter
pour le ramener au bien. » Malgré ces justes observations, l'amendement de M. Demôle fut voté par le
Sénat.

La commission de la Chambre des députés revint
au texte primitif de la commission du Sénat et M. Barthou, rapporteur, reprit les arguments qu'avaient déve-
loppés MM. Humbert et Lenoël. Mais le garde des
sceaux, entendu par la commission, lui fit remarquer
les inconvénients qu'il y aurait à suspendre les incapacités résultant de la condamnation : l'homme
frappé d'une peine d'emprisonnement pour délit contraire à la probité ou aux bonnes mœurs pourrait
ainsi être immédiatement choisi comme tuteur, juré,
membre d'un conseil de famille, il continuerait à être
électeur. M. Barthou proposa lui-même à la Chambre
d'accepter l'amendement de M. Demôle qui fut définitivement voté.

Cette disposition nous paraît cependant moins heureuse que celle qui figurait dans le projet primitif. Et
d'abord, nombre de peines accessoires ou d'incapacités

sont facultatives.pour le juge et celui-ci, afin d'épargner au condamné un châtiment dont il ne peut suspendre l'exécution, s'abstiendra de le prononcer; dans
les autres cas, il accordera les circonstances atténuantes ; il ira jusqu'à modifier la nature et la quotité de la
peine elle-même et il trouvera ainsi des moyens dé-
tournés pour échapper à la restriction de l'art. 2 § 2 de
la loi de 1891. N'eût-il pas mieux valu laisser aux tribunaux le pouvoir d'apprécier, dans chaque cas particulier, si les déchéances et incapacités devaient ou
non être suspendues ? Ils n'eussent certainement pas
plus abusé de cette prérogative qu'ils ne font un mauvais usage de la faculté beaucoup plus étendue qu'on
leur a donnée de surseoir à l'exécution des peines
d'emprisonnement ou d'amende.

Au point de vue pratique, le maintien des incapacités aboutit à infliger au condamné le déshonneur
que l'institution du sursis a justement pour but de lui
épargner : « Vous ne pourrez, disait M. Lenoël, dispenser le condamné avec sursis des incapacités. Vous le
noterez d'infamie. Vous comptez sur les remords, sur
les regrets du passé perdu, sur l'effroi de l'avenir.
pour opérer sur le coupable une révolution véritable
qui permettra à la société de le saisir et de l'arrêter
sur le bord de l'abîme. Mais, en même temps, vous
dites à cet homme : prends bien garde, on va te priver de tes droits civiques, politiques, de famille, tu
seras un paria et il dépendra de toi de te relever.
Est-ce possible si la faute est ainsi affichée, si ses
conséquences apparaissent toujours aux yeux de
tous (1). »

_____

(1) Sénat, séance du 3 juin 1890. *(J. off.* du 4)'.

A plus forte raison nous semble-t-il que l'on aurait
dû, contrairement aux prescriptions formelles de
l'article 4, ne pas faire figurer, pendant la durée du
sursis, la condamnation sur les extraits du casier
judiciaire délivrés aux particuliers. Le sursis a pour
but non seulement de faciliter le reclassement du
condamné, mais encore de ne pas le déclasser ; c'est
donc immédiatement qu'il faut lui permettre de trouver du travail et ne point paralyser ses efforts pour
revenir au bien. Sans doute, l'extrait mentionnera le
caractère conditionnel de la condamnation, mais il
aura d'abord indiqué la condamnation elle-même et
combien de patrons refuseront de prendre à leur service un ouvrier qui aura été condamné, fût-ce avec le
bénéfice de la loi Bérenger. Edicter une mesure qui
laissait subsister tous les inconvénients du casier
judiciaire, c'était aller directement contre l'esprit de
la loi et compromettre par une indiscrétion facile à
éviter l'œuvre de la justice cherchant à ramener au
bien un homme un instant égaré (2).

Cependant la commission du Sénat ne voulut point
admettre que les condamnations avec sursis ne
seraient pas inscrites au bulletin n° 2 destiné aux particuliers, « parce que, disait M. Bérenger, rapporteur,
ce serait commettre, vis-à-vis des tiers, toujours
libres d'exiger de l'intéressé la production du casier,

---

(1) « Quel soulagement pour le juge, dit M. le conseiller
Petit (Bull. Soc. des prisons, 1888, p. 259), de pouvoir substituer à la prison ou à l'amende l'admonition répressive qui serait
inscrite au casier pour le seul usage de la justice et que les
bulletins délivrés soit aux particuliers qu'ils concernent, soit
aux administrations publiques, ne mentionneraient pas. »

une sorte de dissimulation légale dont la loi ne peut se rendre coupable. »

Lors de la discussion de la loi du 5 août 1899, un tel scrupule ne devait plus arrêter le législateur et si l'on peut, non sans motifs, lui reprocher d'avoir créé ce que l'on a pittoresquement appelé un casier judiciaire « demi-vierge », en admettant de trop nombreuses exceptions au principe de la publicité, il faut l'approuver entièrement d'avoir décidé que, désormais les condamnations avec sursis ne seraient plus inscrites au bulletin n° 3, au moins lorsqu'elles ne seraient pas supérieures à un mois de prison, avec ou sans amende (art. 7 n° 6). Nous regrettons seulement qu'il n'ait pas voulu aller plus loin, en étendant cette dispense d'inscription à toutes les condamnations conditionnelles.

Loi du 5 août 1899. — L'article 10 de la loi du 5 août 1899 étend la réhabilitation de plein droit à tous les condamnés pour lesquels l'article 8 de la même loi a créé la péremption du casier judiciaire (1). « Le législateur, dit la chancellerie, a voulu établir une étroite corrélation entre la prescription des mentions du bulletin n° 3 édictée par l'article 8 et la réhabilitation de droit (2). »

Nous avons déjà signalé les défauts de ce système mélangeant deux institutions qui n'ont juridiquement

---

(1) Nous nous servirons de cette expression *brevitatis causa* pour indiquer la cessation de l'inscription d'une condamnation au bulletin n° 3, délivré au simple particulier.

(2) Circ. chanc. du 15 décembre 1889 (*J. off.* du 17 décembre 1899. *Bull. off.* 1899, p. 225.)

rien de commun ; nous verrons, d'autre part, que la
chancellerie en tire des conséquences à notre avis
éxagérées, en lui donnant une extension que le texte
de l'article 10 ne nous paraît pas comporter, mais, il
ressort de cet article même que toutes les condamnations énumérées aux n°s 1 à 4 de l'article 8 pourront
être effacées par la réhabilitation de droit.

Celle-ci s'applique dès lors aux condamnations contradictoires ou par contumace et aux condamnations
par défaut non frappées d'opposition, prononcées pour
crime ou délit par toute juridiction répressive, inscrites au bulletin n° 3 et susceptibles de n'y plus
figurer au bout d'un certain temps.

Nous en concluons qu'elle ne pourra être invoquée
pour les contraventions, mais qu'elle pourra l'être
pour les condamnations prononcées tant par les
juridictions ordinaires que par les tribunaux mili
taires ou maritimes. En l'état de la pratique admise
par la chancellerie, elle ne s'appliquera pas aux
amendes encourues sur les poursuites d'administrations publiques (eaux et forêts, douanes, octrois,
postes, contributions indirectes) qui ne sont pas
portées au casier judiciaire (1). Mais elle effacera les
condamnations prononcées en pays étranger pour

---

(1) Avant la loi de 1899, les amendes prononcées à la requête
des administrations publiques ne donnaient pas lieu à la délivrance d'un bulletin n° 1, sauf en matière de chasse et de pêche
(Circ. chanc. 30 décembre 1850, 30 octobre 1856, 28 novembre
1874). Dans sa circulaire du 15 décembre 1899 § 6, la chancellerie avait modifié cette règle en décidant que, pour toutes les
condamnations, même à une amende, prononcées sur les poursuites des administrations publiques, un bulletin n° 1 devrait
être établi. Mais elle est revenue à l'ancienne pratique par de
nouvelles instructions en date du 22 février 1900.

faits prévus par les lois pénales françaises : ces condamnations figurent au bulletin n° 3 (*a contrario* de l'art. 7 n° 3) et ne sont exclues ni par l'article 8, ni par l'article 10.

On pourrait se demander s'il faut appliquer à la réhabilitation la disposition de l'article 12, d'après laquelle l'étranger n'a droit aux dispenses d'inscription sur le bulletin n° 3 que si, dans son pays d'origine, une loi ou un traité réserve au condamné français des avantages analogues. Autant pour le casier judiciaire que pour la réhabilitation de droit, cette restriction nous paraît difficile à justifier et surtout à mettre en pratique.

Que décider pour les condamnations qui, d'après l'article 7, n°s 4 et 5, ne sont pas mentionnées au bulletin n° 3, c'est-à-dire :

1° Les condamnations pour délits prévus par les lois sur la presse, à l'exception de celles qui ont été prononcées pour diffamation ou pour outrages aux bonnes mœurs, ou en vertu des articles 23, 24 et 25 de la loi du 29 juillet 1881 ;

2° Une première condamnation à un emprisonnement de trois mois ou de moins de trois mois prononcée par application des articles 67, 68 et 69 du code pénal.

On ne pouvait en parler dans l'article 8 ; on les a oubliées dans l'article 10 ! La réhabilitation de droit constitue une mesure d'exception qu'on ne saurait étendre au delà des cas limitativement prévus, elle ne s'appliquera donc pas à ces deux hypothèses. Toutefois. si la condamnation à trois mois ou moins de prison encourue par le mineur, en vertu des articles 67 à 69 code pénal, est suivie d'une condamnation à une peine autre que l'amende, elle sera mentionnée au bulletin n° 3 et pourra disparaître par la réhabilitation. Inutile d'insister sur l'étrangeté de ce résultat.

Après ces considérations générales, nous devons, pour dresser la liste des condamnés susceptibles d'être réhabilités de plein droit, examiner successivement le cas où le casier judiciaire (nous désignons ainsi l'ensemble des bulletins nº 1) ne mentionne qu'une condamnation et celui où il révèle des condamnations multiples.

A. *Individus n'ayant qu'une condamnation à leur casier.* — La réhabilitation efface :

a) Au bout de dix ans, la condamnation unique ; à six mois ou moins de six mois de prison ; — à une amende ; — à ces deux peines réunies (art. 8, nᵒˢ 1 et 2).

b) Au bout de quinze ans, la condamnation unique à une peine de deux ans ou moins de deux ans. (Art. 8 nº 3) ;

c) Au bout de vingt ans, la condamnation unique supérieure à deux ans de prison (art. 8 nº 4).

Dans la première catégorie ne rentrent que les condamnations à l'amende ou à la prison ; ne s'y trouvent donc pas comprises certaines peines spéciales aux marins, telles que le *cachot* ou *double boucle* (C. just. marit., art. 238 et 259) prononcée pour 5 à 30 jours et considérée comme moins grave que l'emprisonnement, ni l'inaptitude à l'avancement pour 6 mois (C. just. marit., art. 238 et 248). Où les classerons-nous ? D'après les termes de l'article 8 nº 3, il semble que l'on peut les ranger parmi les condamnations à deux ans ou moins de deux ans : ici la loi emploie en effet l'expression générale *condamnation* sans préciser quelle doit en être la nature (1).

_____

(1) Un doute peut naître toutefois de ce que l'art. 8 nº 4 emploie une formule rappelant celle du nº 3 en ajoutant *de prison* (la condamnation unique supérieure à deux ans de

Si on admet cette interprétation de l'article 8 n° 3, il faut en conclure qu'il vise les condamnations :

1° à deux ans ou moins de deux ans *d'emprison-nement* (C. pén., art. 9 et 40 ; C. just. milit., art. 186 et 194 ; C. just. marit., art. 238 et 246) ;

2° à deux ans de *travaux publics* (C. just. mil., art. 186 et 193 ; C. just. marit., art. 238 et 245) ;

3° à *l'inaptitude à l'avancement*, (cette peine est prononcée pour six mois ou pour un an ; C. just. marit., art. 238 et 248) ;

4° à *la réduction de grade ou de classe* (C. just. marit., art. 238 et 249) ;

5° à la peine du *cachot ou double boucle* (de cinq à trente jours, C. just. marit., art. 238 et 250).

Peu importe qu'une amende ait été prononcée accessoirement. Cela paraît du moins résulter du rapprochement des n°s 2 et 3 : lorsque l'amende s'ajoute à une peine corporelle, le législateur n'en tient pas compte, il ne s'occupe que de la peine principale.

L'article 8 n° 4 comprend les condamnations :

1° à plus de deux ans *d'emprisonnement* (C. pén., art. 9 et 40 ; C. just. milit., art. 186 et 194 ; C. just. marit, art. 238 et 246) ;

2° à la *privation du commandement* (de 3 à 5 ans), (C. just. marit., art. 238 et 242) ;

3° à plus de deux ans de *travaux publics* (C. just. milit., art. 186 et 193 ; C. just. marit., art. 238 et 245) ;

4° à la *réclusion* (5 à 20 ans), (C. pén., art. 7 et 21 ;

---

prison). Toutefois il est certain que le législateur n'a pas songé à ces peines spéciales. Dès lors il faut s'en tenir à la lettre de la loi.

C. just. mil., **art. 185** et 189 ; C. just. marit., art. 237 et 238) ;

5° à la *détention* (5 à 20 ans), (C. pén., art. 7 et 20 ; C. just. milit., art 185 et 189 ; C. just. marit., art. 237 et 238) ;

6° au *bannissement* (5 à 10 ans), (C. pén., art. 8 et 32) ;

7° à *l'interdiction de séjour* prononcée à titre principal (au plus 20 ans), (C. pén., art. 44 et suiv., art. 100, 108, 138, 144, 271 ; loi du 27 mai 1885) ;

8° aux *travaux forcés à temps* (5 à 20 ans), (C. pén., art. 7 et 19 ; C. just milit., art. 185 et 189 ; C. just. marit., art. 237 et 238) ;

9° à une *peine perpétuelle*, (travaux forcés à perpétuité, déportation) qui a fait l'objet de commutation ou de grâce équivalant à son exécution totale ou partielle (art. 8 § 8 de la loi du 5 août 1899).

Mais la grâce ne pouvant s'appliquer à la dégradation civique, peine perpétuelle, la réhabilitation de droit ne s'y appliquera jamais non plus. On chercherait vainement à justifier cette exception qu'une disposition spéciale aurait dû faire disparaître.

En résumé, la réhabilitation légale s'étend aux peines les plus graves. Nous trouvons absolument excessive une mesure aussi générale.

N'est-ce pas en effet aller beaucoup trop loin que d'ouvrir la réhabilitation de droit même à l'auteur du plus grand crime ? Le sursis et la réhabilitation qui en résulte, sont réservés aux condamnés à l'emprisonnement ou à l'amende. Ne devrait-il pas en être ainsi pour la réhabilitation légale accordée aux condamnés qui n'ont pas bénéficié du sursis ? M. Bérenger répond que si les peines sont plus graves, l'expiation sera plus longue (1). Nous nous demanderons, au chapitre suivant, ce qu'il faut entendre par cette expiation. Mais il suffit de songer que la réhabilitation de plein droit efface la condamnation, détruit tous ses effets dans l'avenir et qu'elle agit automatiquement, que le criminel de vingt ans, puni de cinq années de travaux forcés pourra, à 45 ans, faire partie d'un jury et siéger au milieu des douze hommes « probes et libres » auxquels la société a confié la plus délicate et la plus haute mission, pour comprendre combien la sensibilité du législateur s'est laissée surprendre et facilement émouvoir. Afin d'apitoyer le Sénat, M. Bérenger a cité de nombreux exemples démontrant, « par des faits réels, vivants, à la fois la misère et les angoisses créées par l'usage abusif du casier judiciaire et l'impossibilité si fréquente de la réhabilitation. » *Tous ces exemples concernent des individus condamnés à des peines d'emprisonnement ne dépassant pas deux ans.* Dans cette limite, nous admettrions la réhabilitation de plein droit pour les condamnés primaires, si l'on nous démontrait qu'il n'y a pas d'autre moyen d'assurer l'oubli de leur unique faute, ce que nous ne croyons pas. Mais, en allant plus loin, on nous paraît avoir usé moins d'indulgence que de faiblesse.

B. *Individus dont le casier judiciaire mentionne plusieurs condamnations.*

Sont réhabilités de droit au bout de *quinze ans*, les individus ayant subi *des condamnations multiples dont l'ensemble ne dépasse pas un an.* (Art. 8 n° 3 *in fine* et 10 § 2).

Divers cas peuvent se présenter.

Il faut d'abord considérer comme n'ayant subi

<hr>

(1) Sénat. Séance du 8 décembre 1898. *(J. off.* du 9).

qu'une condamnation et rentrant dans la catégorie
précédente, tous ceux dont les condamnations antérieures auront été effacées par l'amnistie, la revision (1),
la réhabilitation et, en particulier, la réhabilitation de
droit. D'où cette règle pratique fondamentale : on doit
examiner les condamnations les unes après les autres
et appliquer à chacune d'elles séparément les règles
des articles 8 et 10 de notre loi : *lorsqu'entre deux
condamnations successives il se sera écoulé un
délai suffisant pour que la réhabilitation soit
acquise, la plus récente sera considérée comme
unique* (2). Un individu est condamné à un mois de
prison ; onze ans après avoir subi sa peine, il encourt
une nouvelle condamnation à six mois d'emprisonnement : cette dernière devra être considérée comme
unique, la réhabilitation de droit l'effacera au bout de
dix ans ; si, au contraire, la seconde condamnation
avait été encourue neuf ans après la première, le délai
aurait été de quinze ans.

Prenons une espèce un peu différente : un individu
est condamné pour vol à un mois de prison ; mais antérieurement, il avait commis un autre délit dont
l'existence n'était pas connue au moment du premier
jugement, ou pour lequel il a été fait une procédure
distincte. De ce chef, il est condamné à une autre
peine, par exemple à deux mois de prison. Doit-
on dire qu'ayant subi non plus une condamnation unique, mais deux condamnations distinctes, il
ne pourra bénéficier des dispositions de l'art. 8 n° 2 et

---

(1) Dans ces deux cas, d'ailleurs, les bulletins n°1 ont dû être
retirés du casier (loi du 5 août 1899, art. 2 § 2).

(2) Trib. de Nancy. 29 janvier 1900, *J. des Parq.*. 1900 2-38.

que la réhabilitation ne lui sera acquise qu'au bout de quinze ans. On a proposé d'appliquer par analogie la règle admise par la jurisprudence en matière de relégation : toutes les fois que les faits ayant motivé les condamnations subséquentes seront antérieurs au jour où la première condamnation est devenue définitive, ces diverses condamnations devront être considérées comme une condamnation globale et unique (1). Cette opinion peut invoquer, nous le reconnaissons, de sérieuses raisons d'équité en sa faveur : il ne devrait pas dépendre du hasard ou du caprice d'un chef de parquet, d'empêcher par la division des poursuites, un condamné de profiter d'une disposition légale. Mais la solution admise au cas de relégation s'explique parce que celle-ci n'est, en dernière analyse, qu'une aggravation de la récidive, et que, pour la relégation comme pour la récidive, une condamnation ne peut compter que si elle a constitué un avertissement préalable. Or, ce raisonnement ne peut s'étendre à la péremption du casier judiciaire et à la réhabilitation de droit, institutions d'une nature spéciale, qui ne rappellent en rien ni la récidive ni la relégation. Le texte de l'article 8 de notre loi est trop formel pour admettre une analogie toujours dangereuse et tout en regrettant que le législateur ait omis de prévoir ce cas, nous pensons qu'il faut compter autant de condamnations qu'il y a eu de jugements prononcés. Toutefois, si le second jugement a prescrit la confusion des peines, on

---

(1) Cass. ch. réun. 26 février 1889 et ch. crim. 15 mars 1889 (D. 89-1-481). En ce sens, Le Poittevin, *Journal des Parquets* 1889, p. 163.

devra en tenir compte pour le calcul du total qui ne doit pas dépasser un an.

Examinons maintenant les hypothèses dans lesquelles l'on se trouve certainement en présence de condamnations multiples. Nous distinguerons trois cas, suivant la nature des condamnations encourues :

1° *Le condamné n'a encouru que des condamnations à l'emprisonnement.* Pour qu'il puisse être réhabilité de droit, l'ensemble de ces condamnations ne doit pas dépasser un an.

Nous avons dit comment cette disposition avait été introduite dans la loi par un amendement de M. Bérenger et malgré l'opposition de M. Lebret, garde des sceaux. Son auteur invoquait à l'appui les considérations suivantes: la condamnation unique à deux ans de prison prononcée par un tribunal correctionnel est assurément très grave, presque inouïe, « elle suppose non seulement un cas d'une excessive gravité, mais des doutes sérieux sur la moralité du condamné (1). » Cependant on admet la péremption et la réhabilitation de droit en faveur du délinquant qui l'a encourue. Comment donc les refuser à celui qui a commis, il est vrai, plusieurs fautes, mais toutes bien moins graves, puisque le total des peines subies ne dépasse pas un an ?

Le point de départ de cette argumentation est juste, il contient même une excellente critique de la loi; mais peut-on dire que l'individu qui a été condamné à diverses peines dont l'ensemble ne dépasse pas un an, n'a jamais commis que des délits peu graves ? On ne calcule pas qu'il peut avoir subi plus de trois con-

(1) Séance du Sénat du 9 décembre 1898 (*J. off.* du 10).

damnations supérieures à trois mois de prison pour vol, escroquerie, abus de confiance, etc., et s'être trouvé à la porte de la relégation !

M. Bérenger ajoute que l'on n'aura certainement pas affaire à un délinquant d'habitude, à un récidiviste, puisque « la règle actuelle, depuis la loi de 1891, est qu'en cas de récidive la deuxième peine, même correctionnelle, doit être double de la première. » Mais l'honorable sénateur oublie que les magistrats ont contracté l'habitude de réduire à néant les prescriptions des articles 57 et 58 C. p. en accordant au récidiviste le bénéfice de l'article 463, C. p. par un attendu devenu presque de style et qu'ils seraient souvent bien embarrassés pour motiver. On a voulu éviter l'injustice ? Mais que penser de ces deux situations : un individu est condamné à 48 heures de prison pour outrages à agents et, neuf ans après, à un an de prison pour vol : il ne sera jamais réhabilité. Un autre se voit infliger huit ans de travaux forcés pour vol qualifié ou meurtre, vingt ans après avoir subi sa peine il sera réhabilité ! Comment donc échapper à l'injustice quand l'on s'écarte des principes rigoureux ?

Aux condamnations multiples à l'emprisonnement, il faut assimiler les condamnations multiples aux peines spéciales à l'armée et à la marine dont la durée totale n'excède pas un an.

2° *Le condamné a subi plusieurs condamnations, les unes à l'emprisonnement, les autres à l'amende.*

Nous devons sous-distinguer :

a) Condamnation à l'amende précédant une condamnation à l'emprisonnement. On les comptera toutes deux et on appliquera les dispositions de l'article 8, n° 3, *in fine* : le délai sera de quinze ans, à

la condition que le total des condamnations à l'emprisonnement ne dépasse pas un an, sinon la réhabilitation sera impossible. L'article 8 n° 3 parle en effet de
condamnations multiples sans préciser leur nature,
ce qui semble indiquer que le législateur a visé
l'amende et l'emprisonnement, car, à dire vrai, il n'a
certainement pas songé qu'il existât des peines temporaires, autres que l'emprisonnement, dont la durée
pût être inférieure à un an. Les travaux préparatoires
ne laissent d'ailleurs aucun doute sur ses intentions à
cet égard. Dans ses explications sur son amendement
à l'art. 8 n° 3, M. Bérenger a visé expressément le cas de
l'individu ayant encouru une condamnation à l'amende
et une autre à l'emprisonnement ; il désirait même que
« les condamnations à l'amende ne fussent jamais
comptées. » Le garde des sceaux, reconnut qu'en
effet ce cas spécial n'avait pas été prévu et demanda le
renvoi de l'article à la commission qui se contenta
d'adopter l'amendement de M. Bérenger, disposition
qui ne répond pas complètement au vœu de son auteur
puisque les condamnations à l'amende imposent encore une prorogation de délai ou vont jusqu'à s'opposer à la réhabilitation, lorsqu'elles concourent avec une
peine d'emprisonnement supérieure à un an. C'est
ainsi qu'un individu condamné à 16 fr. d'amende pour
chasse et, 9 ans après, à six jours de prison pour coups,
ne sera pas réhabilité avant celui auquel la cour d'assises aura infligé deux années de prison pour vol
qualifié.

*b) Condamnation à l'amende suivant une con-
damnation à l'emprisonnement.* L'article 10 s'exprime ainsi: « Lorsqu'il se sera écoulé dix ans.....
« sans que le condamné ait subi de nouvelle condamna-
« tion *à une peine autre que l'amende*, la réhabilita-

« tion sera acquise de plein droit...»La circulaire de la chancellerie relative à l'application de la loi du 5 août 1899, a donné de ce texte une interprétation qui nous paraît très discutable : « Une simple condamnation à l'amende, dit ce document, ne met pas obstacle à la réhabilitation de droit et, par conséquent, ne modifie ni le point de départ ni la durée du délai d'épreuve, *si elle intervient dans la période subséquente à celle de la prescription de la mention au bulletin n° 3 (1) »*. Pourquoi cette restriction que nous ne voyons pas dans le texte de l'article 10 ? En voici l'origine. Au sujet de la péremption des mentions, l'article 9 dispose qu' « en cas de condamnation *ulté-* « *rieure* pour crime ou délit à une peine autre que « l'amende, le bulletin n° 3 reproduit intégralement les « bulletins n° 1 à l'exception des cas prévus par les §§ 1, « 2, 3, 4 de l'article 7. » Condamnations ultérieures à quoi ? L'article 9 ne le dit pas, mais les travaux préparatoires semblent indiquer qu'il ne s'agit ici que des condamnations prononcées après l'expiration du délai de péremption, toute condamnation encourue avant l'expiration de ce délai, fût-ce à une simple amende, s'opposant à la péremption, ou en prolongeant ce délai (art. 8 n° 3 *in fine* (2).

La chancellerie a pensé qu'il fallait appliquer une règle identique à la réhabilitation de droit, lorsque la condamnation à l'amende intervient dans le délai de

---

(1) Circ. chanc. du 15 décembre 1899, § 53.

(2) Cette opinion invoque notamment le discours du garde des sceaux à la séance du Sénat du 7 mars 1899, d'où il paraît résulter, en effet, que l'art. 9 ne doit recevoir son application que lorsque la péremption est acquise. Mais la loi aurait dû préciser.

péremption. Se fondant, sans aucun doute, sur ces
paroles du garde des sceaux à la séance du 8 décembre
1898 · « Nous avons exigé un premier stage au bout
duquel la condamnation disparaît du casier judiciaire,
mais en subsistant quant à ses effets ; nous organisons
ensuite un nouveau délai après lequel la condamnation est effacée par une sorte de réhabilitation légale »,
elle estime que les délais fixés par l'article 10 doivent
se diviser en deux périodes. l'une de péremptiou du
casier judiciaire, soumise au régime de l'article 9,
l'autre supplémentaire à laquelle l'article 9 ne s'appliquerait pas.

Nous ne voyons pas cette division dans le texte de
l'article 10 qui ne renvoie nullement à l'article 9. L'article 10 parle de délais de dix, quinze ou vingt ans au
bout desquels la réhabilitation est acquise de droit, si,
à un moment quelconque de leur durée, il n'est intervenu aucune condamnation à une peine autre que
l'amende. A l'argument tiré des travaux préparatoires
nous répondrons qu'au moment où il s'exprimait, le
garde des sceaux entendait réserver le double bénéfice
de la péremption et de la réhabilitation de droit aux
délinquants primaires; que, le lendemain, il reconnaissait qu'on n'avait pas songé aux condamnations à
l'amende et demandait le renvoi de l'article 8 à la commission pour combler cette lacune, ce qui motiva
l'adoption de l'amendement à cet article présenté par
M. Bérenger; qu'enfin M. Lebret s'est opposé jusqu'au
bout à l'extension de la loi aux individus ayant subi
plusieurs condamnations, même si l'une d'elles n'était
qu'à une simple amende et que dans ces conditions, on
ne peut s'inspirer de ses paroles pour régler une
situation qu'il n'a pas admise.

L'article 9 concerne la péremption du casier judi-
caiire ; l'article 10 organise la réhabilitation de droit ;

or, quelque étroit que puisse être le lien qui unit ces deux institutions, rien ne permet d'appliquer à la réhabilitation des prescriptions relatives au casier judiciaire, lorsque le législateur ne l'a pas expressément ordonné. En renvoyant de l'article 10 à l'article 8, on s'est borné à ouvrir la réhabilitation de droit aux personnes pouvant déjà bénéficier de la péremption du casier, mais il n'a pas indiqué que la péremption du casier devait nécessairement précéder la réhabilitation : l'article 10 fixe toutes les conditions auxquelles cette dernière est soumise.

En réalité, l'auteur de l'article 10 s'est inspiré des dispositions de l'article 1er § 2 de la loi du 26 mars 1891 dont il a voulu étendre les effets et qui exclut les condamnations à l'amende de celles entraînant déchéance du sursis et s'opposant à la réhabilitation de droit.

Nous interpréterons donc l'article 10 sans y ajouter ce qui ne s'y trouve pas et nous déciderons qu'en aucun cas, la condamnation à l'amende *postérieurement encourue* n'exerce d'influence sur la réhabilitation de droit effaçant les peines *antérieurement exécutées* (1) Ainsi nous nous conformerons, au moins pour l'avenir et dans la mesure où la loi le permet, au vœu de M. Bérenger, désirant que les condamnations à l'amende ne soient jamais comptées (2).

---

(1) Si la condamnation à l'amende intervenait avant l'exécution de la condamnation antérieure, on rentrerait dans le cas précédent (a), car l'art. 10 ne vise que les condamnations comprises dans le délai de réhabilitation qui ne commence à courir que du jour où la peine a été subie.

(2) Nous reconnaissons que notre système établit une différence curieuse suivant que la condamnation à l'amende précède ou suit la condamnation à l'emprisonnement : en cas de réitération de délit, on admet qu'il ne doit pas y avoir aggravation lorsqu'une peine moins grave a précédé une peine plus grave,

Voyons les conséquence de l'un et l'autre système :

a) Système de la chancellerie.— 1° La condamnation à l'amende intervient avant l'expiration du délai de péremption de la peine antérieure : il y a condamnations multiples comme lorsque la condamnation à l'amende précédait la condamnation à l'emprisonnement. Le délai sera de 15 ans et partira dè la date du paiement de l'amende. Par exemple un individu a subi six mois de prison, quatre ans après il est condamné à 16 francs d'amende : au lieu d'être réhabilité au bout de dix ans (dont quatre déjà révolus), il ne pourra plus l'être que quinze ans après avoir payé l'amende, soit au moins dix-neuf ans après sa sortie de prison. En outre, si la condamnation antérieure dépasse un an, la réhabilitation devient impossible, la nouvelle condamnation ne serait-elle qu'à 1 franc d'amende. Avec ces résultats pratiques le système de la chancellerie nous paraît encore plus difficile à admettre.

2° La condamnation à l'amende intervient après le délai de péremption de la condamnation à l'emprisonnement : la réhabilitation s'applique à celle-ci comme si la condamnation à l'amende n'existait pas et l'on calculera à part le délai de réhabilitation pour l'amende. En effet, « la réhabilitation acquise pour la condamnation antérieure ne s'étend pas à la condamnation à l'amende survenue depuis. Celle-ci pourra disparaître

---

la première n'ayant pas donné un avertissement suffisant, et c'est pourquoi la loi n'a pas établi de récidive de peine correctionnelle à peine criminelle ; dans notre système, au contraire, l'amende compte lorsqu'elle précède l'emprisonnement et ne compte pas lorsqu'elle le suit. Cette anomalie résulte d'une évidente discordance entre l'article 8 n° 3 *in fine* et l'article 10 : l'auteur de ces deux dispositions aurait bien dû, avant de les présenter au Sénat, se préoccuper d'établir de les mettre d'accord.

à l'expiration d'un délai spécial, commençant à courir après le paiement de l'amende (1) ». On voit que la réhabilitation de plein droit n'est pas indivisible comme la réhabilitation judiciaire, et cela s'explique, puisqu'on n'exige plus une conduite à l'abri de tout reproche.

Le délai de réhabilitation pour l'amende sera de dix ans. En effet quand la condamnation à l'amende a été prononcée, il s'était déjà écoulé plus de 1, 5, 10 ou 15 ans depuis la condamnation précédemment encourue, c'est-à-dire qu'il restait moins de 9 ou 5 ans à courir pour que celle-ci soit effacée par la réhabilitation. Avant l'expiration du délai de 10 ans à partir de son paiement, l'amende se trouvera donc unique et bénéficiera ainsi des dispositions de l'article 8 n° 2.

b) Système proposé. — Dans le système que nous proposons, la survenance d'une condamnation à l'amende ne modifie le délai de réhabilitation pour les condamnations antérieures ni dans son point de départ, ni dans sa durée ; elle ne s'oppose jamais à la réhabilitation pour les condamnations qui pouvaient en bénéficier auparavant. Nous ne nous heurtons, par suite, à aucun des inconvénients que présente à cet égard le système précédent.

Quant à la peine d'amende, elle se prescrit, dans tous les cas, par un délai spécial de 10 ou 15 ans suivant qu'à l'expiration du délai de dix ans, elle sera ou non peine unique, les condamnations précédentes ayant déjà disparu ou subsistant encore. S'il existait une condamnation antérieure même à l'expiration du délai de quinze ans à partir du paiement de l'amende, nous

---

(1) Circ. chanc. du 15 décembre 1899, § 53.

nous heurterions à un obstacle que nous ne voyons pas le moyen de tourner. Dans le système de la chancellerie, pour que la condamnation à l'amende et les condamnations antérieures soient soumises à des délais de réhabilitation distincts, il faut qu'il se soit écoulé entre elles un intervalle qui ne permet pas à cette difficulté de se présenter, mais on n'y échappe qu'en interprétant l'article 10 par l'article 9, ce que nous ne pouvons admettre. L'embarras provient du défaut d'harmonie entre les articles 8 n° 3 et 10 ; une modification législative pourrait seule y mettre fin (1).

3° *Le condamné n'a encouru que des condamnations à l'amende.*

a) *Système de la chancellerie :*

1° Toute nouvelle condamnation à l'amende intervenue dans le délai d'un an (art. 8, n° 1) ou 5 ans (art. 8, n° 2) à partir du paiement d'une autre amende, porte à 15 ans le délai de réhabilitation qui se produira en même temps pour les deux condamnations.

2° La condamnation à l'amende prononcée plus d'un an ou plus de 5 ans après le paiement d'une autre amende, ne modifie pas le délai de réhabilitation de celle-ci. Pour la deuxième condamnation, qui deviendra condamnation unique au bout de moins de 9 ou 5 années, le délai sera de 10 ans, à dater de son paiement.

---

(1) La difficulté que nous signalons se présentera, par exemple, quand un individu condamné à trois ans de prison aura encouru une condamnation à l'amende un an après avoir subi sa peine. Dans notre système, la réhabilitation pour la prison se produira au bout de 20 ans, mais on est embarrassé pour le délai de réhabilitation de l'amende. Dans le système de la chancellerie, la réhabilitation serait impossible. Le nôtre est donc plus libéral.

b) Système proposé : La première condamnation
à l'amende disparaîtra au bout de 10 années à partir
de son paiement, la seconde au bout de 10 ou 15 ans,
suivant que la première sera ou non effacée à l'expiration du délai de 10 ans.

Rétroactivité. — Que l'on considère la loi du 5 août
1899 comme une loi pénale améliorant la situation des
délinquants ou comme une loi de procédure, elle produit certainement un effet rétroactif. Non seulement
les individus condamnés avant sa promulgation seront réhabilités de plein droit à l'expiration du délai
prescrit, mais on doit considérer la réhabilitation
comme acquise à ceux qui, antérieurement à sa promulgation, remplissaient les conditions exigées par
les art. 8 et 10, et cela depuis le jour où ils les remplissaient. La jurisprudence en a conclu avec raison
qu'une nouvelle condamnation prononcée après l'expiration du délai de réhabilitation d'une condamnation antérieure, mais avant la promulgation de la loi
du 5 août 1899, n'avait pu modifier une situation considérée comme définitivement établie (1).

L'art. 8 de la loi de 1899 ne vise pas les officiers ministériels destitués, ils ne seront donc jamais réhabilités de plein droit : c'est là une omission qui nous
semble difficile à justifier. Réciproquement d'ailleurs,

---

(1) Tribunal de Nancy, 29 janvier 1900 (*Journal des Parquets*,
1900-2-38). Un sieur M... avait encouru deux condamnations,
l'une et l'autre à 13 mois de prison, la première le 20 juin 1855
et la deuxième le 11 novembre 1882 : entre le jour où la première peine avait été subie et la seconde prononcée, il s'était
écoulé une période de plus de 15 ans; depuis le jour où la
deuxième peine avait été subie, une autre période de plus de
15 ans s'était également écoulée. Le tribunal a décidé que le
sieur M... était réhabilité de plein droit.

la destitution ne comptera pas comme une condamnation pénale et ne nécessitera pas l'application de l'art. 8 n° 3 *in fine*, concernant les condamnations multiples. Il en serait de même d'un jugement déclaratif de faillite, si le failli n'a pas été déclaré excusable ou n'a pas obtenu un concordat homologué (art. 7, n° 7).

Il nous resterait à examiner si l'on aurait dû accorder ou refuser la réhabilitation de plein droit non d'après la gravité de la peine encourue, mais suivant la nature de l'infraction commise.

Lors de la rédaction du projet de loi sur le casier judiciaire, la commission extraparlementaire, puis le conseil d'Etat avaient essayé de dresser la liste des délits qui ne devraient pas être mentionnés sur les bulletins délivrés aux particuliers. Par crainte d'omissions, on y renonça pour adopter la classification d'après la quotité de la peine, que l'art. 10 de la loi nouvelle est venu étendre à la réhabilitation de plein droit. Doit-on approuver ce système ? Nous nous contenterons de poser la question sans la résoudre. Sauf pour les condamnés avec sursis qui ne devraient pas en avoir besoin, la réhabilitation de droit obtenue sans aucune garantie d'amendement nous paraît dangereuse, de quelque façon qu'on l'applique, et impuissante à donner jamais des résultats heureux.

CHAPITRE II

CONDITIONS DE LA RÉHABILITATION

Réhabilitation judiciaire

La réhabilitation judiciaire suppose l'expiation et l'amendement.

L'expiation comprend en principe :

1º L'exécution de la peine;

2º Le paiement des frais de justice;

3º Le paiement des dommages-intérêts.

Pour que l'amendement soit établi, la loi exige :

1º L'expiration d'un délai d'épreuve plus ou moins long;

2º Certaines conditions de résidence ;

3º Une bonne conduite depuis l'expiration de la peine.

Reprenons successivement ces divers points :

A. Expiation

§ 1er. — Exécution de la peine.

L'ancien article 619 était ainsi conçu : « Tout con-
« damné à une peine afflictive ou infamante ou à une
« peine correctionnelle *qui a subi sa peine ou qui a*
« *obtenu des lettres de grâce,* peut être réhabilité. »
La loi du 10 mars 1898 a supprimé les mots en italiques. Hâtons-nous de dire que cette modification n'a
eu pour but que d'ouvrir la réhabilitation à ceux qui
ont prescrit contre l'exécution de leur peine et non
d'y admettre, comme on pourrait le penser, tous les
condamnés indistinctement, sans se préoccuper de
savoir s'ils ont ou non exécuté ou prescrit leur peine.
Les délais d'épreuve ne courent, en effet, que du jour
de la libération ou de la prescription. (Art 620 et
634) (1).

Peuvent donc se faire réhabiliter :

1° Ceux qui ont intégralement subi leur peine corporelle ou payé l'amende à laquelle ils avaient été
condamnés. Lorsqu'un individu s'est évadé, après avoir
subi une partie de sa peine corporelle, il ne peut obtenir sa réhabilitation qu'à la condition de s'être constitué à nouveau et d'avoir achevé de subir sa peine. — Si

---

(1) Il eût, par suite, mieux valu donner à l'article 619 la rédac-
« tion suivante : « Tout condamné à une peine afflictive ou
« infamante ou à une peine correctionnelle qui a subi sa peine,
« *prescrit contre son exécution* ou obtenu des lettres de grâce,
« pourra se faire réhabiliter. »

le paiement de l'amende a été fait par une personne civilement responsable, le condamné doit justifier qu'il l'a désintéressée.— Lorsqu'enfin une peine pécuniaire a été prononcée solidairement contre plusieurs condamnés, l'article 623 § 6 ne dispensant pas de la solidarité pour l'amende, le requérant devra produire quittance de la somme totale payée par lui ou par ses codébiteurs auxquels il aura dû rembourser sa part.

2° Ceux qui ont bénéficié d'une réduction de peine par suite d'emprisonnement cellulaire (loi du 5 juin 1875) ;

3° Ceux qui ont obtenu leur mise en liberté conditionnelle (loi du 14 août 1885, titre Ier) ;

4° Ceux qui ont obtenu la remise totale ou partielle de leur peine corporelle ou pécuniaire par voie de grâce ou de commutation. Si l'on ne peut dire que la grâce soit un mode d'exécution, ce n'en est pas moins un acte de soumission à la justice, car celui qui sollicite la clémence du chef de l'Etat reconnaît, par là même, qu'il a été justement frappé. Il est très rare, d'ailleurs, que la grâce dispense le condamné de toute peine ; le plus souvent elle se borne à une réduction, de sorte que l'expiation, pour être plus douce, n'en existe pas moins. Tous les condamnés à une peine perpétuelle, même les condamnés à mort, qui, par l'effet d'une commutation, n'ont plus été soumis qu'à une peine temporaire, peuvent donc solliciter leur réhabilitation ;

5° Ceux qui ont exécuté la transaction intervenue à la suite d'une condamnation pécuniaire prononcée à la requête d'une administration ayant le droit de transiger, comme l'administration des contributions indirectes ;

6° Ceux qui, à défaut de paiement de l'amende, ont

subi le temps de contrainte par corps fixé par le jugement (art. 623 § 2) ;

7° Les condamnés contradictoirement, par contu·mace ou par défaut, qui ont prescrit contre l'exécution de leur peine.

Pour limiter la portée de la réforme accomplie, sur ce dernier point, par la loi du 10 mars 1898, nous devons examiner la situation que la loi de 1885 réservait aux condamnés dont la peine se trouvait prescrite.

L'article 619, en exigeant que la peine ait été subie ou remise par décision gracieuse, les excluait en principe de la réhabilitation, mais cette règle subissait déjà une grave exception en faveur des condamnés à l'amende. L'article 623 obligeait, en effet, le requérant à justifier du paiement de l'amende, *sauf le cas de prescription*. Cette restriction avait été introduite à la Chambre des députés, par un amendement de M. Mazeron qui, d'accord avec la commission et le gouvernement, avait proposé d'ajouter au texte de l'art. 623 § 1er ainsi conçu : « Il (le condamné) doit justifier du « paiement des frais de justice, de l'amende et des dom-« mages-intérêts ou de la remise qui lui en a été faite », les mots : « ou établir qu'il était hors d'état de se libé-« rer au moment où la prescription s'est acquise. » M. Mazeron disait : « Il peut se faire qu'un individu ayant subi sa peine corporelle n'ait pas été poursuivi par l'administration des domaines en recouvrement de l'amende et des frais. L'administration n'a pas fait de poursuites ou par oubli ou, le plus souvent, parce qu'elle considère le condamné comme insolvable. La prescription s'accomplit. Cette prescription ayant un caractère absolu d'ordre public, il n'est pas possible au condamné d'obtenir sa grâce, puisqu'il n'y a plus

de peine, ni de payer, la condamnation pécuniaire
étant anéantie par la prescription. D'où l'impossibilité
absolue de se faire réhabiliter (1) ».

L'orateur ne parlait que d'un individu condamné
simultanément à l'emprisonnement et à l'amende ;
cependant la disposition proposée profitait également
à ceux qui n'avaient subi qu'une condamnation pécuniaire. Mais, à l'un comme aux autres, elle imposait
l'obligation de justifier de leur insolvabilité. On alla
plus loin. Sans qu'un amendement ait été présenté,
sans qu'une discussion publique ait été provoquée, le
texte fut modifié dans son trajet de la Chambre au Sénat (2) et la prescription fut admise, sans conditions,
comme mode de libération. « Il doit, *sauf le cas de*
« *prescription*, justifier du paiement de l'amende....»
dit l'article 623 § 1er.

Cette première atteinte au principe que le demandeur en réhabilitation doit, avant tout, s'incliner
devant le jugement qui l'a frappé, provient de ce que
la loi de 1852, puis celle de 1885 ont placé l'amende,
bien qu'elle fût une peine, sur le même pied que les
condamnations pécuniaires accessoires, frais de justice et réparations civiles, de sorte que le législateur a
pu considérer son paiement comme une condition secondaire de l'expiation.

Mais pour les autres peines, la règle demeurait absolue : la prescription s'opposait à la réhabilitation.
Nous devons reconnaître qu'elle aboutissait à des ré-

---

(1) Chambre des députés. — Séance du 18 mai 1885 (*J. off.*
du 19).

(2) Rapport supplémentaire de M. Bérenger au Sénat, du 4
juin 1885. (*J. off.* annexe n° 171).

sultats parfois assez durs. Elle écartait impitoyable-
ment tous ceux qui, condamnés par contumace ou par
défaut, avaient pu ignorer leur condamnation, faute
par eux d'avoir été touchés par la citation, et n'avaient
pu présenter utilement leur défense. Elle écartait encore ceux qui, contradictoirement condamnés,
n'avaient pas été convoqués pour subir leur peine,
par suite d'un oubli ou d'une négligence. Aussi deux
cours d'appel furent-elles amenées, par des sentiments
d'humanité plutôt que par des raisons juridiques, à
décider : 1° que « le condamné par défaut resté dans
l'ignorance du jugement et de sa signification et se
trouvant, par suite, dans l'égale impossibilité d'y
faire opposition, de subir sa peine ou d'en obtenir la
remise, pourrait être réhabilité » (1); 2° qu'il en serait
de même pour l'individu condamné contradictoirement qui, « par suite d'un oubli ou d'une erreur du
ministère public, n'a pas été requis d'exécuter la peine
de prison prononcée contre lui (2) ».

La loi du 10 mars 1898 a étendu ces solutions. On
ne recherche plus par la faute de qui la prescription
de la peine s'est accomplie; peu importe que ce soit le
parquet qui ait oublié de la faire subir ou que ce soit
le condamné qui ait réussi à échapper aux recherches. La conséquence de cette généralisation sera de
rendre la réhabilitation accessible à ceux qui, de propos délibéré, se sont soustraits au châtiment, par exemple en changeant de nom et en allant se fixer dans

---

(1) Orléans, 14 avril 1886 (D. 86-2-269). — Aix, 7 décembre
1897 (France judiciaire 98-2-127). — Contra, Douai, 9 novembre 1893 (Journ. des Parquets 95-2-50).

(2) Aix, 8 novembre 1888 (Pand. franç. 89-2 49),

une partie de la France où ils étaient absolument in-
connus. Ceux-là cependant ont rusé avec les représentants de la loi ; ils n'ont pas expié leur faute.
N'est-il pas injuste de les mettre sur le même pied que
les condamnés qui se sont inclinés devant la justice et
qui ont payé leur dette? « Il est certain, répond M. Tillaye, rapporteur au Sénat, qu'on peut, sans inconvénient grave, refuser la réhabilitation à la plupart de
ceux qui n'ont pas subi leur peine. *Les juges ne man-
queront pas de le faire, puisque la réhabilitation
est facultative. On n'accordera jamais une prime
aux fuyards de la prison ou du bagne.* Mais à
côté de ces condamnés peu intéressants, il en est d'autres qui méritent bien quelque indulgence. Ce sont
ceux qui, par exemple, sont partis affolés, désespé-
rant de pouvoir se justifier, qui auraient été acquittés
peut-être s'ils avaient comparu devant leurs juges ou
qui, presque certainement, auraient bénéficié de la loi
bienfaisante du 26 mars 1891. Ils n'ont pu se faire à la
honte de venir s'asseoir sur le banc d'infamie. Faut-il,
lorsque la peine souvent légère qu'ils ont encourue
se trouve prescrite par leur absence pendant les délais
légaux, les vouer au désespoir perpétuel et les empêcher d'être normalement régénérés ? Ce sont ceux
encore qui, après avoir été condamnés contradictoirement, ont préféré s'enfuir que de subir le régime de la
prison, même pour quelques mois, qui n'ont pu accepter la promiscuité de la maison d'arrêt ou de la
maison centrale, dont on a pu dire que tout homme
qui entre en prison, fût-ce pour la première fois, en
sortira plus mauvais, quelque court qu'y ait été son
séjour. Donc, n'y eût-il à notre avis qu'un seul condamné intéressant parmi ceux qui attendent anxieu-

sement le bénéfice de la proposition de loi, qu'il en faudrait accepter le principe (1) ».

La conclusion à tirer de ces considérations fort justes, c'est que les magistrats jugeant en fait si le condamné a gardé une conduite irréprochable, non seulement depuis que la prescription lui est acquise, mais encore et surtout pendant les délais de prescription (art. 634 § 6), devront tenir le plus grand compte des circonstances et des motifs pour lesquels il a échappé à l'exécution de sa peine. Ainsi la réhabilitation restera fermée aux individus qui se sont constitués en état de rébellion contre la justice et, à cette condition, nous approuverons la réforme accomplie par la loi du 10 mars 1898. La réhabilitation proclame avant tout la régénération du coupable ; elle n'exige l'expiation que comme un moyen d'amendement et pour ne pas donner une prime à l'impunité. Or, d'une part, la peine est prescrite, l'intérêt social s'oppose à son exécution et commande l'oubli ; d'autre part, l'amendement existe, les magistrats le constatent. Pourquoi, dès lors, leur serait-il interdit de le consacrer par la réhabilitation ?

Un individu condamné à une peine d'emprisonnement ou d'amende a bénéficié du sursis. Peut-il y renoncer et subir sa peine, en vue de solliciter la réhabilitation au bout de trois ans, alors qu'il lui en faudrait cinq pour l'acquérir de droit ? Au cours des travaux préparatoires de la loi du 26 mars 1891, M. Bérenger avait reconnu cette faculté d'option au condamné con-

---

(1) Rapport de M. Tillaye au Sénat, du 18 janvier 1898 (*J. off.* 18 mai 1898, annexe n° 3, p. 1).

ditionnel (1). Néanmoins la jurisprudence et la plupart des auteurs ne l'ont pas admise, avec raison selon nous (2), La décision de sursis est obligatoire comme toute autre décision en matière répressive. Le tribunal ne prononce pas une condamnation avec faculté de ne pas l'exécuter : le juge *ordonne* qu'il sera sursis, porte l'art. 1er de la loi de 1891. Le condamné ne peut renoncer à une faveur qu'on lui a faite non seulement dans son intérêt particulier, mais aussi en vue de l'intérêt social ; il devra donc attendre qu'il soit réhabilité de plein droit. Toutefois s'il venait à être déchu du sursis par suite d'une nouvelle condamnation, il pourrait, après avoir subi toutes les peines qu'il aurait encourues, demander sa réhabilitation judiciaire.

§ 2. — Paiement des frais de justice.

En vertu de l'article 194 C. I. cr., le prévenu frappé d'une peine quelconque doit être condamné aux frais du procès qui ont été avancés par le Trésor. Lorsqu'il existe, dans la cause, une personne civile-

---

(1) Rapport au Sénat du 6 mars 1890 *(J. off.*, 29 mai, annexe n° 27, p. 67) et séance du Sénat du 3 juin 1890 *(J. off.* du 4).

(2) Laborde, *Traité de droit crim.*, p. 408 et *Revue critique* 1898, p. 85. — *Garraud, op. cit.* t. II, p. 474. — Nègre et Gary. *La loi du 26 mars 1891*, pp. 83 et suiv. — De Forcrand, *Comment. de la loi du 26 mars 1891*, p. 5. — George, *op. cit.* p. 278.— Paris, 31 mai 1895 *(Journal des Parquets* 1896-2-96). — Rennes, 5 décembre 1895 *(Journal des Parquets* 1896 2-14). Lettre du garde des sceaux au procureur général de Toulouse du 20 mai 1896 *(Lois nouvelles*, 96-3-131).— *Contra*: André, *op. cit.* p. 219.

ment responsable du délit, elle doit être également condamnée aux frais ; enfin lorsqu'il y a eu constitution de partie civile, celle-ci est tenue au paiement des frais (sauf son recours contre le condamné) dans tous les cas, en matière correctionnelle et de police (art. 157 du décret du 18 juin 1811), et seulement lorsqu'elle succombe, en matière criminelle ou soumise au jury (art. 368 C. I. cr.).

Le demandeur en réhabilitation doit justifier qu'il a payé les frais de justice (art. 623 C. I. cr.). Cette exigence de la loi nous paraît tout à fait légitime. Avant de faire disparaître les conséquences juridiques de sa faute, n'est-il pas juste, en effet, que le condamné en subisse d'abord les conséquences pécuniaires et indemnise l'Etat des avances que la répression lui a occasionnées ?

En ce qui concerne le paiement des frais de justice, il ne peut être question de grâce : la grâce ne saurait s'opposer au recouvrement d'une créance de l'Etat (1). Mais la contrainte par corps abolie, pour les frais par l'article 3 § 2 de la loi du 22 juillet 1867, rétablie ensuite par la loi du 19 décembre 1871, sera, de même que pour l'amende, un mode de libération.

Ceci posé, plusieurs cas peuvent se présenter.

1° *Il n'y a qu'un seul condamné, et il n'existe dans la cause ni partie civile ni personne civilement responsable.*

Les frais sont à la charge du condamné seul et le paiement ne peut en être remplacé que par la con-

---

(2) Circulaire Chanc. du 6 octobre 1879 *B. offic.* 1879, p. 240.

trainte par corps, sous les deux exceptions suivantes :

a) Aux termes de l'art 623 § 1er la prescription est, pour les frais comme pour l'amende, un mode de libération. De quelle prescription s'agit-il ici ? La condamnation aux frais n'est pas une peine à proprement parler, mais une condamnation civile ; la créance de l'Etat ne se prescrit donc que suivant les règles établies par l'article 2262 du code civil, c'est-à-dire par trente ans (art. 642 C. I. cr.) (1).

b) En cas d'insolvabilité, on a trouvé trop dur d'exclure du bénéfice de la réhabilitation, ainsi que la jurisprudence avait dû le faire (2), un condamné qui remplit toutes les autres conditions exigées et qui se voit dans l'impossibilité d'acquitter des frais parfois fort élevés, dont il ne peut obtenir la remise gracieuse. D'où la disposition de l'art. 623 § 4 : « Néanmoins si « le demandeur justifie qu'il est hors d'état de se libé- « rer des frais de justice, la cour peut accorder la réha- « bilitation, même dans le cas où ces frais n'auraient « pas été payés ou ne l'auraient été qu'en partie. » La cour devra, par suite, apprécier si le requérant a fait preuve de bonne volonté et si son insolvabilité est réelle.

2° *Il y a plusieurs condamnés.*

On sait qu'en vertu de l'article 55 du code pénal, tous les individus condamnés pour un même crime ou pour un même délit sont tenus *solidairement* des

---

(1) Faustin-Hélie, *Pratique criminelle,* t. I, p. 598. Cass. 23 janvier 1828. — Dalloz, *Jurisp. générale,* Vᵒ Prescription criminelle, nᵒ 42.

(2) Aix, 11 août 1869, D. 71-5-33.

frais, c'est-à-dire, en appliquant les principes formulés par l'art. 1200 C. civ., que chacun d'eux peut être contraint pour la totalité et que le paiement fait par un seul libère les autres. Sous l'empire de la loi de 1852, il arrivait ceci : le condamné qui demandait sa réhabilitation devait justifier du paiement intégral des frais de justice faits tant contre lui que contre ses co-inculpés, et, si ces derniers étaient insolvables, il devait supporter seul tout le poids de la condamnation commune ; si, au contraire, les frais avaient été payés par un ou plusieurs de ses complices, il devait établir qu'il leur en avait remboursé sa part.

La loi de 1885 a remédié aux inconvénients et aux injustices de ce système. « En cas de condamnation « solidaire, porte l'article 623 § 5, la cour fixe la part des « frais de justice, des dommages-intérêts ou du passif « qui doit être payée par le demandeur ». Celui-ci n'est donc plus tenu de justifier que du paiement de cette part dont la fixation est laissée à l'appréciation·de la cour. On évaluera le chiffre approximatif que les frais auraient atteint si le requérant avait été seul dans la poursuite. La demande de fixation de la quote-part de frais sera formée par un réquisitoire du procureur général présenté à la chambre d'accusation qui pourra statuer avant d'être saisie du fond (1). Il est bien entendu que la solidarité conserve tous ses effets en ce qui concerne les poursuites à exercer par l'administration des finances.

3° *Il existe dans la cause une partie civile ou une personne civilement responsable.*

---

(1) Le Poittevin. *Dictionnaire des Parquets.* V° Réhabilitation, n° 8, t. III, p. 587.

Si les frais ont été payés par la personne civilement responsable ou la partie civile, le condamné
doit apporter la preuve du remboursement de ces frais
à celui qui les a acquittés, sauf certaines exceptions
faciles à découvrir : ainsi lorsque le père civilement responsable a payé les frais à la charge de son
fils, puis est venu à décéder, ce dernier, étant son
héritier, n'aura aucune justification à faire.

§ 3. — Paiement des dommages-intérêts.

Avant la réforme de 1885 l'article 623 C. I. cr.
était ainsi conçu : « Il (le condamné) doit justifier
« du paiement... des dommages-intérêts auxquels *il*
« *a pu être condamné*, ou de la remise qui lui en a
« été faite ». Ces expressions un peu vagues avaient
amené un résultat qui dépassait certainement les pré-
visions du législateur. La chancellerie exigeait toutes
les fois qu'une ou plusieurs personnes avaient pu
être lésées par le délit, que le condamné rapportât
la preuve de la réparation du préjudice causé (1).
Lorsque la victime avait obtenu des dommages-
intérêts soit du tribunal correctionnel ou de la cour
d'assises, soit d'un tribunal civil, le requérant devait
établir qu'il les avait acquittés : rien n'était plus naturel. Mais si aucune condamnation de ce genre n'était
intervenue, on imposait la production d'un certificat
de la partie lésée, aux termes duquel celle-ci reconnaissait avoir été désintéressée complètement par

---

(1) Circulaire chanc. du 17 mars 1853. *Rec. offic.*, t. II,
p. 218.

l'auteur du fait délictueux, ou déclarait tout au moins ne rien lui réclamer. Quand la victime était décédée, ce certificat devait être demandé à ses héritiers, Enfin, lorsque la nature même du délit ne comportait pas de préjudice envers qui que ce fût (s'il s'agissait par exemple d'un outrage public à la pudeur), on était allé jusqu'à obliger le demandeur en réhabilitation à verser une certaine somme au bureau de bienfaisance de son domicile, à titre de « réparation morale ».

Cette pratique avait le grave inconvénient d'ajouter aux prescriptions de la loi et de rendre la réhabilitation plus difficile. Comme le fit observer M. Gilbert Boucher au Sénat (1), elle pouvait donner lieu à un véritable chantage de la part de la personne à laquelle s'adressait le condamné pour obtenir le certificat exigé, quand il n'y avait eu aucune condamnation à des dommages-intérêts. En outre, dans beaucoup de cas, la victime du délit avait disparu ou était décédée ; il était presque impossible de la retrouver ou de découvrir ses héritiers ; de là des lenteurs, des obstacles et même des fins de non-recevoir contre la demande.

Pour mettre fin à ces difficultés un amendement adopté par le Sénat avait substitué, dans l'article 623 § 1er, aux mots : « les dommages-intérêts auxquels il a « pu être condamné », les mots : « les dommages-inté- « rêts auxquels il a été condamné ». Lors de la dernière délibération au Sénat, le texte fut de nouveau remanié, sans qu'on puisse savoir pourquoi (2) et l'article définitivement adopté dit seulement : « les domma-

---

(1) Sénat. Séance du 1er avril 1885. (*Journ. offic.* du 2).

(2) Rapport supplém. de M. Bérenger au Sénat du 4 juin 1885 (*Journ. offic.*, annexes n° 171).

« ges-intérêts ». Quelques auteurs en ont conclu que rien n'était changé aux anciens usages de la chancellerie (1); mais, en général, on tient au contraire pour certain qu'aujourd'hui le demandeur en réhabilitation ne doit justifier de sa libération que dans le cas où une condamnation pécuniaire est réellement intervenue contre lui (2). Les travaux préparatoires démontrent en effet l'intention manifeste du législateur de proscrire la pratique antérieure, mal connue et mal appliquée, et c'est ce qui appert également de la circulaire du 14 octobre 1885, dans laquelle le garde des sceaux s'exprime ainsi : « D'après les discussions qui ont précédé le vote de la loi, il convient, pour se conformer à la volonté du législateur, de renoncer à la pratique suivie jusqu'à ce jour et en vertu de laquelle le demandeur en réhabilitation devait produire un certificat constatant le complet désintéressement de la partie lésée, alors qu'aucune condamnation à des dommages-intérêts n'était intervenue. La partie lésée pourrait en effet abuser de l'avantage que lui offre la situation, pour formuler tardivement des prétentions exagérées (3) ».

D'autre part, la loi de 1885 fait résulter la libération de plusieurs causes différentes. Ce sont :

1° *Le paiement effectif.* — Lorsqu'une condam-

---

(1) Prudhomme, *op. cit.*, p. 272. Garraud, *op. cit.*, t. II, n° 570, note 24.

(2) Leloir, *La Réhabilitation (la France jud.*, 1886, p. 132). — Laborde, *op. cit.*, n° 613, note 2, p. 407.— Bregeault et Delagarde. *Traité de la Réhabilitation*, p. 46. — André, *op. cit.*, p. 197.

(3) Circ. chanc. du 14 octobre 1885. *Bull. offic.*, 1885, p. 196.

nation solidaire est intervenue contre plusieurs inculpés, la cour fixe la part de dommages-intérêts qui devra être payée par le demandeur en réhabilitation, de même que pour les frais (art. 623, § 5), mais, comme précédemment, cette division ne sera pas opposable aux tiers.

2° *La remise ou la transaction.* — La partie lésée peut renoncer à se prévaloir du jugement qui lui attribue une indemnité ou n'exiger qu'une partie de cette indemnité. Dans cette hypothèse, la libération résultera de la preuve de la renonciation de la partie lésée ou du paiement effectué entre ses mains à titre transactionnel. La libération pourrait également se produire par novation ou compensation.

3° *La prescription.* — La prescription dont il s'agit ici est, comme pour les frais, celle de trente ans, aux termes de l'article 642 code inst. crim. On a critiqué ce mode de libération en faisant remarquer que si la prescription de l'amende est d'ordre public, celle des dommages-intérêts et des frais, purement civile, laisse subsister une obligation naturelle et ne s'oppose pas au paiement (1). Mais, surtout depuis la loi du 10 mars 1898, il serait illogique de se montrer plus rigoureux pour l'exécution des condamnations accessoires, d'ordre civil, que pour l'exécution de la peine elle-même.

4° *La contrainte par corps* (art. 623, § 2). — La contrainte par corps a été maintenue en effet pour le recouvrement des dommages-intérêts accordés à titre de réparation de crimes ou délits par les tribunaux répressifs ou les tribunaux civils (loi du 22 juillet 1867, art. 3 à 5).

5° *Le dépôt à la caisse des consignations.* —

(1) Laborde, *op. cit.*, p. 406, note 3. — Leloir, *op. cit.*, p. 133.

14

L'article 623, § 6, s'exprime ainsi : « Si la partie lésée
« (ajoutons : ou ses héritiers) ne peut être retrouvée
« ou si elle refuse de recevoir, il est fait dépôt de la
« somme due à la caisse des dépôts et consignations,
« dans la forme des articles 812 et suivants du code
« civil ». Cette disposition remédie aux inconvénients
que nous avons signalés. Désormais, le mauvais vouloir, la spéculation déshonnête de la victime du délit
ou même d'un héritier qui n'en a peut-être pas souf-
fert, l'absence de la partie lésée, l'impossibilité de la
retrouver ne pourront plus créer une fin de non-
recevoir aussi injuste qu'invincible.

L'article ajoute : « Si la partie ne se présente pas
« dans un délai de cinq ans pour se faire attribuer la
« somme consignée, cette somme est restituée en
« déposant sur simple demande ».

Nous rapprocherons du paiement des dommages-
intérêts l'obligation spéciale imposée par l'article 623,
§ 3, au banqueroutier frauduleux qui doit justifier du
paiement du passif de la « faillite en capital, intérêts
« et frais ou de la remise qui lui en a été faite (1) ».

Remarquons enfin que l'indigence ne dispense pas
du paiement total ou partiel des dommages-intérêts.

---

(1) Cette disposition rigoureuse, introduite dans la loi de 1852
par un amendement de M. Louvet, donna lieu à de longues discussions. Elle fut acceptée « parce que, dit M. Langlais, rapporteur, la banqueroute frauduleuse a été de tous temps l'effroi
du commerce ; c'est un crime qui participe à la fois du vol, de
l'abus de confiance et du faux ; dans nos sociétés modernes où
l'industrie est appelée à jouer un rôle considérable, il n'en est
pas de plus dangereux, puisqu'il tend à détruire le crédit, la
confiance dans l'honneur du négociant qui est l'âme du commerce. » (*Moniteur* du 18 mai, p. 750).

B. AMENDEMENT

§ 1er. — Délai d'épreuve.

Il est inutile d'insister sur la nécessité de laisser
s'écouler entre l'expiration de la peine et la réhabilitation un certain délai qu'on pourrait appeler la période
d'observation. Le condamné qui veut se prévaloir de
son retour au bien doit justifier d'une bonne conduite
continuée pendant assez longtemps pour qu'on ne
puisse douter de sa sincérité.

1° *Durée du délai.*— Dans le code de 1808, ce délai
était fixé à cinq ans à partir du jour de l'expiration de
la peine ou de celui de l'exécution pour les condamnés au carcan. La loi de 1852 a maintenu ce délai de
cinq ans pour les condamnés à une peine afflictive
ou infamante (art. 620, § 1er) et l'a réduit à trois ans
pour les condamnés à une peine correctionnelle (art.
620, § 4). Sauf de rares exceptions, l'individu condamné pour crime a fait preuve d'une perversité plus
grande que le condamné correctionnel, il est juste
d'exiger de lui plus de garanties : la distinction admise
par la loi de 1852 était donc parfaitement sage et le
législateur de 1885 a eu raison de la conserver (1).

---

(1) La commission du Sénat avait cependant voulu la faire
disparaître, trouvant que le délai de 3 ans était insuffisant,
mais elle fut maintenue sur les observations du garde des
sceaux qui fit remarquer que la cour aurait toujours la faculté
de rejeter la demande comme prématurée. (Rapp. supplém. de
M. Bérenger au Sénat).

Lorsqu'un condamné à une peine criminelle a obtenu la commutation de cette peine en une peine correctionnelle, faut-il exiger le délai de cinq ans, ou se contenter de trois ans ? La loi s'attache exclusivement à la peine prononcée, sans s'inquiéter de celle effectivement subie. On devra donc, à notre avis, exiger l'épreuve la plus longue (1).

L'article 2 de la loi du 19 mars 1864 assimile les notaires et officiers ministériels destitués aux condamnés correctionnels : ils pourront donc solliciter leur réhabilitation au bout de trois ans.

L'article 634 modifié par les lois de 1885 et 1898 porte le délai :

A dix ans, pour :

1° Les individus en état de récidive légale ayant subi une peine afflictive ou infamante, c'est-à-dire non seulement les récidivistes de peine criminelle à peine criminelle ou à peine correctionnelle, mais encore les récidivistes de peine correctionnelle à peine correctionnelle ayant encouru une condamnation à une peine afflictive ou infamante non comprise dans la récidive, soit parce que les peines correctionnelles n'ont été encourues que plus de cinq ans après la peine criminelle (art. 57 C. pén. modifié par la loi du 26 mars 1891), soit parce que la peine criminelle n'a été encourue qu'après les peines correctionnelles ;

2° Les individus précédemment réhabilités qui sont condamnés à une peine afflictive ou infamante ;

3° Les condamnés qui ont prescrit contre l'exécution d'une peine afflictive ou infamante.

A six ans, pour :

----

(1) En ce sens, Billecoq, *op. cit.*, p. 35.

1° Les individus en état de récidive légale n'ayant encouru aucune peine afflictive ou infamante ;

2° Les individus déjà réhabilités qui sont condamnés à une peine correctionnelle ;

3° Les condamnés qui ont prescrit contre l'exécution d'une peine correctionnelle *autre que l'amende.* En effet, rien dans le texte de la loi du 10 mars 1898 ni dans les travaux préparatoires n'indique que l'on ait entendu se montrer plus sévère qu'auparavant à l'égard des condamnés à l'amende pour lesquels, aux termes de l'article 623 qui n'a pas été modifié, la prescription est un mode de libération équivalant au paiement (1).

2° *Point de départ du délai.* — Quel est le point de départ du délai ?

a) S'il s'agit d'une condamnation à une peine privative de liberté, le point de départ du délai sera :

α) Le jour de la mise en liberté du condamné (art. 620, § 1er). La mise en liberté peut résulter soit de l'expiration de la peine, soit d'une grâce totale ou partielle, soit d'une libération conditionnelle ; mais, dans ce dernier cas, le délai ne commencera à courir que du jour où aurait dû s'effectuer la libération définitive. La libération conditionnelle ne constitue, en effet qu'une mesure provisoire, essentiellement révocable et qui ne saurait produire les mêmes effets que la grâce : c'est seulement au jour de son expiration normale que la peine pourra être considérée comme entièrement subie (2).

---

(1) Néanmoins l'art. 634, § 5, est général et nous reconnaissons qu'il pourrait y avoir controverse.

(2) En ce sens, Garraud, *op. cit.*, t. II, n° 570, p. 474, —

Le jour de la mise en liberté est constaté de la façon la plus précise par l'extrait du registre d'écrou, l'une des pièces du dossier de réhabilitation.

β) Le jour de la prescription de la peine (art. 634, §§ 3 et 5). Le condamné à une peine afflictive ou infamante ne pourra donc être réhabilité que trente ans et le condamné à une peine correctionnelle que onze ans après sa condamnation.

b) S'il s'agit d'une condamnation à la dégradation civique, le délai court « du jour où la condamnation « est devenue irrévocable, ou de celui de l'expiration « de la peine d'emprisonnement, si elle a été pronon- « cée » (art. 620, § 2).

c) S'il s'agit d'une condamnation à l'interdiction de résidence, prononcée comme peine principale, le délai court « du jour où la condamnation est devenue irré- « vocable » (art. 620, § 3).

d) Si le condamné est soumis à la relégation, que l'on ne peut considérer comme une peine accessoire ou comme l'accessoire d'une peine, le point de départ du délai sera le jour de l'expiration de la peine qui l'a entraînée.

e) En ce qui concerne la peine d'amende, prononcée seule par le tribunal correctionnel ou substituée par une décision gracieuse à celle de l'emprisonnement, le point de départ n'est pas le jour du paiement, comme plusieurs auteurs l'ont soutenu dans le silence

Laborde, *op. cit.*, n° 615. — Prudhomme, *op. cit.*, p. 265. — Rennes, 24 juin 1896 *(Journal des Parquets.* 96-2-97). — Circ. chanc. du 15 décembre 1899, § 39 *(J. off.*, 17 décembre 1899). — *Contra.* André, *op. cit.*, p. 200. — Brégeault et Delagarde, *op. cit.*, p. 50.

de la loi (1), mais celui où la condamnation est devenue définitive ou bien celui où la décision gracieuse a
été rendue. Cette solution a été admise par une décision de la chancellerie du 31 décembre 1878 (2). Elle
nous paraît conforme à l'esprit de la loi de 1885 qui,
pour l'amende, admet la prescription comme mode
de libération ; elle se justifie en outre par le caractère
fort peu éducatif de la peine.

Si l'amende n'a été prononcée que comme peine
accessoire, le délai doit courir de jour du l'expiration
de la peine principale.

ᵉ*f)* Pour les notaires et officiers ministériels destitués,
le délai court du jour de la cessation des fonctions (loi
du 19 mars 1864, art. 2, § 2).

Nous savons que la réhabilitation judiciaire est
indivisible. Lorsqu'un individu a encouru plusieurs
condamnations, les conditions de délai devront se
trouver remplies pour toutes, en ce sens que chacune
d'elles servira de point de départ à un délai spécial et
que la réhabilitation ne sera possible que le jour où
ces différents délais seront arrivés à expiration. Prenons un exemple : un individu condamné à la réclusion commet, après avoir subi sa peine, un délit qui
ne doit être puni que de l'amende ; il ne pourra se faire
réhabiliter que : 1° cinq ans après l'expiration de la
peine de réclusion ; 2° trois ans après le jour de sa condamnation à l'amende. Ces deux délais courent simul-

---

(1) Sarraute, *op. cit.*, p. 36. — Prudhomme, *op. cit.*, p. 265.
— Laborde, *op. cit.*, n° 615. — Garraud, *op. cit.*, t. II, n° 570,
p. 474.

(2) Décision rapportée en note de la circ. du 17 mars 1853.
Recueil offic. des instructions du min. de la justice, t. II, p. 221,
note 11.

tanément, il se pourra donc que le délai de trois ans expire avant celui de cinq ans, de sorte que la deuxième condamnation n'aura pas eu pour effet de prolonger la période d'épreuve.

Pour les récidivistes, le délai de dix ou six ans court de l'expiration de la peine prononcée par le jugement qui a constitué le condamné en cas de récidive. S'il encourt dans la suite une peine ne comptant pas pour la récidive, celle-ci servira seulement, ainsi que nous venons de le dire, de point de départ à un délai spécial (1). En outre, si cette nouvelle peine était afflictive ou infamante, elle pourrait avoir pour conséquence de porter de six à dix ans le délai de réhabilitation afférent aux peines comprises dans la récidive.

Au cas de confusion de peines, le délai de réhabilitation part du jour de l'expiration de la peine unique qui en résulte.

§ 2. — Résidence.

On a pensé qu'il ne suffisait pas d'imposer aux condamnés désireux de se faire réhabiliter un délai d'épreuve plus ou moins long. « La loi a voulu, dit M. Faustin-Hélie, que la vie des condamnés pendant ce laps de temps fût ouverte à tous les regards et pût être soumise à un contrôle efficace ; elle a voulu qu'une longue résidence fût le gage d'habitudes contractées et de moyens certains d'existence (2). »

Règle générale : Le demandeur en réhabilitation

---

(1) Paris, 10 novembre 1899 (*Journal des Parquets*, 1900-2-19).
(2) Faustin-Hélie. *Traité de l'instruction criminelle*, p. 594.

doit remplir une double obligation de résidence (article 21 §§ 1 et 2) :

1° Résidence *dans le même arrondissement*: le condamné ne peut être admis à former sa demande s'il n'a résidé dans le même arrondissement *depuis cinq années* lorsqu'il a été frappé d'une peine criminelle, *depuis trois ans* lorsqu'il a été frappé d'une peine correctionnelle ;

2° Résidence *dans la même commune* : le condamné, qu'il ait encouru une peine criminelle ou une peine correctionnelle, doit avoir résidé dans la même commune pendant les *deux dernières années* de son séjour dans le même arrondissement.

Il résulte de ces dispositions que si le condamné veut demander sa réhabilitation aussitôt après l'expiration du délai d'épreuve, il faut qu'il ait résidé pendant tout ce délai, sans aucune interruption, dans le même arrondissement. Dès qu'il transporte sa résidence d'un arrondissement dans un autre, il perd le bénéfice du temps écoulé et une nouvelle période de cinq ou de trois ans doit être accomplie par lui.

Mais un simple déplacement de quelques jours ou de quelques semaines, un voyage nécessité par des intérêts de famille ou par des affaires ne saurait constituer une interruption de résidence. C'est une question de fait que la cour sera appelée à trancher.

Le séjour de trois ou cinq années dans le même arrondissement, dont les deux dernières dans la même commune, doit-il précéder immédiatement l'introduction de la demande? L'affirmative résulte certainement du texte. L'article 624 dit en effet : « Le con-
« damné.... ne peut être admis à demander sa
« réhabilitation s'il n'a résidé dans le même arrondis-
« sement *depuis* cinq (ou trois) années... » et non pas

seulement « ....*pendant* cinq (ou trois) années. » Un
arrêt a cependant admis l'opinion contraire, en faisant remarquer qu'on ne peut repousser une demande
pour le seul motif que le requérant ne l'a pas présentée dès qu'il remplissait les conditions exigées et s'est
soumis de lui-même à un plus long délai d'épreuve (1).
Mais l'obligation de résidence a surtout pour but d'empêcher le condamné de soustraire sa conduite, par des
déplacements continuels, au contrôle des autorités judiciaires et administratives. Ce moyen serait illusoire
si l'on se contentait d'un séjour remontant à une époque quelconque, peut-être fort éloignée. Le texte nous
paraît d'ailleurs formel et nous ne pouvons qu'approuver la décision récente de la cour d'appel de Dijon
exigeant que le séjour de trois années dans le même
arrondissement et de deux années dans la même commune précède immédiatement l'introduction de la
demande (2).

Tempéraments nécessaires. — La loi de 1885 a
pris soin d'inscrire dans l'article 621 § 3 les tempéraments que la pratique s'efforçait d'apporter à l'obligation de résidence parfois très gênante :

1° Pour les condamnés appelés sous les drapeaux
après l'expiration de leur peine, le séjour au régiment
peut compter dans le temps de résidence imposé,
s'ils justifient d'attestations satisfaisantes de leurs
chefs militaires. Il en sera de même du service à la
mer.

---

(1) Paris, 25 janvier 1889 (D. 90-2-310.— S. 90-2-15 et la note
en sens contraire).

(2) Dijon, 27 juillet 1898 (D. 99-2-60. — S. 99-2-163 — *Pand.
franç.*, 99-2-47).

2° Les individus que leur profession oblige à des déplacements habituels, incompatibles avec une résidence fixe, *peuvent* être affranchis de la continuité de la résidence, si leurs patrons ou chefs d'ateliers attestent leur bonne conduite. C'est « le terrassier, obligé de suivre d'une commune, d'un arrondissement, d'un département à l'autre, les travaux qui lui assurent son salaire, l'ouvrier de l'industrie plus exposé encore par l'effet du mouvement incessant de la concurrence, des chômages, des déplacements industriels ou par la nécessité de son éducation professionnelle, à changer de lieux (1). »

La jurisprudence a rangé dans la catégorie des personnes que leur profession contraint à des déplacements incompatibles avec une résidence fixe : les domestiques (2), les clercs de notaire (3), les employés stagiaires des greffes (4), ceux qui résident chez leur père, dont les fonctions sont inconciliables avec une résidence fixe (5).

Mais il faut que le déplacement soit sérieusement motivé : l'ouvrier ou l'employé qui n'aurait changé de patron que pour obéir à son humeur vagabonde ne saurait profiter de cette disposition dont la cour peut toujours refuser le bénéfice.

Résidence à l'étranger. — La loi ne prévoit pas l'hypothèse d'un condamné qui a résidé à l'étranger.

---

(1) Exposé des motifs de la loi du 14 août 1885 (*J. off.* 1882. Annexe du Sénat 1882, n° 255).

(2) Paris, 25 janvier 1889 et Poitiers, 18 juin 1889 (D. 90-2-310).

(3) Bourges, 30 juillet 1891 (*J. Parquets,* 91-2-57).

(4) Même arrêt.

(5) Poitiers, 3 juin 1891 (S. 91-2-160).

D'après la pratique admise par la chancellerie, peu importe que les condamnés aient habité à l'étranger pendant les années qui ont précédé immédiatement la demande en réhabilitation ; on se renseignera sur leur conduite durant ce séjour par l'intermédiaire des agents diplomatiques ou consulaires de la France ; mais il est indispensable qu'à un moment quelconque, depuis leur libération, ils aient satisfait en France aux conditions de résidence imposées par l'article 621 §§ 1 et 2 (1). Ce système ne nous paraît pas conforme au texte ; le séjour en France devrait, à notre avis, précéder immédiatement l'introduction de la demande.

§ 3. — Bonne conduite.

Les épreuves de temps et de résidence dont nous venons de nous occuper ne peuvent mener à la réhabilitation que lorsqu'elles ont été pleinement satisfaisantes au point de vue de la moralité. Il faut que, pendant le temps qui s'est écoulé depuis sa libération, le condamné ait donné des preuves sérieuses de son retour au bien et que l'opinion publique, dans les lieux qu'il a habités, lui soit favorable.

Il importe de rappeler ici le principe que si la réhabilitation n'est pas une faveur, elle ne constitue cependant un droit que pour les condamnés qui, après avoir expié leur faute, ont mené une existence honorable. Il y a, sur ce point, de la part de la cour, une appréciation de fait d'autant plus délicate qu'elle est souveraine. D'ailleurs les éléments de décision ne lui

---

(1) Circ. chanc. du 27 mars 1853. *Rec. offic.* t. II, p. 218,

feront pas défaut ; nous verrons, au chapitre suivant, quelles précautions le législateur a prises pour contrôler la conduite du condamné et quelles pièces doivent être produites pour justifier de son amendement.

Nous avons établi ci-dessus qu'une condamnation nouvelle pouvait ne pas augmenter la durée du délai d'épreuve ; mais, dans cette hypothèse, la cour aura la faculté de repousser la demande faute d'un amendement suffisant.

Au point de vue qui nous occupe, la loi du 10 mars 1898 s'est montrée fort rigoureuse pour les condamnés qui ont prescrit contre l'exécution de leur peine. Non seulement leur conduite doit avoir été bonne pendant la période d'épreuve qui part du jour de la prescription, mais leur demande n'est recevable que « s'ils justifient qu'ils n'ont encouru *pendant les dé-* « *lais de la prescription* aucune condamnation pour « faits qualifiés crimes ou délits et qu'ils ont eu une « conduite irréprochable » (art. 634 § 6).— Sur le sens de ces derniers mots, nous ne croyons pas que le législateur ait voulu se montrer plus exigeant que pour les autres condamnés et nous pensons que la preuve d'une conduite irréprochable pourra suffisamment résulter des attestations délivrées au ministère public, suivant les prescriptions de l'art. 624 C. inst. cr. Toutefois, la cour aurait toujours le droit d'imposer au demandeur l'obligation de fournir d'autre certificats, et, dans son arrêt, elle devra mentionner que, durant le délai de prescription, il a gardé une conduite irréprochable. Mais, disposition autrement grave, toute condamnation encourue pendant le délai de prescription pour fait qualifié crime ou délit s'oppose à la réhabilitation, et comme celle-ci est indivisible, le condamné ne pourra l'obtenir ni pour la condamnation prescrite ni pour celle qu'il a postérieurement encourue : on le considère comme absolument indigne d'être réhabilité (1).

Certaines assignations de résidence ne s'opposent pas à ce que celui qui s'y trouve soumis fasse preuve d'une bonne conduite suffisante pour mériter la réhabilitation. La jurisprudence a décidé avec raison qu'un mineur acquitté comme ayant agi sans discernement peut donner, pendant son séjour dans la maison de correction, des marques de régénération permettant d'admettre sa demande de réhabilitation pour une condamnation encourue avant son acquittement (2).

On peut se demander si le condamné assujetti à la résidence obligatoire dans la colonie ou au régime de la relégation se trouve dans une situation lui permettant de donner des preuves sérieuses d'amendement. L'affirmative ne semble pas douteuse pour les condamnés astreints à la résidence qui jouissent, dans la colonie, de la plus grande liberté. Mais pour les relégués, surtout s'ils sont soumis à la relégation collective, la réponse devient beaucoup plus douteuse et il est fort probable que leurs demandes de réhabilitation auront peu de chances d'être accueillies. Cependant, lorsqu'un condamné aura été dispensé de la relégation par voie de grâce administrative (art. 15 de la loi du 27 mai 1885) ou judiciaire (art. 16 de la même loi),

---

(1) Pau, 9 décembre 1898 (S. 99-2-93). Il s'agissait, en l'espèce, d'un individu qui avait prescrit contre une condamnation par défaut, qu'il ignorait et qui avait encouru pendant le délai de prescription, une condamnation militaire pour refus d'obéissance.

(2) Orléans, 29 novembre 1887 (D. 88-2-274).

il reprendra sa liberté complète et pourra se montrer digne d'être réhabilité.

En résumé, l'amendement sera démontré par une bonne conduite continuée pendant un laps de temps appréciable, pour lequel le législateur a eu parfaitement raison de fixer un minimum. Mais a-t-il également bien fait d'imposer au condamné des conditions de résidence ? Malgré les tempéraments apportés par la loi de 1885, on doit reconnaître que l'obligation de séjour demeure très rigoureuse et que, souvent encore, elle s'opposera à l'admission d'une demande qui, à tous autres points de vue, aurait mérité d'être favorablement accueillie. Sans doute, elle permet de juger plus facilement la conduite du suppliant, mais puisque la cour possède, à cet égard, un droit d'appréciation souverain, ne vaudrait-il pas mieux lui laisser toute liberté, et lorsque l'amendement lui est parfaitement démontré, ne pas la contraindre à repousser la requête parce qu'il manque quelques mois, quelques jours peut-être, au temps de résidence imposé. Que si, au contraire, le condamné s'est efforcé, par des déplacements incessants, d'échapper à la surveillance de l'autorité et au contrôle de l'opinion publique, la cour n'hésitera pas à décider qu'il n'a pas donné des preuves suffisantes de régénération. Il peut, toutefois, sembler nécessaire qu'une disposition législative avertisse ceux qui aspirent à la réhabilitation qu'ils doivent, par un séjour prolongé dans un même lieu, donner des garanties d'habitudes régulières et d'établissement stable ; mais nous pensons que le but serait atteint si on ne leur imposait que l'obligation de résider, avant l'introduction de leur demande, pendant deux années dans la même commune. Ce serait l'épreuve définitive. Ce que nous ne voyons pas, c'est l'utilité de ce long séjour de trois ou cinq années dans le même arrondissement, circonscription déjà trop vaste pour que les fonctionnaires qui l'administrent puissent connaître la moralité de tous ceux qui l'habitent ou s'en informer par eux-mêmes. L'on pourrait donc, sans inconvénients selon nous, faciliter encore l'accès de la réhabilitation en supprimant l'obligation de résidence dans l'arrondissement, ce qui entraînerait une autre suppression dont nous montrerons bientôt les avantages, celle de l'avis du sous-préfet.

SECTION II

Réhabilitation de plein droit

I. Loi du 26 mars 1891. — Une seule condition est imposée au condamné qui a bénéficié du sursis, pour qu'il soit réhabilité de plein droit : il doit n'avoir encouru, pendant le délai de cinq ans à partir de sa condamnation, « aucune poursuite, suivie de condam-« nation à l'emprisonnement ou à une peine plus grave « pour crime ou délit de droit commun » (l. du 26 mars 1891, art. 1 § 2-2 § 3-4 § 2). La loi donne aux mêmes condamnations l'effet d'empêcher la prononciation du sursis et celui d'entraîner la révocation de cette faveur en même temps que de s'opposer à la réhabilitation de droit (1).

----

(1) Pour l'énumération de ces peines, voir au chapitre précédent.

Pour que la réhabilitation de droit ne puisse se produire, il ne suffit pas que le délit ait été commis dans les cinq années de sursis, il faut que la poursuite soit intervenue pendant cette période ; mais il n'est pas nécessaire que la condamnation soit prononcée avant l'expiration du délai. C'est, en un mot, à la date du premier acte de poursuite qu'il faut s'en rapporter.

La réhabilitation a lieu par le seul effet de la loi ; le condamné n'a donc à justifier :

1° Ni de l'exécution de la peine principale, puisque d'ailleurs l'échéance du sursis sans condamnation nouvelle implique nécessairement que cette peine n'a pas été exécutée ;

2° Ni du paiement des frais du procès et des dommages-intérêts : on ne saurait, en l'absence d'un texte formel, imposer cette obligation au condamné qui a bénéficié des dispositions de la loi de 1891 ;

3° Ni de la résidence prescrite par l'article 621 C. I. cr.

Mais en revanche le délai d'épreuve est pour la réhabilitation judiciaire de trois ans, tandis qu'il est porté, pour réhabilitation de droit, à cinq ans. Cette prolongation de stage a paru au législateur une suffisante compensation et de la dispense des formalités et de l'affranchissement des conditions imposées en vue de la réhabilitation judiciaire.

On a cependant protesté contre ce résultat. Il est vraiment excessif, a-t-on dit, de n'exiger aucune garantie du condamné avec sursis. Comme preuve de son relèvement moral, on sait qu'il n'a pas subi de nouvelle condamnation à l'emprisonnement pour fait de droit commun. Peut-être a-t-il été une cause permanente de scandale par ses mœurs, par son intempérance ; peut-être a-t-il commis ces menus méfaits qui ne rendent passible que de l'amende ou des peines de simple police !... Pour répondre à cette critique, il suffit de rappeler dans quelles conditions le sursis a dû être accordé. Un homme se laisse aller à commettre un délit ; jusqu'alors il était resté honnête, sa conduite n'avait mérité aucun reproche, on peut légitimement penser qu'il ne faillira plus. Dans cet espoir, le tribunal le fait bénéficier du sursis et lui donne ainsi un puissant intérêt à revenir au bien. Pourquoi supposer que, du jour où il aura obtenu cette faveur, le condamné deviendra subitement assez habile ou assez pervers pour être une cause permanente de scandale par ses mœurs sans cependant commettre aucun nouveau délit de quelque gravité. Son passé répond de son avenir. Dans leur décision motivée, les juges ont constaté qu'il offrait de sérieuses garanties d'amendement ; quand le délai d'épreuve sera expiré, la réhabilitation résultera de cette décision même, plus encore que de la loi.

Pour nous qui estimons qu'en principe aucune incapacité ne devrait atteindre le condamné conditionnel, la réhabilitation de plein droit à l'échéance du délai de sursis se justifie par sa nécessité, presque par son urgence.

II. Loi du 5 août 1899. — La réhabilitation de plein droit instituée par la loi du 5 août 1899 est soumise à trois conditions :

1° Exécution de la peine ;

2° Expiration d'un délai d'épreuve ;

3° Absence de condamnations nouvelles d'une certaine gravité.

§ 1ᵉʳ. — Exécution de la peine.

Les délais de péremption des inscriptions au bulletin nᵒ 3 fixés par l'article 8 et, par suite, les délais de réhabilitation déterminés par l'article 10 courent de « l'expiration de la peine corporelle ou du paiement de l'amende. »

L'article 8 § 8 ajoute que la remise totale ou partielle de l'une ou l'autre de ces peines équivaut à leur exécution.

En ce qui concerne l'exécution de la peine corporelle, on appliquera les mêmes règles que pour la réhabilitation judiciaire.

Pour l'amende, la contrainte par corps équivaut à son paiement (art. 8 § 9). — L'hypohtèse de transaction ne se présente pas, la réhabilitation de droit ne devant pas s'appliquer aux condamnations prononcées à la requête des administrations publiques qui peuvent transiger.

De même que pour la réhabilitation judiciaire, l'amende prononcée solidairement doit être intégralement soldée. Mais si le paiement de l'amende avait été fait par une personne civilement responsable, nous ne croyons pas que le condamné devrait établir qu'il l'a remboursée. Nous verrons en effet que le paiement de l'amende est établi par la mention inscrite au bulletin nᵒ 1 d'après l'avis transmis par les finances, sans que l'intéressé doive fournir lui-même aucune justification.

Ni pour la peine corporelle, ni pour l'amende, la

prescription n'est admise comme mode de libération (1). Nous ne saurions le regretter.

On n'exige enfin ni le paiement des frais de justice
ni celui des dommages-intérêts.

§ 2. — Expiration du délai d'épreuve.

1° *Durée du délai.*— En étudiant, au chapitre précédent, les différentes catégories de condamnés qui
sont admis à la réhabilitation de plein droit, nous
avons déterminé, pour chaque hypothèse, la durée du
délai d'épreuve fixé à dix, quinze ou vingt ans. Nous
n'avons donc pas à y revenir.

2° *Point de départ du délai.* — Le point de départ
du délai sera :

a) Pour les condamnés à une peine corporelle, le
jour de la libération, comme en matière de réhabilitation judiciaire.

b) Pour les condamnés à l'amende, le jour du paiement ou de l'expiration de la contrainte par corps. Il
en résulte que les condamnés à l'amende se trouvent
dans une situation fort désavantageuse. S'agit-il
d'emprisonnement ou de toute autre peine corporelle,
on peut être certain que le parquet, tenu d'en assurer
la prompte exécution, veillera, par cela même, à ce que
le point de départ du délai fixé pour la réhabilitation de
droit ne soit point reculé ; mais il s'en faut de beaucoup
que l'administration des finances fasse preuve d'une
pareille diligence pour le recouvrement des amendes.

_____

(1) Circ. chancellerie du 15 décembre 1899, § 39.

D'autre part, les condamnés insolvables n'ont qu'un moyen de bénéficier de la réhabilitation de droit, c'est de subir la contrainte par corps ; or, l'emploi de cette mesure est laissé à la discrétion des agents du trésor et du parquet qui peuvent avoir les plus légitimes raisons de s'abstenir. Voilà donc le condamné puni de sa pauvreté ! Pour obvier à cet inconvénient, on pouvait ou reconnaître à l'insolvable le droit de subir sa contrainte, ce qui nous aurait paru excessif, ou faire courir en sa faveur les délais du jour du jugement, solution équitable et conforme à la règle admise en matière de réhabilitation judiciaire, mais alors il aurait fallu procéder à une enquête pour vérifier son insolvabilité et ce sont justement les enquêtes que l'on a voulu éviter à tout prix !

Lorsque l'amende a été prononcée en même temps qu'une peine corporelle, le délai ne pourra courir que du jour où les deux peines ont été complètement exécutées (art 8 § 7).

c) La loi n'indique le point de départ du délai que pour les peines privatives de liberté et pécuniaires ; elle ne parle pas des peines restrictives de liberté (bannissement, interdiction de séjour) ou privatives de droits (inaptitude à l'avancement, privation du commandement). Nous le fixerons, par analogie, au jour où ces diverses peines ont pris fin.

d) Pour les individus ayant encouru des condamnations multiples et bénéficiant de l'art. 8 n° 3 *in fine*, le point de départ sera la date de l'expiration de la dernière peine. La loi ne le dit pas explicitement, mais décider le contraire mènerait à des résultats inadmissibles.

§ 3. — Absence de condamnation nouvelle.

Nons avons indiqué, au chapitre précédent, les effets d'une condamnation survenant dans le délai de réhabilitation.

Rappelons que :

1° Une condamnation à l'amende ne s'oppose pas à la réhabilitation de droit et ne modifie pas la durée du délai, et cela, d'après nous, *à quelque moment qu'elle soit encourue* (art. 10).

2° Une condamnation à une peine autre que l'amende impose un nouveau délai de quinze ans, à partir du jour où elle a été exécutée, ou s'oppose à la réhabilitation de droit si elle porte à plus d'un an la durée totale des condamnations subies (art. 8, n° 3 *in fine*).

Ainsi, non seulement la réhabilitation légale n'exige pas une bonne conduite démontrée par des enquêtes et soumise à l'appréciation des magistrats, mais on ne la refuse même plus, comme le faisait la loi du 26 mars 1891, à ceux qui ont commis de nouveaux délits ! Ne parlons donc plus d'amendement, de régénération morale ! La réhabilitation sera désormais l'œuvre du temps, dont le poète célèbre la toute-puissance :

Tempore Pœnorum compescitur ira leonum...
Hoc rigidos silices, hoc adamanta terit.
Hoc etiam sævas paulatim mitigat iras,
Hoc minuit luctus, mœstaque corda levat (1).

(1) Ovide. *Tristes*, liv. IV, élégie 6.

Mais voyons un peu les résultats. « Un criminel,
souillé d'actes odieux, fuira hors des frontières après
sa libération et y demeurera le temps nécessaire. Il
recueillera à son retour le profit de la réhabilitation de
droit, et pourtant quelle aura été son existence, quelles régions aura-t-il parcourues et quelles condamnations même n'aura-t-il pas subies ? On n'en saura
rien ; bien plus, la loi, dans son aveuglement, interdit toute recherche. Et cet homme qui peut-être, en
pays lointains, aura poursuivi la série de ses forfaits,
sera, dans sa patrie, sur le pied d'égalité civique et
sociale avec les condamnés libérés, ses contempo-
rains, qui auront vécu sous le regard de la justice !
Veut-on un autre exemple, aujourd'hui fréquent et qui
multiplie l'attrait de la réhabilitation de droit ? Un
condamné se fait juger pour un délit ultérieur sous un
état civil usurpé ou imaginaire, et la fraude reste
ignorée, soit qu'on ne l'ait pas soupçonnée, soit pour
tout autre motif. Puis les années s'écoulent et la réhabilitation se trouve acquise un jour, sans conditions,
alors que la moindre enquête, en reconstituant la vie
du coupable, eût sans doute dévoilé le strata-
gème (1) ».

Les partisans de la réhabilitation de droit nous intéressent à leur cause par les espèces qu'ils choisis-
sent. Ils supposent toujours des criminels qui sont
devenus plus tard des modèles de vertu. C'est l'infime
minorité. Dans la plupart des cas, les choses se passent comme l'indiquait M. Georges Dubois en 1891, à
la Société générale des prisons, au cours d'une discus-

---

(1) De Forcrand. *La Réforme du casier judiciaire au Sénat.*
1899. p. 34.

sion sur le casier judiciaire : « Un individu a été condamné pour excitation à la débauche de sa propre fille ; sa condamnation n'est pas exemptée de la mention à son bulletin n° 3, même dans le système du projet de loi, car elle a été prononcée pour attentat aux mœurs (1). Pendant les sept ans qui suivent sa libération, cet individu se conduit comme le dernier des misérables, il ne commet pas de délits caractérisés, il tourne autour du code pénal, sans y échouer ; mais il rend sa femme absolument malheureuse, et, qui plus est, il continue à profiter de la prostitution de sa propre fille... pour peu qu'on suppose qu'elle est devenue majeure, il n'a plus rien à craindre. C'est toujours le même abominable drôle, mais il n'a plus commis, à proprement parler, de nouveaux délits, et, au bout de sept ans (2), il est réhabilité de droit, comme l'honnête homme qui, pendant le même temps, a cherché, par sa bonne conduite, à mériter de la justice de son pays ce certificat d'honorabilité et de retour au bien qui est, assurément, la plus belle couronne à laquelle on puisse aspirer (3) ».

Et M. Bérenger ne se déclarait-il pas, lui-même, en 1886, l'adversaire d'une réhabilitation de droit « pouvant bénéficier à nombre d'individus qui, sans retomber sous la main de la justice, n'ont pas laissé d'être de parfaits misérables (4) ».

---

(1) La commission extraparlementaire avait d'abord dressé une liste des délits qui devraient, au moins pendant un certain temps, figurer au bulletin n° 3.

(2) Le délai serait plus long aujourd'hui, mais qu'importent quelques années de plus passées dans la débauche !

(3) *Bull. soc. des Prisons*, 1891, p. 1070.

(4) *Bull. soc. des Prisons*, 1886, p. 288. Cf. *Supra*, p. 120.

L'équilibre sera, dit-on, rétabli entre la réhabilitation judiciaire et la réhabilitation de droit, par la différence de durée de l'épreuve (1). Mais à quoi bon une épreuve, si longue soit-elle, puisque nous ignorons la conduite tenue par le condamné pendant qu'il l'a subie, et qu'ainsi nous ne pouvons savoir s'il en est sorti victorieux? Ah! sans doute, il n'a pas encouru de nouvelle condamnation grave! On prétend que le libéré doit, pour éviter la récidive, faire preuve « de mérites exceptionnels (2) ». « Signalé par sa condamnation, mal vu de tous, soupçonné sur le plus faible indice, *presque condamné d'avance, s'il est dénoncé,* il ne lui est pas permis de s'écarter du droit chemin sans s'exposer à des sévérités nouvelles (3) ». Pour un peu on lui ferait une circonstance atténuante de ce qu'il a déjà été condamné! Ne voit-on pas dans quelles exagérations peuvent tomber quelques apôtres du patronage dont le cœur trop sensible a été profondément ému par certains cas particuliers qu'ils ont le tort de généraliser?

On soutient que l'article 10 de la loi du 5 août 1899 n'a fait qu'étendre le principe de la réhabilitation de plein droit déjà posé par la loi du 26 mars 1892 (4). Mais nous l'avons fait remarquer, le juge n'accorde le sursis que lorsqu'il constate le peu d'immoralité du

---

(1) M. Bérenger, à la Société des Prisons, au cours d'une discussion sur les réformes à apporter à la loi du 14 août 1885. (Séance du 18 mai 1898). *Rev. pénit.* 1898, p. 803.

(2) M. Vidal, *eod loco.*

(3) M. Bérenger, *eod loco.*

(4) M. Bérenger. Séance du Sénat du 8 décembre 1898 *(Journ. offic.* du 9).

fait et de l'agent, et l'on conçoit, dès lors, qu'il suffise
pour la réhabilitation de quelque temps passé sans
rechute, tandis que cette condition purement négative et même bien atténuée dans la loi de 1899 ne saurait prévaloir quand ce n'est plus une peine légère qui
a été encourue, mais l'emprisonnement de longue
durée, la réclusion, la détention, les travaux forcés,
quand surtout il s'agit d'individus auxquels le sursis
a été refusé très probablement à cause de leurs mauvais antécédents.

On insiste et l'on prétend que la loi de 1891 a créé,
au point de vue de la réhabilitation de droit, une iné-
galité entre ceux qui ont bénéficié du sursis et ceux
qui ne l'ont pas obtenu (1). Evidemment, puisqu'elle
réserve la réhabilitation de plein droit aux condamnés
conditionnels, comme une faveur qu'ils ont méritée
par leur conduite antérieure. Mais ne devrait-on pas
au moins ouvrir la réhabilitation de plein droit à ceux
qui n'ont pu obtenir le sursis, parce qu'ils ont été condamnés avant la loi du 26 mars 1891 (2)? Pour organiser cette rétroactivité d'un nouveau genre, il nous
manque un élément essentiel : la liste des individus
que les tribunaux auraient jugés dignes du sursis, si
cette institution avait déjà existé.

On a voulu trouver la base juridique de la réhabilitation de plein droit dans l'idée de prescription : « Dans
les diverses branches du droit, le principe de la prescription occupe une place assurée, et les domaines où

---

(1) Rapport de M. Passez à la Société des Prisons, sur les
réformes à apporter à la loi du 14 août 1885 (*Revue pénit.* 1898,
p. 482).

(2) M. Bérenger. (*Revue pénit.* 1898, p. 801).

il n'a pas son empire sont singulièrement restreints.
En matière pénale, l'exercice de l'action publique, la
peine elle-même se prescrivent, et par une inexplica-
ble dérogation à l'axiome *accessorium sequitur
principale*, le cours du temps n'efface pas les effets
accessoires et secondaires de cette peine (1) ». Ce rapprochement ne nous paraît pas justifié. Entre la prescription et la réhabilitation de droit nous ne voyons
qu'un trait commun, c'est que l'une et l'autre s'opè-
rent par l'écoulement du temps. Mais la prescription
suppose l'inaction du pouvoir social qui ne poursuit
pas la répression ou n'applique pas la peine ; un châtiment trop éloigné du délit ou de la condamnation devient inutile, puisque le souvenir du fait coupable est
effacé et que le besoin de l'exemple a disparu. Tout
au contraire, la réhabilitation de plein droit n'intervient que si la société a usé de son droit de punir ; le
coupable a subi la peine principale temporaire, il subit
encore les inflictons accessoires perpétuelles, il ne
peut donc prescrire contre leur exécution (2). Mais on
objecte que ces inflictions, par leur perpétuité même,
rendent la tache du crime ineffaçable et violent la loi
universelle de l'oubli. Ceci n'est plus une question de
prescription, on reproche aux inflictions secondaires
d'être perpétuelles. Pour certaines, dont l'une fort
gênante (nous voulons parler de l'incapacité électorale), cette critique nous semble des plus justifiées ;

---

(1) *La loi de sursis*. Discours de rentrée (1898) par M. Bour-
don, avocat général près la cour d'appel de Lyon.

(2) La meilleure preuve que la réhabilitation de droit n'a pas
été considérée comme une conséquence de la prescription, c'est
qu'on l'a refusée à ceux qui ont prescrit contre l'exécution de
leur peine.

mais il fallait alors refondre le système des peines et incapacités accessoires, distinguer celles qui pourraient devenir temporaires de celles qui devraient demeurer perpétuelles, et non point instituer une réhabilitation de plein droit, automatique et aveugle, qui les rend toutes temporaires. Ne l'oublions pas, d'ailleurs, les incapacités auxquelles la réhabilitation met fin sont bien moins des peines que des mesures destinées à défendre la société et les tiers contre l'immoralité du délinquant ; à ce titre, elles ne peuvent disparaître que devant la preuve de son amendement.

Certes, comme le fait remarquer M. Vidal, il ne faut pas exiger, pour accorder la réhabilitation, « une conduite irréprochable, une continuité de vertu que l'on ne demande pas au commun des mortels (1) », car on ne doit pas confondre les devoirs purement sociaux avec ceux plus rigoureux de la morale. Mais le petit nombre des demandes rejetées prouve que les cours d'appel ne se montrent pas trop sévères en matière de réhabilitation judiciaire, et peut-on dire qu'une loi qui admet à la réhabilitation de plein droit des individus qui ont rechuté, impose même ce minimum de garanties que le même criminaliste appelle « une conduite sociale rassurante ». Qu'on se montre indulgent envers les délinquants primaires, qu'on les aide à se reclasser, nous y applaudissons ; mais pour les condamnés méritants, il suffisait d'une loi de sursis à effets étendus et du zèle toujours en éveil des sociétés de patronage. La réhabilitation de plein droit profitera surtout aux autres.

---

(1) *Revue pénit.* 1898, p. 796.

Les partisans de la réhabilitation légale ont trouvé qu'elle était un moyen commode pour éviter que l'inscription au casier judiciaire ou l'incapacité électorale ne vînt quelque jour révéler une condamnation ancienne (1). Pourquoi le condamné a-t-il si longtemps attendu avant de solliciter sa réhabilitation judiciaire? Est-ce par incurie ou par crainte de ne pouvoir justifier d'une assez bonne conduite? Depuis la loi du 5 août 1899 on ne peut plus reprocher au casier judiciaire son indiscrétion, et de ce chef, la réhabilitation de plein droit, au jour même de sa naissance, perdait presque toute utilité. Pour les incapacités électorales, c'est le décret du 2 février 1852 qu'il fallait modifier. M. Bérenger s'écrie: « Je recule devant une tâche aussi difficile (2) » ! Il ne se souvient pas que les lois des 24 janvier 1889 et 10 mars 1898 ont déjà, sans rencontrer aucune opposition devant le Parlement, adouci les rigueurs du décret du 2 février 1852. Ce que nous ne pouvons admettre, c'est que la réhabilitation de plein droit vienne mettre fin à la dégradation civique, à l'interdiction des droits civils, civiques et de famille, à l'incapacité d'enseigner, à celle d'être juré au profit d'individus dont l'immoralité a été démontrée par la condamnation qui les a frappés et dont rien ne prouve l'amendement.

Mais, dit-on enfin, cette preuve exige des formalités indiscrètes et compromettantes, des enquêtes qui entourent l'affaire d'une fâcheuse publicité et ferment la réhabilitation judiciaire à tous ceux qui ont su faire

---

(1) M. Bérenger. *Revue pénit.*, 1898, p. 804.
(2) *Eod. loco.*

oublier leur passé. « Les formalités pour obtenir la réhabilitation sont atroces, les gens ont peur ! (1) ». Voilà certainement une très sérieuse critique. Qu'a-t-elle de fondé ? Nous allons le rechercher maintenant.

---

(1) Lettre lue par M. Bérenger au Sénat. Séance du 8 décembre 1898 (*J. off*. du 9).

CHAPITRE III

PROCÉDURE

Réhabilitation judiciaire

La demande en réhabilitation est formée par voie de requête que le condamné adresse, avec les pièces à l'appui, au procureur de la République de l'arrondissement où il réside (art. 622 et 623 C. inst. crim.).

La procédure se divise en deux phases, l'une *administrative* pendant laquelle le procureur de la République saisi de la demande recueille les renseignements exigés par la loi (art. 624 et 625 C. inst. cr.), l'autre *judiciaire* qui se déroule devant la cour d'appel et se termine par un arrêt statuant définitivement sur la réhabilitation (art. 626 à 628 C. inst. crim.).

§ 1ᵉʳ. — Requête et pièces à l'appui.

a) Requête. Elle doit être rédigée sur papier tim-
bré de dimension (1). Elle fait connaître, aux termes
de l'article 622 C. inst. crim. :

La date de la ou des condamnations encourues ;

Les lieux où le condamné a résidé depuis sa libération.

Mais, à part ces indications prescrites par la loi, la
requête doit mentionner : l'état civil complet du condamné, le tribunal qui a prononcé la condamnation,
la nature et la durée de cette condamnation, le fait qui
l'a motivée, l'établissement pénitentiaire où la peine a
été subie, le paiement de l'amende et des frais, les
décisions gracieuses dont le condamné a pu être l'objet, en un mot tous les renseignements utiles à l'instruction de la demande.

La requête émanera du condamné lui-même (2) ;
régulièrement elle doit être écrite de sa main, en tous
cas elle sera signée par lui, et sa signature légalisée
par le maire. Si le demandeur ne sait ni écrire ni si-
gner, la requête porte mention par le maire ou le juge
de paix de l'incapacité où il se trouve et de sa déclaration, après lecture faite, que la requête est bien l'expression de sa volonté (3).

_____

(1) Loi du 13 brumaire an VII. art. 12 § 9.

(2) Elle ne peut être présentée par un tiers, parent ou autre.
Il en est autrement pour les recours en grâce qui peuvent émaner de tiers.

(3) Note de la chancellerie (*Rec. off.*, t. II, p. 219).

b) *Pièces à l'appui.* A l'appui de sa supplique, le condamné doit produire (art. 623 C. inst. crim.) :

1° *La quittance de l'amende et des frais de justice* délivrée par le percepteur ou un duplicata de cette quittance (1) en y joignant, s'il y a lieu, un certificat sur timbre établissant le désintéressement de la partie civile ou de la personne civilement responsable qui aurait acquitté les frais.

Lorsque le condamné n'a pas payé l'amende ou les frais, justification doit être faite qu'il a subi la contrainte par corps fixée par le jugement. Cette justification peut avoir lieu de deux manières : soit au moyen d'un certificat produit par l'intéressé ; soit, le plus souvent, par un extrait du registre d'écrou de la maison d'arrêt où le requérant a subi la contrainte, délivré sans frais sur la demande du procureur de la République (2).

Si le pétitionnaire allègue que la condamnation est prescrite, il se bornera à l'indiquer dans sa requête et le parquet aura soin de s'en assurer.

Au cas de condamnation solidaire, le requérant doit, ainsi que nous l'avons indiqué précédemment :
1° rapporter la preuve du paiement de l'amende ;
2° justifier par des certificats de ses codébiteurs qu'il

---

(1) Une circulaire de la chancellerie du 16 février 1889 (*Bull. off.* 1889, p. 9) décide que les quittances des percepteurs ne devront être revêtues que du timbre de 0 fr. 25 (celles des receveurs de l'enregistrement antérieures à la loi du 29 décembre 1873 restant timbrées à 0 fr. 60) et que la signature du percepteur n'aura pas besoin, en général, d'être légalisée.

(2) La loi du 19 juillet 1889 a fait remise de la contrainte par corps exercée en vertu de condamnations antérieures au 14 juillet 1889. Cette remise équivaut à l'exécution.

les a désintéressés de sa part. Il en sera de même pour les frais, sauf le droit pour le demandeur de faire déterminer, s'ils n'ont pas encore été acquittés, la quote-part qu'il en devra payer.

Si le condamné est insolvable, nous savons qu'il peut être dispensé du paiement total ou partiel des frais. La preuve de son insolvabilité sera faite, comme à l'ordinaire, par l'extrait du rôle des contributions directes ou le certificat négatif délivré par le percepteur et par un certificat d'indigence délivré par le maire ou le commissaire de police et approuvé par le juge de paix.

2° *La quittance des dommages-intérêts.* Cette pièce ne sera exigée que s'il est intervenu une condamnation à des dommages-intérêts prononcée par la juridiction répressive ou par une juridiction civile (1). Elle consiste en un certificat ré.igé sur timbre par la partie lésée ou ses héritiers (2) et constatant que les dommages-intérêts ont été payés, qu'il en a été fait remise ou qu'ils ont été l'objet d'une transaction réglée. La quittance signée lors du paiement suffirait.

Si la partie lésée n'a pu être retrouvée ou si elle a refusé de recevoir, le demandeur produit un récépissé du receveur particulier ou trésorier général attestant que le dépôt à la caisse des consignations a été effectué. L'article 623, code inst. cr.,

---

(1) Si le jugement qui a prononcé la peine ne contient pas de condamnation à des dommages-intérêts, le parquet ne demandera de justification que dans le cas où l'enquête révélerait l'existence d'une condamnation civile.

(2) Les signatures seront légalisées.

renvoyant aux articles 812 et suivants du code de procédure civile, la consignation devra être précédée d'offres. Mais un jugement de validité ne nous paraît pas nécessaire.

Au cas de contrainte par corps, prescription, solidarité, on procédera comme pour les frais.

3° Si le pétitionnaire a été condamné pour *banqueroute frauduleuse*, on l'oblige à justifier du paiement du passif de la faillite en capital, intérêts et frais ou de la remise qui lui en aurait été faite (art. 623 § 3 C. I. cr.). Cette justification résultera de certificats émanant des créanciers de la faillite.

On voit que le nombre de pièces fournies par le requérant est très limité. Le législateur a voulu éviter que des démarches trop longues ou des frais trop élevés fassent obstacle à la réhabilitation.

§ 2. — Instruction de la demande.

L'instruction à laquelle procède le procureur de la République poursuit un double but :

1° Etablir la situation judiciaire et pénale du condamné ;

2° Vérifier l'accomplissement des conditions de séjour qui lui sont imposées et recueillir des renseignements sur sa conduite

I. *Détermination de la situation judiciaire et pénale du requérant.* Suivant une pratique consacrée par les instructions de la chancellerie (1), le

---

(1) Circulaire du 17 mars 1853.

procureur de la République demande à son collègue de l'arrondissement où est né le pétitionnaire :

1° Une expédition de son acte de naissance, afin d'établir son identité ;

2° Le bulletin n° 2 de son casier judiciaire. La réhabilitation judiciaire, indivisible de sa nature, doit comprendre toutes les condamnations mentionnées à ce document, dont la force probante se trouve aujourd'hui légalement reconnue (1). Le requérant est donc tenu de fournir tous renseignements et toutes pièces utiles pour chacune des condamnations inscrites à son casier judiciaire (2) et l'enquête du parquet devra porter sur l'ensemble. Il conviendra cependant de s'assurer d'abord si certaines condamnations n'ont pas disparu.

a) Par l'effet des lois d'amnistie (3) ;

---

(1) Loi du 5 août 1899. Instructions du procureur général de Paris du 26 février 1900. *Journal des Parquets*, 1900-1-78.

(2) Si le casier mentionnait une condamnation non applicable au requérant, il faudrait, avant tout, le faire rectifier, suivant la procédure établie par la loi du 5 août 1899, art. 14.

(3) *Loi du 14 août 1869* applicable aux crimes et délits politiques, aux délits de presse, aux délits en matière de douanes, de contributions indirectes, de garantie des matières d'or et d'argent, de forêts, de chasse, de pêche, de voirie, de police du roulage. - *Loi du 11 juillet 1880*, portant amnistie au profit des individus condamnés pour avoir pris part aux événements insurrectionnels de 1870-1871 et aux événements insurrectionnels postérieurs.— *Loi du 29 juillet 1881*, art. 70, pour les délits de presse. — *Loi du 19 juillet 1889*, relative aux délits et contraventions se rattachant aux faits de grève, réunions, associations, presse (sauf les délits de diffamation et d'injure), matière électorale, affaire de Montceau, aux insoumis, aux délits concernant les forêts, la pêche fluviale, la chasse, la voirie et la police du roulage (à condition que les frais aient été payés ainsi

b) Par la réhabilitation de plein droit (1).

Aux termes de l'article 625 C. I. cr., le procureur de la République demande encore, pour chacune des condamnations encourues :

1° Au procureur de la République ou au procureur général compétent, une expédition des arrêts ou jugements intervenus ;

2° Au gardien chef ou directeur de la prison où la peine a été subie, un extrait du registre d'écrou constatant la date de l'écrou et la date de sa radiation et faisant connaître la conduite du condamné pendant son séjour dans la prison.

Si le condamné a bénéficié d'une décision gracieuse, celle-ci se trouve mentionnée au bulletin n° 2 (2).

Toutes ces pièces, considérées comme faisant partie d'une procédure criminelle, sont délivrées sur papier libre (3) et légalisées. Les émoluments des greffiers sont supportés par l'Etat qui n'en poursuit pas le recouvrement contre l'intéressé, même au cas de rejet de la demande.

II. *Vérification de l'accomplissement des obligations de résidence et renseignements sur la conduite du requérant* (art. 624 C. I. cr.). Pour chacune des localités où le condamné a résidé :

---

que la part revenant aux agents). — *Loi du 1er février 1895* concernant les attentats contre la sûreté de l'Etat, les délits de presse et en matière électorale, les faits de grève. — *Loi du 27 avril 1898* en faveur des déserteurs et insoumis des armées de terre et de mer, etc.

(1) Circ. chanc. du 15 décembre 1899 § 55.

(2) Loi du 5 août 1899, art. 2.

(3) Loi du 13 brumaire an VII, art. 16.

a) depuis l'expiration de sa peine, en cas de condamnation à une peine corporelle,

b) depuis la date du jugement, en cas de condamnation à l'amende, à la dégradation civique ou à l'interdiction de séjour,

c) depuis la date du jugement, en cas de prescription de la peine,

le parquet se procure :

1° *Une attestation du maire* faisant connaître : 1° la durée de sa résidence dans la commune, avec indication du jour où elle a commencé et de celui où elle a pris fin ; — 2° sa conduite pendant la durée de son séjour ; — 3° ses moyens d'existence pendant le même temps. L'attestation contient la mention expresse qu'elle a été rédigée pour servir à l'appréciation de la demande en réhabilitation (1). Elle remplace, depuis la loi du 14 août 1885, la délibération du conseil municipal que le procureur de la République devait provoquer par l'intermédiaire du sous-préfet. L'intervention des conseils municipaux, sans présenter aucun avantage réel, avait l'inconvénient grave de donner à la demande en réhabilitation, discutée par un corps nombreux de citoyens élus, une publicité presque complète. « Dans les grandes villes, disait un magistrat, le condamné sera habituellement un inconnu pour le conseil municipal, l'avis de cette assemblée reflètera les renseignements recueillis par un employé subalterne bien plutôt que le sentiment éclairé de l'opinion qui n'a pas eu l'occasion de se manifester. Dans les communes rurales, les dangers

---

(1) Cette prescription, destinée à attirer l'attention du maire sur l'importance des renseignements qu'on lui demande, pourrait être supprimée sans inconvénients.

sont d'une autre nature ; les passions locales, les petites rivalités auront, d'une manière inconsciente, part
aux délibérations. La politique cherchera à faire sentir son influence toujours pernicieuse pour la justice.(1). » La consultation des conseils municipaux
occasionnait, en outre, des retards fréquents dans l'instruction des affaires.

Remarquons que le maire ne doit pas émettre son
avis sur la suite que comporte la requête. C'est là
une omission selon nous regrettable. Elle vient de ce
qu'en confiant aux maires la mission qui précédemment incombait aux conseils municipaux, on a supprimé, comme faisant double emploi, l'avis distinct
que l'ancien § 6 de l'article 624 prescrivait de leur
demander.

2° *L'avis du juge de paix* du canton. Ce magistrat n'oubliera pas qu'en sa qualité d'auxiliaire
du parquet, il ne doit pas se borner à indiquer son
opinion, mais fournir les renseignements les plus
précis et les plus circonstanciés sur la conduite et la
moralité du condamné, sur sa situation pécuniaire et
sa réputation dans le pays.

3° *L'avis du préfet ou du sous-préfet* de l'arrondissement.

En particulier, si le demandeur a passé sous les
drapeaux une partie du délai d'épreuve, le procureur
de la République demande aux autorités militaires
compétentes une attestation faisant connaître la durée
de sa résidence dans chaque corps ou établisse-

---

(1) M. Duhamel. Discours de rentrée devant la cour d'appel
de Grenoble (1881).

ment militaire et sa conduite pendant son séjour (art. 621 §§ 3 et 4 C. I. cr.).

Enfin, si le condamné exerce une profession imcompatible avec une résidence fixe, le parquet provoque les attestations des chefs d'atelier ou d'administration exigées par l'article 621 § 3 C. I. cr. On écarte ainsi les certificats de complaisance que le requérant parviendrait à se faire délivrer.

Le procureur de la République réunit toutes ces pièces en un dossier (1) auquel il joint un rapport détaillé adressé au procureur général. Dans ce rapport, il énumère les différentes condamnations encourues, il indique leur cause, expose les faits qui les ont motivées, en insistant sur tout ce qu'il peut y avoir de favorable ou de défavorable pour le condamné (2). Il examine si toutes les conditions prescrites par la loi se trouvent remplies et si la demande est recevable. Il apprécie la conduite du condamné, les marques de repentir qu'il a données, les garanties de régénération qu'il présente. Il formule enfin son avis sur la suite que la demande lui paraît comporter (art. 625 § 4, C. I. cr.).

---

(1) L'ordre de classement généralement adopté et qui nous paraît le plus pratique est le suivant : 1° demande ; — 2° expédition de l'acte de naissance ; — 3° bulletin n° 2 ; — 4° jugements ou arrêts de condamnation, par ordre chronologique ; — 5° extraits des registres d'écrou ; — 6° quittance des amendes et des frais ; — 7° quittances des dommages-intérêts ; 8° attestation des maires, en commençant par la plus ancienne résidence : — 9° avis des juges de paix ; — 10° avis des sous-préfets ; — 11° rapport du procureur de la République ; — 12° inventaire.

(2) Dans ce but, on a coutume de demander en communication les dossiers de poursuite.

Le tout est transmis au parquet général dans le plus
bref délai.

Examinons dès maintenant les très vives critiques
dont est l'objet cette première partie de la procédure.
Nous en trouvons l'expression la plus récente dans un
rapport sur les modifications à apporter aux dispositions de la loi du 14 août 1885, présenté en 1898 par
M. Passez à la Société générale des prisons, et dans la
discussion qui a suivi le dépôt de ce rapport (1).

D'une façon générale, on reproche à notre procédure son indiscrétion. Les parquets, n'ayant pas la
franchise postale, communiquent avec le requérant
par l'intermédiaire des agents de police ou des gardes
champêtres, dont les visites plus ou moins fréquentes
attirent l'attention des voisins. Interrogés, ces modestes auxiliaires de la justice ne sauront pas se taire et
révéleront la nature de la mission qui leur est confiée.
Les plis portent l'en-tête imprimé du parquet; remis
avec cette mention d'origine à un concierge, à un
domestique, au conjoint, aux enfants, ils éveillent la
curiosité, provoquent les questions, font naître le
soupçon.

C'est également par les commissaires et agents de
police ou par les gardes champêtres, que les maires
et les sous-préfets font procéder aux enquêtes nécessaires pour fournir les renseignements et attestations
qui leur sont demandés. « Un agent subalterne se
rend dans le quartier, consulte l'un et l'autre, intrigue
par ses questions, en fait connaître la cause et crée la
publicité complète, criarde, intolérable. Il prend des

---

(1) *Revue pénitentiaire* 1898, pp. 482 à 492 et 770 à 806,

renseignements sans choisir ses sources, sans les apprécier, sans indiquer leur provenance, victime lui-même des légèretés, des petites haines et des vengeances du quartier. Il n'est ni assez intelligent ni assez instruit pour pouvoir peser, ni même souvent bien comprendre les dépositions (1). » Parfois même, des tiers, des membres de la famille du demandeur ont eu à souffrir de la manière peu discrète dont les enquêtes sont conduites (2).

On se plaint encore de la lenteur des instructions. A Paris, certaines procédures de réhabilitation ont duré des années avant que la cour en soit saisie. A la séance du Sénat du 28 janvier 1898, M. Bérenger appelait l'attention du garde des sceaux sur la nécessité d'abréger ces délais, et le ministre, en invitant du haut de la tribune tous les chefs de parquet à apporter la plus grande vigilance aux affaires de réhabilitation, promettait de leur envoyer une circulaire à ce sujet. Dans une lettre de la même année, adressée au garde des sceaux et au procureur de la République près le tribunal de la Seine, l'honorable sénateur renouvelait ses doléances et demandait une augmentation du personnel chargé au parquet de la Seine du service des réhabilitations (3).

Nous n'avons pas à nous arrêter à ces difficultés d'administration intérieure. Des lenteurs aussi regrettables ne se présentent, en réalité, qu'à Paris, par suite d'un encombrement auquel on pourrait remé-

---

(1) M. Conte, juge au tribunal de Marseille. *Rev. pénit.* 1898, p. 775.

(2) Rapp. de M. Passez. *Rev. pénit.*, 1898, p. 483.

(3) *Revue pénitentiaire*, 1898, p. 1263.

dier sans peine. En province, les parquets apportent assez de diligence à l'instruction des demandes, et les retards, s'il s'en produit, ne sont point de leur faute.

Quant aux indiscrétions, c'est également à Paris qu'elles se commettent le plus souvent, parce que toutes les enquêtes y sont confiées à la police (1). En province, elles sont bien moins à craindre, surtout dans les petites localités où les maires connaissant presque tous leurs administrés, ne font pour ainsi dire pas d'enquête. Quelques précautions suffiraient en tous cas pour les éviter. Les magistrats du parquet devraient avoir soin, lorsqu'ils ont des renseignements à demander aux requérants, de le faire autant que possible de vive voix, soit eux-mêmes, en invitant les intéressés à se présenter au parquet « pour une affaire qui les concerne (2) » soit par l'intermédiaire du juge de paix. Les communications pourraient n'avoir lieu que sous enveloppe fermée, sans inscription ; il serait même bien simple de faire déposer une petite somme pour frais de timbres-poste, ce qui éviterait la remise des plis par les agents de la force publique ; il suffirait, en un mot, de s'entendre avec le requérant sur le mode de communication qu'il préfère.

Contre les indiscrétions commises dans les enquêtes, un premier remède paraît indiqué : dans chaque

(1) Pour les empêcher, le préfet de police a déjà pris des mesures qui ont donné, paraît-il, les meilleurs résultats (M. Honorat, chef de la 1ʳᵉ division de la préfecture de police). *Revue pénit.* 1898, p. 777.

(2) M. Mourral, vice-président à Dijon. *Rev. pénit.*, 1898, p. 773.

demande émanant du parquet, un paragraphe spécial devrait rappeler à tous, juges de paix, maires et même sous-préfets, qu'il importe de ne se renseigner qu'avec beaucoup de discrétion et d'user d'une extrême prudence (1). Sans doute, le maire ne peut, sauf dans les communes rurales, recueillir lui-même les renseignements qu'il doit fournir ; il s'adressera donc au commissaire de police, mais en lui recommandant la plus grande réserve et en l'invitant à agir en personne ou tout au moins à ne pas faire connaître aux agents le but des recherches qui leur seront confiées.

L'enquête du juge de paix ? Nous ne croyons pas qu'elle puisse constituer une source d'indiscrétions, si elle est bien comprise. Il est de toute nécessité que le juge de paix y procède lui-même et ne se contente pas de reproduire les renseignements qu'il aura demandés au maire ou au commissaire de police. Le juge de paix a, par état, le sentiment de la discrétion ; il sait, en général, agir avec délicatesse et souvent il est chargé de missions aussi difficiles ; plus que le maire, il vit en dehors des partis politiques et son opinion présente toutes garanties d'impartialité. Soigneusement faite, l'enquête du juge de paix donnera, selon nous, les meilleurs résultats. « Au bout d'un certain nombre d'années, un juge de paix attentif connaît fort bien sa circonscription ; il ressemble un peu au curé d'une paroisse et reçoit, comme lui, beaucoup de confessions ; il finit par avoir des renseignements sur un grand nombre de ses justiciables.

---

(1) M. Rœdel, substitut à Bordeaux. *Rev. pénit.*, 1898, p. 773,

Ses renseignements antérieurs sont-ils incomplets ?
Il sait à qui il peut s'adresser sans péril, et il interroge
surtout l'intéressé lui-même (1). »

Il y aurait donc lieu d'inviter les parquets à se servir surtout des juges de paix pour recueillir les éléments d'appréciation dont ils ont besoin. Une ten-
dance se manifeste d'ailleurs en ce sens dans beaucoup
de ressorts, notamment dans celui de la cour d'appel
de Dijon. Une circulaire de la chancellerie ou de
MM. les procureurs généraux suffirait pour généraliser cet usage (2).

D'ailleurs, même très complète, l'enquête du juge
de paix ne rend pas superflue l'attestation du maire.
Il est bon qu'il reste un contrôle. Le juge de paix a pu
être trompé, une divergence entre son avis et les
renseignements fournis par le maire attirera l'attention
du parquet, qui recherchera la cause de cette différence de vues.

Reste l'avis du sous-préfet. Il nous paraît certain
qu'il présente plus d'inconvénients que d'avantages.
« Quel poids peut avoir l'opinion de ce fonctionnaire
qui, ne pouvant rien savoir personnellement, puise
ses renseignements auprès des maires et des commissaires de police, qui ont déjà adressé directement leur
avis au procureur de la République (3) » ? — « Personne n'a pu dire en quoi l'intervention des préfets et

---

(1) M. Tommy-Martin, juge de paix à Paris. *Rev. pénit.*,
1898, p. 789.

(2) M. Maillet, conseiller à la cour de cassation. *Rev. pénit.*,
1898, p. 778.

(3) M. Chaudreau, conseiller à la cour de Paris. *Revue pénit.*
1898, p. 771.

des sous-préfets pouvait être utile », constate M. Le-
bon, ancien sous-secrétaire d'Etat (1), et M. A. Rivière
ajoute : « Je tiens des magistrats de la cour de Paris
et d'ailleurs que les chambres des mises en accusa-
tions tiennent peu compte, et pour cause, des avis
des préfets (2) ». Par contre, cette formalité est
certainement une source d'indiscrétions. La demande
de renseignements passe à travers les bureaux
de la sous-préfecture, tous les employés peuvent
la lire, même les jeunes commis. Voilà les subalternes bavards dont il faudrait éviter l'immixtion ! Il
en résulte de plus des lenteurs inévitables. L'affaire
paraît de trop minime importance pour que le sous-
préfet s'en occupe lui-même, il l'abandonne aux bureaux ; il faut consulter les maires ou le commissaire
de police et attendre leurs réponses ; enfin, l'autorité
administrative comprenant que son avis n'a qu'une
importance secondaire, met d'autant moins d'empres-
sement à le formuler. Sans hésiter, nous demandons
au législateur de supprimer l'avis du sous-préfet
comme inutile et dangereux, et de dispenser en même
temps le condamné de la résidence de trois ou cinq
années dans un même arrondissement.

Mais, à notre avis, l'intervention législative devra
s'arrêter là. Pour le surplus, des instructions de la
chancellerie ou des chefs de parquet suffiront à mettre fin aux inconvénients signalés que les partisans de la réhabilitation de droit nous semblent avoir
fort exagérés pour les besoins de leur cause. N'a-t-on

---

(1) *Revue pénit.* 1898, p. 791.
(2) *Revue pénit.* 1898, p. 793.

pas cité l'exemple d'une procédure en réhabilitation
qui avait eu lieu à l'insu même de la femme du condamné (1), et les membres des sociétés de patronage
ne reconnaissent-ils pas qu'une intervention de leur
part suffit pour abréger les recherches et éviter que
les enquêtes ne fassent courir quelque péril à leurs
protégés (2) ?

Faute de renseignements précis, les condamnés
s'effrayent des formalités à remplir pour obtenir leur
réhabilitation ; ils reculent devant des frais imaginai-
res ou se figurent qu'ils seront victimes de divulga-
tions compromettantes qui, en réalité, ne se produi-
raient pas ; ils craignent de revivre les mauvais jours
de l'instruction qui a suivi leur délit ; ils ont conservé
de la justice un trop pénible souvenir et ils ont peur
de s'adresser à elle. D'où ces cris de détresse dont
M. Bérenger s'est fait le trop sensible écho à la tribune
du Sénat, lors de la discussion de la loi du 5 août 1899.
Au lieu de se lamenter, tous les correspondants de
l'honorable sénateur n'avaient qu'à se présenter au
parquet, forts de leur amendement ! Ils en seraient

---

(1) *Bullet. Soc. des Prisons*, 1891, p. 1019.

(2) *Rev. pénit.* 1898, p. 782. — Nous n'insisterons pas sur un
remède proposé par M. Garçon (*Rev. pénit.* 1898, p. 793) et qui
consisterait à charger le requérant lui-même de l'enquête, en
lui demandant d'établir son amendement. Que vaudraient les
témoignages et les certificats qu'il se procurerait par complaisance ou autrement ? Pour ne conserver aucune illusion, il suffit d'avoir assisté à une enquête civile où les parties amènent
leurs témoins. Quant aux attestations fournies par les sociétés
de patronage, elles peuvent fournir au procureur de la République d'utiles indications, quand elles émanent de personnes
sérieuses, mais il serait dangereux de leur reconnaître une
valeur légale.

sortis réconfortés et convaincus que si les magistrats savent user d'activité et d'énergie quand ils poursuivent le crime, ils ont encore plus à cœur d'assurer à la bonne conduite, toutes les fois qu'ils le peuvent, une récompense aussi efficace que prompte.

§ 3. — Procédure devant la cour d'appel.

La cour d'appel compétente est celle dans le ressort de laquelle réside le condamné (art. 526 code inst. crim.).

Le procureur général, après avoir vérifié la régularité des pièces, saisit la cour par le simple dépôt du dossier au greffe (même article).

C'est la chambre des mises en accusation qui statue sur toutes les demandes de réhabilitation. On sait que devant cette chambre la procédure se passe tout entière à huis clos, la publicité est écartée aussi bien pour les débats que pour le prononcé de l'arrêt; on évite ainsi les conséquences préjudiciables qui pourraient résulter d'un arrêt de rejet (1).

Dans les deux mois du dépôt du dossier au greffe de la cour, l'affaire est rapportée à la chambre des mises en accusation (art. 627 code inst. crim.).

Le procureur général remet à la cour ses conclusions écrites et motivées et les développe oralement (même article).

---

(1) Un huissier ne peut même assister à l'audience (*Décis. chanc.* du 4 décembre 1886. *Journ. des Parquets*, 1886, 3, 59). Un amendement à la Chambre des députés proposait de rendre l'arrêt publiquement. Il a été repoussé avec raison. (Voir *Circ. chanc.* du 14 octobre 1885. *Bull. offic.* 1885, p. 196).

· La cour statue sur toutes les difficultés qui pourraient être soulevées au sujet de la recevabilité de la demande (1).

Si les renseignements paraissent insuffisants, un supplément d'enquête peut être ordonné par la cour, en tout état de cause, soit à la requête du procureur général, soit à la demande de l'intéressé, soit même d'office. Mais il n'en peut résulter un retard de plus de six mois (art. 627 code inst. crim.).

La cour statue contradictoirement. Elle entend le pétitionnaire par lui-même ou par l'organe de son défenseur (art. 628 code inst. crim.). A cet effet, le pétitionnaire est averti du jour où sa demande sera examinée, mais il n'est nullement tenu de se rendre à cette convocation et sa présence reste d'ordinaire absolument inutile (2). Dès que l'arrêt est rendu, le parquet général l'informe de la décision.

1° *Si la cour admet la demande,* la réhabilitation a son effet irrévocable du jour de l'arrêt qui la prononce et non du jour de la demande : nous avons déjà fait remarquer que cette décision était attributive et non déclarative de droits.

Le procureur général adresse un extrait de l'arrêt de réhabilitation à la cour ou au tribunal qui a prononcé la condamnation pour être transcrit en marge de l'arrêt ou du jugement (art. 633 code inst. cr.)

---

(1) Circ. chanc. du 14 octobre 1885.

(2) L'avis doit être donné gratuitement (Décis. chanc. du 4 décembre 1886, *loc. cit.*). — Pour éviter un déplacement superflu, les convocations portent souvent, dans le ressort de Paris : « J'estime toutefois que votre dossier étant complet, et les pièces me paraissant régulières, vous pouvez vous abstenir de vous rendre à cette convocation ». — Tout le dossier, même les documents confidentiels, doivent être communiqués au condamné ou à son conseil (Décis. chanc. du 4 décembre 1886).

17

Avis de la réhabilitation est donné par le procureur
général au procureur de la République de l'arrondissement d'origine ou à la chancellerie, s'il s'agit d'un
individu né à l'étranger ou aux colonies, et mention
en est faite aux bulletins n° 1 du casier judiciaire, par les
soins du greffier ou de l'agent chargé du casier central (1). Les bulletins n° 3 délivrés aux particuliers ne
relèveront plus les condamnations effacées par la
réhabilitation ; elles continueront au contraire à figurer
sur les bulletins n° 2 destinés aux magistrats, aux autorités militaires ou administratives, mais avec la mention de la réhabilitation (2).

Afin d'avoir en sa possession la preuve de sa réhabilitation, le réhabilité peut se faire délivrer sans frais
une expédition de l'arrêt intervenu et un extrait du
casier judiciaire, c'est-à-dire un bulletin n° 3 (art. 633
C. inst. cr.). La loi ne lui ayant pas imparti de délai,
il peut réclamer ces pièces à un moment quelconque,
mais elles ne lui seront remises gratuitement qu'une
seule fois.

2° *Si la cour se prononce pour le rejet de la requête,* le pétitionnaire ne pourra former une nouvelle

---

(1) Loi du 5 août 1899, art. 2. — Décret du 12 décembre 1899,
art. 7, n° 3. — Auparavant on délivrait un bulletin n° 1 (circ.
chanc. du 5 décembre 1885). L'avis du procureur général qui
remplace ce bulletin ne donne plus ouverture à aucun émolu-
ment pour le greffier. — On avait coutume également d'envoyer
un duplicata de bulletin n° 1 à l'administration pour le casier
électoral et au recrutement, si le réhabilité était encore soumis
au service militaire. L'article 5 de la loi du 5 août 1899 ne prescrit l'envoi au recrutement et à l'autorité administrative que de
bulletin n° 1 « constatant des condamnations ». Nous ne pensons donc pas qu'il faille maintenir l'ancienne pratique.

(2) Loi du 5 août 1899, art. 4 et 7, n° 2.

demande qu'après un délai de deux ans (art. 629 C. inst. cr.). On en conçoit facilement la raison, le rejet n'ayant pour cause que le besoin de soumettre le condamné à une plus longue épreuve. Si, en effet, la cour ne constatait que l'omission d'une formalité, elle se bornerait à surseoir et elle pourrait statuer sur la demande dès que la procédure se trouverait régularisée (arg. art. 627 § 2 C. inst. cr.). La jurisprudence a même décidé avec raison que la cour pouvait écarter la requête pour insuffisance de délai, sans statuer au fond, et qu'alors le suppliant serait recevable à en présenter une nouvelle lorsque le délai serait acquis et quand même il ne se serait pas écoulé deux ans depuis la première demande (1).

Si la cour a statué en l'absence du requérant, sa décision ne peut être attaquée par la voie de l'opposition, car le caractère contradictoire n'est pas de l'essence de la procédure de réhabilitation. Nulle part la loi de 1885 ne suppose l'exercice de cette voie de recours qui n'est pas ouverte contre les arrêts rendus en tous autres cas par la chambre des mises en accusation (2).

Mais les arrêts des cours d'appel en matière de réhabilitation sont susceptibles d'être déférés à la cour de cassation, dans les formes, les délais et les conditions ordinaires, pour violation, fausse interprétation ou fausse application de la loi (3). Il en était

---

(1) Bourges, 20 février 1890. *Journ. du minis. public*, 1890, p. 69.

(2) Garraud, *op. cit.*, t. II, p. 481, note 28.

(3) Cass., 21 novembre 1895 (D. 96, 1, 167). Il faut consigner l'amende. (Cass., 6 décembre 1893, J. *Parq.*, 94, 2, 19).

autrement des simples avis que les cours d'appel émet-
taient avant la loi du 14 août 1885 ; la jurisprudence
ne leur reconnaissait pas le caractère d'arrêts, ils
pouvaient seulement, en tant qu'actes judiciaires, être
soumis à l'appréciation de la cour suprême, sur l'initiative du garde des sceaux et dans l'intérêt de la loi(1).

En confiant à la justice la mission de statuer définitivement sur les demandes en réhabilitation, la loi
de 1885 a réalisé une réforme depuis longtemps réclamée par plusieurs criminalistes.

« Il faut regretter, disait M. Lair (2), que la réhabilitation soit abandonnée à la décision du chef de l'Etat,
non qu'il n'y ait, nous le reconnaissons, quelque
chose d'imposant dans ce concours unanime des trois
pouvoirs de l'Etat nécessaire à la réintégration du condamné. Mais les formes actuelles ont le tort de conserver à la réhabilitation un caractère demi-gracieux qui
en dérobe le vrai principe et quand au fond elle est
une justice, de lui laisser les dehors d'une grâce. Ne
vaudrait-il pas mieux pour le condamné lui-même
tenir sa réhabilitation de la simple, mais grave autorité des tribunaux ? Cette forme, en faisant de la réhabilitation un véritable recours de droit, ne la relève-
rait-elle pas dans l'opinion, plus que le concours de
tous les pouvoirs? Il ne s'agit plus, en effet, d'une mesure d'exception, mais d'un état nouveau à constater,
d'un droit à reconnaître et à consacrer et dès lors
pourquoi une décision extra-judiciaire; pourquoi ne

---

(1) Cass., 1er septembre 1853 (D. 53, 1, 278). Cass., 21 avril
1855 (D. 55, 1, 221).
(2) Lair, op. cit., p. 163.

pas s'en remettre à l'autorité actuellement compétente, à celle qui statue sur toutes les incapacités, aux tribunaux ? »

M. Faustin-Hélie avait émis une opinion identique. « Il nous semble que cette institution aurait exercé une plus grande influence sur l'opinion publique, une plus haute autorité sur les condamnés eux-mêmes si, exclusivement judiciaire et répudiant toute affinité avec les lettres de grâce, elle se fût manifestée avec les formes et la puissance des arrêts de justice. On est disposé à n'y voir qu'un acte de faveur, quand on ne devrait y voir qu'un acte de justice ; on ne lui accorde que les effets d'une grâce, quand elle a en réalité les effets d'un arrêt. Aux termes des articles 604 et suiv. du code de commerce, la réhabilitation des faillis n'est prononcée que par arrêt de la cour impériale. En matière criminelle comme en matière commerciale, la loi a posé elle-même les conditions de la réhabilitation, et la mission de la cour est uniquement de vérifier si ces conditions ont été accomplies : l'analogie aurait dû conduire à la même solution (1). »

Enfin M. Bérenger justifie l'innovation en ces termes d'une remarquable justesse : « Il n'y a que deux manières de comprendre la réhabilitation. L'assimiler à la grâce et alors supprimer comme inutiles les conditions, les formalités et les procédures. Le pouvoir du prince suffit en effet à tout, car la décision dépendant de sa seule faveur, il est libre de la dispenser de toutes les règles, comme il l'est d'affranchir son appréciation de tout frein. Ou bien la subordonner à des conditions

_____

(1) Faustin-Hélie. *Traité de l'instruction criminelle*, t. VIII, p. 589.

rigoureuses, la rendre difficile et dure, ne l'admettre
que sur la justification sévèrement contrôlée des règles
imposées, mais alors en faire un droit et placer l'exercice de ce droit sous la protection de la justice. Toute
solution intermédiaire est illogique et fausse. Pourquoi, si la décision doit être conservée au pouvoir
exécutif, ce luxe de formalités dont nul n'a songé à
l'entourer pour l'exercice du droit plus grave de relever de l'exécution de la peine? Pourquoi, s'il y a un
droit pour l'homme qui s'est rendu digne, enlever la
constatation et la proclamation de ce droit au pouvoir
judiciaire?.. Où serait la justice, où seraient la bonne foi
et la sincérité, si, après avoir excité le condamné au
repentir, après avoir fait luire à ses yeux, pendant
une épreuve de longue durée, la perspective de la récompense, on ne lui donnait, une fois le but atteint,
que l'espoir d'une faveur au lieu de la certitude d'un
droit? Il faut, pour provoquer les grands efforts, pour
maintenir la constance et l'énergie de la volonté,
autre chose qu'une vague espérance. Donner moins
qu'un droit serait un leurre (1). »

On ne peut échapper à cette alternative : ou le pouvoir
exécutif se bornera à sanctionner l'avis des magistrats
et alors son intervention perd toute utilité, ou il demandera au condamné quelque chose de plus que ce qui est
écrit dans la loi et alors nous retombons sous le règne
de l'arbitraire. En fait le gouvernement l'avait si bien
compris qu'il avait presque renoncé à user de son
droit. De 1875 à 1885, nous trouvons, d'après les statistiques du ministère de la justice, *neuf rejets* sur

(1) Exposé des motifs de la loi du 14 août 1885 (*Journ. off.*,
1883, p. 251, annexe n° 255).

6,453 avis favorables donnés par les cours (2 rejets en 1876, 5 rejets en 1877, 1 rejet en 1878, 1 rejet en 1881) Pourquoi maintenir une formalité dont il ne pouvait plus résulter que des retards préjudiciables (1)?

Mais en la supprimant n'a-t-on pas porté atteinte au droit de grâce que la constitution confère au chef de l'Etat? Evidemment non. Même si l'on admettait qu'elles puissent produire certains effets identiques, ce que nous discuterons plus loin, la grâce et la réhabilitation n'en resteraient pas moins deux institutions entièrement distinctes par leur nature, puisque la première est une faveur et la seconde un recours de droit. Quand le chef du pouvoir exécutif statuait en matière de réhabilitation, ce n'était point en vertu de son droit de grâce, mais par une prérogative spéciale que nul texte constitutionnel ne consacrait et qu'une loi ordinaire a pu lui enlever. Aucune raison sérieuse ne s'opposait donc à cette simplification ; le législateur de 1885 a eu raison de l'accomplir et nous avons vu que, dans plusieurs pays étrangers, on a suivi son exemple.

Quelle que soit la nature des condamnations encourues, c'est à la chambre des mises en accusation qu'il appartient de statuer. Cette compétence générale s'explique historiquement. Avant la loi de 1852, la chambre d'accusation, connaissant à huis clos des affaires criminelles, se trouvait toute désignée pour prononcer sur la réhabilitation des individus condamnés à des peines afflictives ou infamantes, les seuls qui y fussent admis.

---

(1) En 1885, la chancellerie a dû liquider 171 affaires en retard, provenant des années précédentes,

La loi de 1852 étendit la réhabilitation aux condamnés à des peines correctionnelles, mais n'institua pour eux aucune procédure spéciale. Accordée par la juridiction ordinaire de l'ordre le plus élevé, la réhabilitation présente, à coup sûr, le maximum des garanties exigibles et l'on peut invoquer l'analogie de la réhabilitation commerciale, également confiée aux cours d'appel. Nous nous demandons, cependant, s'il ne serait pas permis de réaliser une dernière simplification en chargeant le tribunal de première instance de statuer, en chambre du conseil, sur les demandes de réhabilitation formées par les individus qui n'auraient encouru que des condamnations correctionnelles, la chambre d'accusation demeurant compétente lorsque le requérant aurait subi soit une condamnation à une peine afflictive ou infamante, soit une condamnation à une peine quelconque prononcée par une cour d'assises. Depuis la loi du 17 juillet 1856, la chambre du conseil n'intervient plus dans les instructions criminelles, mais elle a conservé, en matière civile, des attributions multiples et souvent délicates (1); composée d'autant de magistrats que le tribunal correctionnel qui, en règle générale, a prononcé la condamnation, elle examine à huis clos les affaires qui lui sont soumises et si, presque toujours, ses jugements doivent être lus en audience publique, rien n'empêcherait de dispenser de cette formalité les décisions qu'elle rendrait sur les demandes de réhabilitation. Ces décisions seraient d'ailleurs susceptibles d'appel devant la chambre d'accusation. Nous nous bornons

---

(1) Notamment en matière d'adoption, d'interdiction, d'autorisation maritale, de déchéance de la puissance paternelle, etc.

à esquisser cette réforme qui, sans compromettre, à notre avis, les intérêts de la société ou des tiers, abrègerait encore la durée des procédures et rapprocherait la justice des justiciables, avantages qu'il faut toujours rechercher, mais précieux surtout lorsqu'il s'agit d'une institution aussi bienfaisante que la réhabilitation.

SECTION II

Réhabilitation de plein droit

I. — LOI DU 26 MARS 1891. — La réhabilitation de plein droit accordée au condamné conditionnel n'est soumise qu'à la condition purement négative de l'absence d'une condamnation nouvelle, elle n'exige donc aucune formalité de procédure. Ou bien une condamnation étant intervenue dans le délai de sursis, le ministère public a dû ordonner l'exécution de la peine suspendue, et alors la réhabilitation ne pourra se produire, ou bien, pendant ce délai, aucune condamnation révoquant le sursis n'a été encourue et la réhabilitation se trouvera acquise *ipso facto*.

L'article 2 § 1 de la loi du 5 août 1899 prescrivant de mentionner les réhabilitations sur les bulletins n° 1, cette mention, facile à faire dans l'hypothèse qui nous occupe, sera effectuée par le greffier lorsqu'à l'occasion de la délivrance d'un bulletin n° 2 ou n° 3 il constatera que le sursis est expiré sans nouvelle condamnation (1).

---

(1) Circ. chanc. du 15 décembre 1899, § 54.

Une seule question se pose. A l'expiration des cinq années de sursis, le condamné réhabilité de droit peut-il invoquer l'art. 633 § 2, C. inst. cr. et se faire dé· livrer sans frais un bulletin n° 3 ne mentionnant plus la condamnation ? La doctrine lui reconnaît généralement cette faculté en raison de l'identité des effets produits par la réhabilitation judiciaire et par la réhabilitation de droit (1). Elle ne nous paraît pas incontestable cependant. En autorisant l'individu réhabilité judiciairement à se faire délivrer gratis un extrait de son casier judiciaire, la loi lui permet de s'assurer que l'arrêt de réhabilitation a bien été mentionné aux bulletins n° 1, formalité des plus importantes, puisqu'elle révèle l'existence de la réhabilitation et assure l'application de l'article 633 § 1 *in fine* C. inst. cr. Mais si la réhabilitation s'est effectuée de plein droit à l'ex piration du sursis, elle apparaît au seul examen du casier judiciaire, de sorte que sa mention au bulletin n° 1 semble presque superflue, et que le contrôle de l'intéressé n'a plus de raison d'être. D'autre part, l'article 4 de la loi du 26 mars 1891, déterminant les effets du sursis relativement au casier judiciaire ne renvoie pas à l'article 633 C. inst. cr. Il se présente de plus une difficulté d'application : quoique l'article 633 C. inst. cr. ne fixe aucun délai de délivrance, l'extrait est généralement demandé à une époque voisine de l'arrêt de réhabilitation. Tout au contraire, le condamné conditionnel réhabilité de plein droit ne réclamera son bulletin n° 3 que lorsqu'il en aura besoin, peut-être

---

(1) En ce sens Laborde, *op. cit.* p. 417. — Nègre et Gary *La loi Bérenger*, p. 92. — George, *op. cit.*, p. 284. — Contrà, Garraud, *op. cit.*, t. III, p. 215.

très longtemps après l'expiration du délai de sursis.
Le greffier ne pouvant se souvenir s'il ne l'a pas déjà
délivré, le refusera, de peur d'être victime d'un
double emploi, et le parquet, appelé à trancher le
différend, se trouvera fort embarrassé. Quoi qu'il en
soit, la question restant douteuse, nous pensons qu'il
vaut mieux adopter la solution favorable au réhabilité et l'admettre à bénéficier des dispositions de l'art.
633 § 2, C. inst. cr.

II. — Loi du 5 août 1899. — A l'inverse de la précédente, la réhabilitation de droit créée par la loi du 5
août 1899, suppose l'accomplissement d'une condition
positive : l'exécution de la peine corporelle, le paiement de l'amende ou la grâce. Comment établir que
le condamné a satisfait à cette condition ? C'est le
point que nous devons examiner d'abord. Nous rechercherons ensuite, dans le silence de la loi, quand et par
qui sera constatée la réhabilitation acquise. Nous
indiquerons enfin la procédure spéciale instituée par
l'article 10 pour statuer sur les contestations.

§ 1er. — Constatation de l'exécution de la peine corporelle, du
paiement de l'amende ou de la grâce.

Il faut distinguer deux périodes :

a) *Condamnations subies depuis la mise en
vigueur du décret du 12 décembre 1899.* — L'article 2 § 1er de la loi du 5 août 1899 prescrit de mentionner sur les bulletins n° 1 « les grâces, commutations ou
« réductions de peines, ainsi que la date de l'expiration
« de la peine corporelle et du paiement de l'amende ».
L'article 13 renvoie à un règlement d'administration

publique pour la détermination des mesures nécessaires à l'exécution de la loi. Ce règlement a fait l'objet d'un décret en date du 12 décembre 1899 (1) qui
porte dans son article 7 : « Le greffier du lieu d'ori-
« gine ou l'agent chargé du service du casier central
« inscrit sur les bulletins n° 1 les mentions prescrites
« par l'article 2 de la loi du 5 août 1899, dès qu'il est
« avisé.— L'avis est adressé au procureur de la Répu-
« blique ou au ministre de la justice dans le plus bref
« délai et sur des fiches individuelles :

« 1° Pour les grâces, commutations ou réductions de
« peine, par le ministre sur la proposition duquel la
« mesure gracieuse a été prise....

« ... 5° Pour les dates de l'expiration des peines
« corporelles et de l'exécution de la contrainte par
« corps, par les agents chargés de la direction des pri-
« sons et établissements pénitentiaires et par l'inter-
« médiaire du procureur de la République de leur
« résidence.

« 6° Pour le paiement intégral des amendes, par les
« agents chargés du recouvrement et par l'intermé-
« diaire du procureur de la République de leur rési-
« dence... (2). »

Il ressort des travaux préparatoires de la loi du
5 août 1899 que ces mentions ont justement pour objet
de permettre l'application des articles 8 et 10. L'intéressé n'a donc aucune justification à fournir, les bulletins n° 1 contiennent les renseignements nécessaires

---

(1) *Journ. off.* du 17 décembre 1899.

(2) Cet avis devra être adressé dès que *l'amende* aura été
payée, même si les *frais* n'ont pas encore été acquittés. Tout
paiement partiel s'impute d'abord sur l'amende.

pour déterminer si la réhabilitation de plein droit est acquise.

S'il se produisait une erreur ou une omission, le parquet devrait, dès qu'elle serait constatée, généralement sur les réclamations de l'intéressé, recueillir toutes les indications utiles pour la faire réparer.

b) Condamnations subies avant la mise en vigueur du décret du 7 décembre 1899.

Les décisions gracieuses, les dates d'expiration des peines corporelles ou de paiement des amendes n'étaient pas, jusqu'alors, mentionnées aux bulletins n° 1. On ne pouvait songer à imposer aux greffiers, aux fonctionnaires de l'administration centrale, à ceux de l'administration pénitentiaire et de l'administration des finances, une revision générale des casiers, des décrets de grâce, des registres d'écrou et des registres de recette, en vue de compléter les anciens bulletins n° 1 conformément aux prescriptions de l'article 2 de la loi nouvelle. Dans ces conditions, la circulaire ministérielle du 15 décembre 1899 § 35 a décidé que « les intéressés qui demandent un bulletin n° 3 doivent être invités à produire les justifications nécessaires et les parquets sont dans l'obligation de leur prêter à cet effet le concours le plus actif et le plus bienveillant. » Au § 40 de la même circulaire, le garde des sceaux dit au sujet de l'article 8 relatif à la perception du casier : « Tous ceux qui ont exécuté leurs peines avant la mise en vigueur de la nouvelle loi se trouvent dans une situation particulière.... J'estime qu'en principe, c'est à eux qu'il appartient de justifier qu'ils ont satisfait aux conditions exigées par l'art. 8. En ce qui concerne le paiement de l'amende, cette justification sera le plus souvent facile pour la production de la quittance ; dans les autres hypothèses, les parquets devront prêter leur concours aux intéressés en demandant eux-mêmes les renseignements nécessaires sur les indications qui leur seront données. » On procède en un mot comme en matière de réhabilitation judiciaire. Le paiement de l'amende est établi par la quittance — ou un duplicata — que produit l'intéressé, et c'est le procureur de la République qui demande à l'administration pénitentiaire l'extrait d'écrou constatant l'exécution de la peine corporelle ou de la contrainte par corps. Cette pratique, que beaucoup de parquets avaient admise avant même d'avoir reçu les instructions de la chancellerie, nous paraît très équitable ; on l'adoptera également pour la réhabilitation de droit (1).

Le § 55 de la circulaire précitée suppose que la question de réhabilitation se présente à l'occasion de la délivrance d'un bulletin n° 3. Mais on n'a parlé que *de eo quod plerumque fit* et nous pensons que les mêmes règles s'appliqueraient au cas de délivrance d'un bulletin n° 2 demandé par le parquet, l'autorité militaire ou maritime, les administrations publiques, et notamment par les préfets ou les maires pour la revision des listes électorales (loi du 5 août 1899, art. 4 § 4). Dès qu'il paraît probable que l'article 10 peut recevoir son application, le procureur de la République invite l'intéressé à fournir les renseignements et les justifications nécessaires, mais si ce dernier gardait le silence, s'il ne faisait pas connaître par exemple l'établissement pénitentiaire où il a subi sa peine, ou ne

---

(1) Les mêmes documents établiront d'ailleurs soit la péremption des inscriptions au bulletin n° 3, soit la réhabilitation de droit.

communiquait pas la quittance de l'amende, le bulletin n° 2 se bornerait à relever les condamnations sans aucune mention spéciale.

§ 2. — Constatation de la réhabilitation acquise.

Ni la loi du 5 août 1899, ni le décret du 12 décembre suivant n'indiquent comment et par qui sera constatée la réhabilitation acquise. Par suite, aucun document spécial ne l'établit ; elle n'est pas inscrite en marge des jugements qu'elle efface. Seules les mentions portées aux bulletins n°s 1, 2 et 3 peuvent démontrer son existence.

« Il importe que, dès qu'elle se révèle, la réhabilitation de droit soit immédiatement constatée, dit la chancellerie. Sans doute les greffiers ne sauraient être astreints à rechercher d'office les personnes qui peuvent dès maintenant en profiter. Mais lorsque, à l'occasion de la délivrance d'un bulletin n° 2 ou n° 3, ils s'apercevront qu'elle est acquise, ils devront en faire mention sur le bulletin n° 1, l'inscrire également sur le bulletin n° 2 qui est le relevé intégral des bulletins n° 1, ou rédiger en conséquence le bulletin n° 3 (1). »

Et ce mode de constatation sera suivi non seulement pour les réhabilitations acquises avant la loi du 5 août 1899 ainsi que la chancellerie paraît le croire (argument des mots *dès maintenant*), mais aussi pour toutes celles qui se produiront dans l'avenir, car tout autre procédé exigerait une revision périodique des casiers qu'aucun texte ne prescrit.

---

(1) Circ. chanc. du 15 décembre 1899 § 54.

La réhabilitation de droit se trouve donc établie par la mention qui en est faite au bulletin n° 1 et le greffier du tribunal civil devient, si nous pouvons nous exprimer ainsi, *la juridiction* qui la prononce en premier ressort. Nous avons donné, aux chapitres précédents, un aperçu des difficultés que ce fonctionnaire devra trancher, et nous nous demandons si l'on n'aurait pu confier cette tâche à quelqu'un de mieux qualifié pour la remplir. Hâtons-nous d'ailleurs de reconnaître que, derrière le greffier, se trouve le procureur de la République sous le contrôle et l'autorité duquel est tenu le casier judiciaire (1) et qui en vise tous les bulletins (2). Il importe donc que les magistrats du parquet exercent la plus étroite surveillance sur cette partie du service et n'apposent jamais leur signature sur un bulletin n° 2 ou n° 3 sans se faire représenter les bulletins n° 1 s'il en existe. Cette précaution est d'autant plus indispensable que la seule inspection dés bulletins n° 2 et n° 3 ne permet pas de reconnaître si la réhabilitation de droit est acquise. En effet :

1° La réhabilitation de plein droit est mentionnée au bulletin n° 2, relevé intégral du bulletin n° 1 (3). Mais d'après le modèle annexé au décret du 12 décembre 1899, le bulletin n° 2 ne porte pas la date de l'expiration de la peine ou du paiement de l'amende (4).

---

(1) Décret du 12 décembre 1899, art. 1er. Circ. chanc. du 15 décembre 1899 § 2.

(2) Circ. chanc. des 1er juillet 1856 § 26; 3 décembre 1863; 4 juin 1888. Modèles annexés au décret du 12 décembre 1899.

(3) Loi du 5 août 1899, art. 4 § 1.

(1) Il comprend les colonnes suivantes : date des condamnations ; — cours et tribunaux qui ont statué ; — nature du crime ou du délit ; — date du crime ou du délit ; — nature et durée

2° Le bulletin n° 3, soit qu'il concerne un individu
n'ayant jamais été condamné ou n'ayant encouru que
des condamnations visées par l'art. 7 de la loi du
5 août 1899, soit qu'il ait été blanchi par la péremptiou
des inscriptions, par la réhabilitation judiciaire ou la
réhabilitation légale, est **oblitéré d'une barre transver-
sale** ; il ne donne alors qu'un renseignement des plus
vagues, et s'il mentionne une condamnation il n'indique pas non plus la date de son exécution (1).

Ni les autorités auxquelles le bulletin n° 2 est destiné,
ni les particuliers auxquels on délivre le bulletin n° 3
ne peuvent donc contrôler la décision du greffier
accordant ou refusant la réhabilitation (2). On comprend, dès lors, combien il est indispensable que le
procureur de la République visant l'extrait fasse lui-
même cette vérification et il ne pourra l'effectuer
qu'en ayant sous les yeux les bulletins n° 1. Le greffier se conformera à ses instructions.

Nous permettrons au réhabilité de la loi de 1899 de
se faire délivrer sans frais un bulletin n° 3 ne mentionnant plus les condamnations effacées. Mais ce droit
lui serait encore plus contestable qu'au condamné
conditionnel, les condamnations ayant presque toujours disparu depuis longtemps du bulletin n° 3 par
l'effet de la péremption.

---

des peines prononcées ; — dates des mandats de dépôt ; —
observations (p. ex. mention de la réhabilitation judiciaire ou de
droit).

(1) Il contient les mêmes indications que le bulletin n° 2, à
l'exception des dates des mandats de dépôt.

(2) L'examen du bulletin n° 2 suffit, au contraire, pour montrer que la réhabilitation de droit est acquise au condamné
avec sursis.

§ 3. — Contestations sur la réhabilitation.

En cas de contestation entre le greffier, ou plutôt le procureur de la République, et les particuliers sur la réhabilitation de plein droit, « le demandeur « pourra s'adresser au tribunal du lieu de son domi- « cile dans les formes et suivant la procédure pres- « crites à l'article 14. Le jugement rendu sera suscep- « tible d'appel ou de pourvoi en cassation. » (Art. 10 § 3 de la loi du 5 août 1899).

L'art. 14 organise la procédure en rectification de casier judiciaire, on l'appliquera *mutatis mutandis*.

Le demandeur présente requête au président du tribunal de son domicile ; le président communique la requête au ministère public et commet un juge rap- porteur. Le tribunal statue en audience publique sur le rapport du juge et les conclusions du ministère public (1). Dans le cas où la requête est rejetée, le requérant est condamné aux frais. Si elle est admise, les frais sont supportés par l'Etat. Les actes, juge-

---

(1) Le jugement n'a pas besoin, d'après nous, d'être transcrit en marge des arrêts et jugements de condamnation. Rien ne justifie cette transcription, la réhabilitation de droit n'étant pas mentionnée en marge des jugements, lorsqu'elle n'a pas donné lieu à une contestation. L'art. 14 § 8 prescrit la transcription des jugements dits « rectificatifs de casier judiciaire » parce qu'en réalité c'est l'arrêt ou le jugement de condamnation qu'ils rectifient. Mais cette raison de décider n'existe plus pour la réhabilitation. *Contrà* Nancy, 29 janvier 1900. *(J. Parq.* 1900-2-38.

ments et arrêts sont dispensés de timbre et enregistrés gratis (1).

L'article 10 omet de dire de quel tribunal il s'agit. On a dû en conclure que c'était du tribunal civil, qui a plénitude de juridiction et qui connaît de toutes les affaires qu'un texte spécial n'a pas confiées à d'autres juges. Il semblerait cependant plus naturel que la loi ait remis à une juridiction pénale le soin de statuer sur la réhabilitation de droit (2).

Le tribunal juge en audience publique, disposition peu conforme à l'esprit de notre institution. La chambre du conseil était toute désignée pour connaître de ces contestations qui ne soulèveront pas de longs débats.

La compétence du tribunal du domicile permet au demandeur d'économiser quelques frais ; néanmoins ce tribunal est bien plus mal placé pour se prononcer que celui de l'arrondissement d'origine. Nous avons vu en effet qu'en matière de réhabilitation de droit, les bulletins nᵒ 1 constituent les documents fondamentaux; or, ils se trouvent au greffe du lieu de naissance et rien n'autorise à les en extraire pour les communiquer au tribunal du domicile. D'autre part, le conflit s'est élevé entre le demandeur et le procureur de la République de son arrondissement d'origine : ce magistrat est mieux au courant de l'affaire que son

---

(1) Les frais de timbre et d'enregistrement pourraient cependant, au cas de rejet de la requête, être recouvrés contre le demandeur. Ces formalités devraient être accomplies *en débet*. Le projet rectificatif déposé par le gouvernement modifie en ce sens l'art. 14 § 9 (Cf. *supra*, p. 127 note 1).

(2) Le projet rectificatif donne compétence au tribunal correctionnel. (Cf. *supra*, p. 127, note 1).

collègue près le tribunal appelé à statuer ; le soin de soutenir la décision devrait appartenir à celui qui l'a prise (1). L'instance se trouvant introduite par simple requête, l'économie réalisée reste d'ailleurs minime et ne compense pas les inconvénients du système adopté.

---

(1) Le jugement du 29 janvier 1900 rapporté plus haut a été rendu par le tribunal de Nancy, alors que le demandeur était né dans l'arrondissement de Bordeaux.

CHAPITRE IV

EFFETS DE LA RÉHABILITATION

SECTION PREMIÈRE

Réhabilitation judiciaire

« *La réhabilitation efface la condamnation* ». En ajoutant ces mots à l'article 634, le législateur de 1885 a voulu donner à la réhabilitation une exceptionnelle puissance afin d'augmenter son attrait. « D'après le code d'instruction criminelle, dit le rapporteur, la réhabilitation, une fois obtenue, n'a pas d'autre effet que d'effacer les incapacités résultant de la condamnation... Réduite à ces termes, répondait-elle à son nom et à l'attente des malheureux qui l'invoquaient ? Evidemment non ! Combien son caractère était différent, à la fois plus moral et plus élevé, dans notre ancien droit et jusque dans le droit romain ! C'était la *restitutio in integrum* ou pour rappeler une seconde fois l'expression de nos vieux jurisconsultes, la réintégration dans *la bonne fame et renommée*. Il nous a paru qu'il fallait revenir à cette tradition, si

on voulait en faire un instrument de relèvement efficace. Proposer aux malheureux qui aspirent, avant
tout, à faire disparaître jusqu'aux traces de leur passé,
la simple satisfaction de se faire relever de quelques
incapacités était insuffisant. Il fallait leur offrir un but
plus élevé, plus noble, plus propre à stimuler leurs
efforts. Ce but c'est l'effacement de la condamnation
elle-même (1). »

Qu'est-ce à dire, et dans quelle mesure la condamnation se trouve-t-elle effacée ? Pour préciser le sens
de cette formule assez vague, nous devons nous inspirer des travaux préparatoires de la loi de 1885 et
des caractères essentiels de la réhabilitation, que nous
avons fixés au début même de cette étude. A l'inverse
de l'amnistie, la réhabilitation ne supprime pas le fait
délictueux ; contrairement à la revision, elle suppose
une condamnation justement encourue ; à l'opposé de
la grâce, elle ne peut dispenser de l'exécution de la
peine corporelle ou pécuniaire et n'agit que sur les incapacités et les conséquences pénales accessoires du
jugement.

Ces principes rappelés, examinons les effet de la
réhabilitation judiciaire : 1° dans le passé ; 2° dans
l'avenir.

§ 1er. — **Effets dans le passé**

Fondée sur l'amendement, supposant une régénération morale judiciairement constatée, la réhabilitation n'intervient que pour l'avenir et ne produit au-

(1) Discours de M. Bérenger au Sénat. Séance du 22 mars
1884 (*J. off.* du 23.)

cun effet rétroactif. Toutes les conséquences pénales et civiles, principales et accessoires du jugement de condamnation subsistent jusqu'à l'arrêt qui la prononce.

Par suite :

1° Il ne saurait être question de restituer l'amende ou les frais de justice, ni d'accorder une indemnité au réhabilité, ni de reviser une condamnation nouvelle basée sur la récidive et prononcée antérieurement à la réhabilitation ;

2° Le legs fait à l'individu condamné à une peine perpétuelle et par suite incapable de le recueillir au décès du *de cujus*, demeure caduc (loi du 31 mai 1854, art. 3, art. 1043 C. civ.).

3° Le testament fait par un condamné à une peine afflictive perpétuelle reste nul (loi du 31 mai 1854, art. 3). Mais le testament antérieur à l'incapacité redeviendrait valable en vertu de l'adage *media tempora non nocent* (1) ;

4° La séparation de corps ou le divorce obtenu par le conjoint d'un condamné à une peine afflictive et infamante subsiste (art. 232 et 306 C. civ.) ;

5° Le père qui a été privé de l'usufruit légal des biens de ses enfants mineurs, par application de l'article 335 C. pén. n'a droit à aucune répétition pour les fruits perçus ou seulement échus pendant la durée de l'interdiction ;

6° L'acte authentique dans lequel le condamné incapable a été témoin reste nul ;

7° La réhabilitation ne restitue pas la puissance paternelle (article 15 de la loi du 24 juillet 1889) ;

---

(1) En ce sens: Aubry et Rau : *Cours de droit civil*, t. VII, p. 45. — Demolombe, t. XVIII, p. 713.

8° Le réhabilité ne recouvre pas de plein droit les grades, honneurs, décorations, fonctions ou offices dont sa condamnation l'avait privé. Il a été jugé avant la loi de 1885, à l'égard d'un courtier maritime, que celui-ci pouvait bien, après sa réhabilitation, être nommé à des fonctions du même genre, mais qu'il ne reprenait pas celles qu'il occupait avant sa condamnation (1). De même, sous l'empire de la législation actuelle, il a été décidé que la réhabilitation n'avait pas pour effet de mettre à néant la destitution militaire et la radiation des cadres de l'armée, que, par suite, un officier ainsi frappé ne pouvait être réintégré dans son grade et ne reprenait pas ses droits à la pension, si, au moment de sa condamnation, il n'avait déjà un droit acquis à une pension de retraite (2). En ce qui concerne enfin l'ordre de la Légion d'honneur, deux arrêts du conseil d'Etat rendus l'un avant la loi de 1885, l'autre après, ont jugé que la réhabilitation ne réintégrait pas le condamné dans les cadres de la Légion d'où il avait été exclu par décret du chef de l'Etat (3). A Rome, l'*in integrum restitutio* produisait donc un effet beaucoup plus complet que notre réhabilitation, puisqu'elle rendait biens, honneurs et dignités. En assimilant ces deux institutions, le rap-

---

(1) Trib. correct. de Toulon, 30 novembre 1869 (D. 70-3-86).

(2) Cons. d'Etat 8 août 1888 (D. 89-3-117). — Cons. d'Etat 15 novembre 1895 (D. 96-3-91).

(3) Cons. d'Eat 20 février 1885 (D. 86-3-17): cf. concl. de M. Chante-Grellet et la note qui propose de distinguer suivant que la radiation résulte d'office de la condamnation (art. 38 du décret du 16 mars 1852) ou a été prononcée facultativement par le chef de l'Etat (art. 46 du même décret). Cette distinction ne paraît pas fondée. — C. d'Et. 1er mars 1889 (D. 90-3-52).

porteur de la loi de 1885 s'est écarté de la vérité historique.

§ 2. — Effets dans l'avenir.

A. Effets sur les conséquences pénales de l'infraction.

I. *Les extraits du casier judiciaire délivrés
aux parties ne doivent plus relever la condamnation (article 633 C. inst. cr.)* Nous avons vu
qu'avant la loi de 1885, la chancellerie avait déjà décidé que les condamnations suivies de réhabilitation
ne devaient pas figurer sur les extraits du casier judiciaire remis aux particuliers (1). Pour qu'une circulaire ministérielle ne puisse l'abroger, on a voulu
donner à cette règle une consécration légale (2).

Un doute s'était élevé sur la signification du mot
« *parties* » employé par l'article 633 C. inst. cr.; on
en concluait généralement que seuls les bulletins
n° 2 délivrés à l'autorité judiciaire devaient mentionner la condamnation. Mais la loi du 5 août 1899 donne
à l'article 633 C. inst. cr. une interprétation différente :

1° La condamnation n'est plus inscrite sur les bulletins n° 3, délivrés aux particuliers (art. 7, n° 2, loi
du 5 août 1899). Si elle en avait déjà disparu par suite
de la péremption (article 8) ou n'y avait jamais été
portée par application des n°^{os} 3, 4 et 5 de l'article 7, la

---

(1) Cf. *Supra*, pp. 105 et suiv.

(2) On consacrait en même temps l'institution du casier judiciaire, mais la discussion qui s'éleva sur ce point n'a plus d'intérêt depuis la loi du 5 août 1899.

situation du réhabilité ne se trouverait pas améliorée à cet égard.

2° La condamnation continuera à figurer, mais avec la mention de la réhabilitation, sur les bulletins n° 2 délivrés aux magistrats du parquet et de l'instruction, aux autorités militaires et maritimes pour les appelés des classes et de l'inscription maritime ainsi que pour les jeunes gens qui demandent à contracter un engagement, aux administrations publiques de l'Etat, saisies de demandes d'emplois publics ou en vue de poursuites disciplinaires ou de l'ouverture d'une école privée (art. 4 de la loi du 5 août 1899). Il faut comprendre dans les emplois publics pour l'accès desquels les administrations de l'Etat peuvent se faire délivrer des bulletins n° 2 non seulement les fonctions ressortissant directement de l'Etat, mais aussi toutes les fonctions instituées en vue du maintien de l'ordre public, comme celles de garde champêtre, de garde particulier, de garde des compagnies de chemin de fer, de préposé d'octroi. Tous ces agents, bien qu'ils ne soient pas des fonctionnaires de l'Etat, sont officiers de police judiciaire et tiennent cette qualité de la puissance publique. Il en sera de même pour les agents de police qui, sans être officiers de police judiciaire, prêtent un concours permanent à la justice pour la recherche des crimes, des délits et des contraventions (1).

En dehors des cas où les fonctionnaires détiennent une parcelle de l'autorité, on peut se demander pourquoi l'Etat se trouve mieux renseigné que les particu-

---

(1) Circ. chanc. du 15 décembre 1899, § 31. — Circ. minist. intérieur du 13 mars 1900.

liers sur le passé de ses employés. Un réhabilité sollicite une place de facteur rural, de cantonnier, de garçon de bureau dans un ministère : peut-être soutiendra-t-on que ces modestes fonctions ne rentrent pas dans la catégorie des emplois publics ; elles sont cependant rétribuées sur les fonds de l'Etat, ce qui nous paraît constituer le seul critérium admissible ; on délivrera donc le bulletin n° 2 mentionnant la condamnation. Les demandes affluent, pour écarter les candidats on tire parti de tout ; cette malheureuse condamnation ne donnera-t-elle pas, malgré la réhabilitation obtenue, une fin de non-recevoir aussi commode qu'injustifiée, dont l'arbitraire administratif sera tenté d'user? La loi ou un règlement d'administration publique aurait dû fixer, par une énumération limitative, les fonctions pour lesquelles la délivrance du bulletin n° 2 serait autorisée.

Les bulletins n° 2 réclamés par les préfets ou les maires pour l'exercice des droits politiques, ne comprennent que les décisions entraînant des incapacités prévues par les lois relatives à l'exercice des droits politiques (art. 4 § 4 de la loi du 6 août 1899). Si ces décisions ont été suivies de réhabilitation, mention en sera faite.

En laissant subsister la condamnation sur les bulletins n° 2 délivrés au ministère public, on permet de fixer les conditions d'une nouvelle réhabilitation et de repousser une demande de réhabilitation commerciale formée par un failli qui se trouve dans l'un des cas prévus par l'art. 612 C. com. En outre, les magistrats du parquet et de l'instruction seront ainsi complètement renseignés sur les antécédents des individus qu'ils poursuivent. Mais on a voulu conclure de la combinaison des art. 633 et 634

C. I. cr. que lors d'une nouvelle poursuite le ministère public ne devait pas faire connaître au tribunal l'existence d'une condamnation précédente effacée par la réhabilitation (1).

La pratique et les intentions mêmes du législateur de 1885 contredisent cette opinion. Lorsque le procureur de la République ou le juge d'instruction reçoit un bulletin n° 2 concernant un prévenu, il le joint au dossier de poursuite qui est communiqué au tribunal et à la défense. Tous les magistrats considèrent avec raison le bulletin n° 2 comme une pièce indispensable de la liasse des renseignements, à laquelle on joint souvent l'extrait des sommiers judiciaires tenus à la préfecture de police et un relevé des fiches anthropométriques.

D'autre part, M. Bérenger, parlant des effets de la réhabilitation sur la récidive, disait au Sénat : « Si un délit nouveau se commet, si un dossier nouveau doit être réuni par le procureur de la République et porté devant le tribunal, la mention de la condamnation passera devant les yeux des magistrats. Sans doute une question ne pourra pas être posée à l'inculpé sur ses antécédents ; sans doute on ne pourra pas les citer dans le jugement ni les prendre pour base de l'application des peines de la récidive ; mais l'élasticité de la loi est assez grande pour permettre aux magistrats informés de trouver dans l'écart considérable entre le maximum et le minimum de la peine tous les moyens de satisfaire légitimement la vindicte publique (2) ».

---

(1) Laborde, *op. cit.*, n° 622, note 2.
(2) Séance du 22 mars 1884 (*J. off.* du 23).

Nul doute, par suite, que le tribunal ne doive prendre connaissance du bulletin n° 2.

II. *La réhabilitation fait disparaître la condamnation au point de vue de la récidive.*

Cet effet qui résulte tant de la portée générale des premiers mots de l'art. 634 C. I. cr. que des travaux préparatoires, constitue l'innovation la plus importante réalisée par la loi du 14 août 1885.

Sous le régime du code d'instruction criminelle, la cour de cassation avait décidé que le condamné réhabilité qui commettait une nouvelle infraction pouvait se trouver en état de récidive légale, suivant les règles établies par le code pénal (1). Cette solution incontestable en droit puisque la réhabilitation avait pour seul effet de mettre fin aux incapacités (2), s'étayait de considérations morales. Le réhabilité qui commet un nouveau délit, fait preuve d'une perversité particulière. « Il a trompé son pays, disait le procureur général Mourre, il a trahi la promesse énergique inhérente à sa demande de réhabilitation, il a profané la main auguste qui a replacé sur son front la noble empreinte que le crime avait effacée. Dira-t-on que cet homme qui a repris sa place dans la société, qui se retrouve à la même hauteur que les autres citoyens, tombe du même point et ne doit pas être puni plus sévèrement? Oui, cette hauteur à laquelle il est placé couvre son crime, mais ne le détruit pas. S'il tombe de nouveau, le crime reparaît et s'appesantit de tout

---

(1) Cass. 6 février 1823, et le réquisitoire du procureur-général Mourre. Sirey, 23-1-176.

(2) Les travaux préparatoires du code de 1808 sont formels en ce sens. Cf. *supra*, p. 85.

son poids sur la tête du coupable... » Il faut se mé-
fier » des calculs hypocrites du malfaiteur qui sorti-
rait de prison avec l'intention de nouveaux forfaits
combinés avec cette mesure de la réhabilitation, sans
laquelle il courrait quelquefois le risque de la peine
capitale... »

Les auteurs se montraient généralement favorables
à cette doctrine (1). Seul, M. Faustin-Hélie s'élevait
avec force contre elle et demandait que la réhabilitation produisît des effets plus complets. « Nous ne
prétendons pas, disait il, que cette jurisprudence
soit contraire soit au texte, soit à l'esprit de
la loi ; nous disons seulement que si telle est
la loi, la réhabilitation n'est plus qu'une mesure vaine
et illusoire, car comment prétendrait-elle faire du condamné un homme nouveau, effacer sa criminalité antérieure et détruire son passé, si elle permet que sa
première condamnation, si complètement expiée,
pèse sur toute son existence et si elle en fait sortir encore, en cas de nouveau méfait, une aggravation pénale ? (2).

Qu'est-ce qui peut en effet pousser les condamnés à
se faire réhabiliter ? Ce n'est pas seulement le poids
d'incapacités dont beaucoup restent ignorées du plus
grand nombre; c'est la volonté de laver leur passé,
de reconquérir une place dans la société; c'est la pen-

---

(1) Bertault. *Droit criminel*, p. 517. — Blanche. *Etudes sur
le code pénal*, t. I, nº 456. — Trébutien, I, p. 295. — Legraverend, II, p. 609.

(2) Faustin-Hélie. *Traité de l'instruction crim.*, t. VIII,
p. 590.

sée que la réhabilitation efface leur vie antérieure et
leur permet une vie nouvelle; c'est le désir de ce baptême civique dont parlait le législateur de 1791 et qui
doit les régénérer. Et la société a le plus grand intérêt
à ce que cette ambition salutaire puisse se réaliser,
car plus la réhabilitation aura de prix pour les condamnés, plus ils redoubleront d'efforts pour s'en
rendre dignes; les réhabilitations deviendront de plus
en plus nombreuses, ce seront autant de conquêtes
sur la perversité, autant de garanties contre le mal.

Touché de ces considérations remarquablement
mises en lumière par M. Bérenger, le Sénat, malgré
l'opposition de MM. de Gavardie et Humbert qui re-
prirent l'argumentation du procureur général Mourre,
n'hésita point à accorder au réhabilité l'oubli complet
de sa faute, à le délivrer, suivant l'expression du rapporteur, « de cette fatale robe de Nessus, si cruelle-
ment attachée à sa destinée qu'on peut, après une
nouvelle faute, lui dire : tout semble effacé, eh bien !
tout peut renaître pour t'écraser de nouveau ! »

Nous croyons que l'on a bien fait d'aller jusque-là.
Très rarement, en fait, le condamné réhabilité retom-
bera dans un nouveau délit et les délais d'épreuve qui
lui sont imposés ne lui permettent pas de se livrer aux
calculs hypocrites que dénonçait le procureur général
Mourre; il suffit que les cours, sans se montrer trop
sévères, exigent la preuve d'un amendement sérieux.
D'autre part, les magistrats, ainsi que l'indiquait
M. Bérenger, peuvent toujours tenir compte de la
condamnation précédemment encourue dans la fixation de la peine entre le maximum et le minimum.
Spécialement, en matière correctionnelle, les tribunaux écartent le plus souvent les conséquences trop
rigoureuses de la récidive en accordant au prévenu le

bénéfice des circonstances atténuantes ; tout se bornera donc à dispenser le président de lire les articles 58 et 463 C. pén.

Enfin la loi du 26 mars 1891 est allée beaucoup plus loin en limitant à une durée de cinq années, depuis l'expiration de la peine ou sa prescription, l'aggravation légale en cas de récidive de peine criminelle à peine correctionnelle et de peine correctionnelle à peine correctionnelle (art. 57 et 58 C. pén.) ; elle a institué de ce chef une sorte de réhabilitation de plein droit (1). « La présomption qui sert de point de départ et de raison d'être à l'aggravation de la peine, n'est-elle pas l'aggravation supposée dans la perversité d'un agent qui, malgré l'avertissement reçu, s'est mis de nouveau en révolte contre l'ordre social ? Cette présomption est acceptable lorsque l'avertissement est de date récente. Mais lorsqu'un homme qui n'a subi aucune poursuite durant les cinq années écoulées depuis son premier délit se rend, après cette période de bonne conduite, coupable d'un fait délictueux, peut-on rattacher les deux faits l'un à l'autre et appliquer au second une aggravation dont la raison d'être serait le mépris de l'avertissement reçu ou l'aggravation présumée de la criminalité ? (2) » *A fortiori,*

---

(1) Plusieurs législations étrangères admettent également que la récidive cesse d'entraîner une aggravation de peine lorsqu'il s'est écoulé un certain temps entre l'époque où la première peine a été subie ou remise et celle où le second fait a été commis : code allemand (art. 245); code hongrois (art. 338, 349, 373, 380); code espagnol (art. 114); code portugais (art. 35); code des Pays-Bas (art. 421 à 423).

(2) Rapport de M. Barthou à la Chambre des députés. (*J. off.*, 30 janvier 1891, annexes de 1890, n° 1067).

lorsqu'entre les deux faits punissables se place un arrêt de réhabilitation démontrant que, pendant plusieurs années, le condamné s'est bien conduit. Depuis la loi du 26 mars 1891, non seulement l'anéantissement de la condamnation au point de vue de la récidive par l'effet de la réhabilitation ne saurait plus être sérieusement critiqué, mais, avec la nouvelle rédaction des art. 57 et 58 C. pén., cet effet lui-même a perdu beaucoup de son importance.

Accessoirement :

1° La condamnation effacée par la réhabilitation, ne compte pas pour la relégation. En le décidant expressément, l'article 5 de la loi du 27 mai 1885 avait, pour ainsi dire, préjugé de l'extension que la loi du 14 août de la même année allait donner aux effets de la réhabilitation.

2° La condamnation effacée par la réhabilitation ne s'oppose pas à ce que le prévenu bénéficie du sursis.

III. La réhabilitation fait cesser pour l'avenir toutes les incapacités résultant de la condamnation ; elle restitue au condamné la jouissance de tous les droits dont il était privé (art. 634 C. inst. cr.). C'est l'effet essentiel et primitif de la réhabilitation, le seul qu'elle produisait, non seulement dans le code d'instruction criminelle, mais encore dans notre ancien droit où elle n'avait pour conséquence, quoi qu'en dise le rapporteur de la loi de 1885, que de mettre fin à l'infamie juridique.

Nous n'avons pas l'intention de donner une liste complète des incapacités et privations de droits qui atteignent les individus condamnés à des peines criminelles ou correctionnelles et qui, subsistant à l'époque où la réhabilitation peut être obtenue, prennent

19

fin par celle-ci. Nous nous bornerons à signaler les plus importantes.

Condamnations à des peines criminelles

1° Tout individu condamné à une peine afflictive ou infamante encourt la *dégradation civique* (art. 28 C. pén. ; art. 2 de la loi du 31 mai 1854), peine accessoire perpétuelle et indivisible. La dégradation civique fonctionne également comme peine principale (art. 8 C. pén.). Elle comprend : 1° la destitution et l'exclusion du condamné de toutes fonctions, emplois ou offices publics ; 2° la privation du droit de vote, d'élection, d'éligibilité (1) et, en général, de tous les droits civiques et politiques ainsi que du droit de porter aucune décoration ; 3° l'incapacité d'être juré, expert, d'être employé comme témoin dans les actes et de déposer en justice autrement que pour y donner de simples renseignements ; 4° l'incapacité de faire partie d'un conseil de famille et d'être tuteur, curateur, subrogé-tuteur ou conseil judiciaire, si ce n'est de ses propres enfants et sur l'avis conforme de la famille ; 5° la privation du droit de port d'armes et, par suite, de celui d'obtenir un permis de chasse (2), de servir dans les armées françaises, de tenir école ou d'enseigner et d'être employé dans aucun établisse-

---

(1) Notamment aux élections politiques (décret du 2 février 1852, art. 15 n° 1), consulaires (loi du 8 décembre 1883, art. 2 n° 1) et pour conseils de prud'hommes (loi du 1ᵉʳ juin 1853, art. 6).

(2) Loi du 3 mai 1844, art. 8, n° 1.

ment d'instruction à titre de professeur, maître ou surveillant. (Art, 34 C. pén.).

2° La loi du 31 mai 1834, supprimant la mort civile, frappe le condamné à une peine afflictive perpétuelle de l'incapacité de disposer de ses biens en tout ou partie, soit par donation entre vifs, soit par testament, et de recevoir à ce titre, si ce n'est pour cause d'aliments.

3° Les peines criminelles prononcées par les tribunaux militaires ou maritimes emportent *la dégradation militaire* qui peut être encourue même à titre principal et qui comprend : 1° la privation du grade et du droit d'en porter les insignes et l'uniforme ; 2° l'incapacité absolue de servir dans l'armée à quelque titre que ce soit; 3° la privation du droit de porter aucune décoration et la déchéance de tout droit à pension et à récompense pour les services antérieurs ; 4° les autres incapacités résultant de la dégradation civique. (Art. 189 et 190 C. just. milit., art. 242 C. just. marit.).

4° Les condamnés aux travaux forcés à temps, à la détention, à la réclusion et au bannissement sont de plein droit soumis, à moins que l'arrêt ne les en ait dispensés, *à l'interdiction de séjour* qui a remplacé la surveillance de la haute police. Il en est de même des condamnés à des peines perpétuelles ayant obtenu des lettres de grâce qui ne les en dispensent pas. Sauf décision contraire, la durée de l'interdiction de séjour est de vingt années. (Art. 46 C. pén. modifié par la loi du 23 janvier 1874 ; loi du 14 août 1885, art 19) (1).

_____

(1) L'interdiction de séjour peut être exceptionnellement prononcée à vie (art. 267 C. pén. modifié par la loi du 18 décembre 1893).

5° Tout individu condamné à moins de huit années de travaux forcés est tenu, à l'expiration de sa peine, de résider dans la colonie pendant un temps égal à la durée de sa condamnation. Si la peine est de huit années, il doit y résider toute sa vie (loi du 30 mai 1854, art. 6). La grâce peut dispenser de l'obligation de résidence ; à plus forte raison, la réhabilitation pourra y mettre fin, comme elle met fin à l'interdiction de séjour.

6° Les individus condamnés pour crimes de droit commun sont privés à perpétuité du droit d'exploiter des débits de boissons à consommer sur place. (Loi du 17 juillet 1880, art. 6 n° 1).

Condamnations à des peines correctionnelles

I. Incapacités résultant nécessairement de certaines condamnations

La loi déclare incapables :

I. — *D'être inscrits sur les listes électorales* (décret du 2 février 1852, art. 15 et 16, modifiés par les lois des 24 janvier 1889 et 10 mars 1898) :

a) Perpétuellement :

1° Les condamnés pour crime à l'emprisonnement, par application de l'article 463 du code pénal ;

2° Ceux qui ont été condamnés à trois mois de prison par application des articles 423 du code pénal et 1er de la loi du 27 mars 1851 (tromperie sur le titre des matières d'or et d'argent, sur la nature da la marchandise vendue ; faux poids ; falsification de substances alimentaires) ;

3° Les condamnés à l'emprisonnement pour vol, escroquerie, abus de confiance, soustraction commise par les dépositaires de deniers publics ou attentats aux mœurs prévus par les articles 330 et 334 du code pénal, quelle que soit la durée de la peine infligée ;

4° Les individus qui, par application des lois du 2 août 1882 et du 16 mars 1898, ont été condamnés pour outrages aux bonnes mœurs (1) ;

5° Les individus condamnés à plus de trois mois d'emprisonnement, en vertu des articles 31, 33, 34, 35, 36, 38, 39, 40, 41, 42, 45, 46 du décret organique du 2 février 1852 (fraudes en matière électorale ; violences et voies de fait aux scrutins électoraux) ;

6° Les condamnés pour vagabondage et mendicité ;

7° Ceux qui ont été condamnés à trois mois de prison au moins, par application des articles 439, 443, 444, 445, 446, 447 et 452 du code pénal (destruction de registres, minutes, etc., détérioration de marchandises servant à la fabrication, dévastation de récoltes, abatage et mutilation d'arbres, destruction de greffes, empoisonnement de bestiaux) ;

8° Ceux qui ont été déclarés coupables des délits prévus par les articles 410 et 411 du code pénal (contraventions aux règlements sur les maisons de jeu et les maisons de prêt sur gages) ;

9° Les militaires condamnés au boulet ou aux travaux publics ;

10° Les individus condamnés à l'emprisonnement par application des articles 69, 70 et 71 de la loi du

_____

(1) Voir Cassation, 18 avril 1888. D. 89, 1, 285.

15 juillet 1889 (fraudes en matière de recrutement) ;

11° Les individus condamnés à l'emprisonnement par application de l'article 2 de la loi du 27 mars 1851 (fraudes commerciales nuisibles à la santé) ;

12° Ceux qui ont été condamnés pour délit d'usure.

b) Pendant cinq ans, à dater de l'expiration de leur peine :

Les condamnés à plus d'un mois d'emprisonnement pour rébellion, outrages et violences envers les dépositaires de l'autorité ou de la force publique ; pour outrages publics envers un juré, à raison de ses fonctions, ou envers un témoin, à raison de sa déposition ; pour délits prévus par la loi sur les attroupements, la loi sur les clubs et l'article 1er de la loi du 27 mars 1851 (fraudes commerciales) et pour infractions à la loi sur le colportage.

II. — *D'être juré* (loi du 21 novembre 1872, art. 2) :

a) Perpétuellement :

1° Les individus condamnés à des peines correctionnelles pour faits qualifiés crimes par la loi ;

2° Les militaires condamnés au boulet ou aux travaux publics ;

3° Les condamnés à un emprisonnement de trois mois au moins pour quelque délit que ce soit, sauf pour délit politique ou de presse ;

4° Les condamnés à l'amende ou à l'emprisonnement, quelle qu'en soit la durée, pour vol, escroquerie, abus de confiance, soustractions commises par des dépositaires publics, attentats aux mœurs prévus par les articles 330 et 334 du code pénal, délit d'usure ;

5° Les condamnés à l'emprisonnement pour outrages aux bonnes mœurs, pour vagabondage ou mendicité, pour infraction aux dispositions des art. 69, 70 et 71 de la loi du 15 juillet 1889 sur le recrutement de l'armée, à celles de l'article 423 du code pénal, de l'article 1er de la loi du 27 mars 1851 et de l'article 1er de la loi des 5-9 mai 1855, complétée par la loi du 24 juillet 1894 (fraudes sur les boissons) ; pour les délits prévus par les articles 134, 142, 143, 174, 251, 305, 345, 362, 363, 364 § 3, 365, 366, 387, 389, 399 § 2, 400 § 2, 418 du code pénal ;

6° Les notaires, greffiers et officiers ministériels destitués.

b) Pendant cinq ans, à dater de l'expiration de leur peine :

1° Les individus condamnés à un emprisonnement de moins de trois mois, pour un délit de droit commun ;

2° Les condamnés à l'emprisonnement pour délit politique ou de presse, quelle que soit la durée de la peine.

III.— *De contracter un engagement volontaire* (loi du 15 juillet 1889, art. 59) : les condamnés pour vol, escroquerie, abus de confiance, attentat aux mœurs.

IV. — *De servir dans un corps autre que les bataillons d'infanterie légère d'Afrique* (loi du 15 juillet 1889, art. 5) : les individus condamnés à trois mois de prison au moins pour outrage public à la pudeur, pour délit de vol, escroquerie, abus de confiance ou attentat aux mœurs prévu par l'article 334 du code pénal ; — ceux qui ont été l'objet de deux condamnations au moins, quelle qu'en soit la durée, pour l'un de ces délits.

V. — *De tenir école publique ou privée ou d'y être employés* (loi du 30 octobre 1886, art. 5) : ceux qui ont subi une condamnation judiciaire pour délit contraire à la probité ou aux mœurs (1).

VI. — *De tenir un établissement public ou libre d'instruction secondaire, ou d'y être employés* (loi du 15 mars 1850, art. 26 et 65) : les individus condamnés pour un délit contraire à la probité ou aux mœurs.

VII. — *D'ouvrir un cours et de remplir les fonctions d'administrateur ou de professeur dans un établissement libre d'enseignement supérieur* (loi du 12 juillet 1875, art. 8) : ceux qui ont subi une condamnation contraire à la probité ou aux mœurs.

VIII. — *D'exploiter un débit de boissons à consommer sur place* (loi du 17 juillet 1880, art. 6 et 7) :

a) Pendant cinq ans à partir de l'expiration de la peine : 1° les condamnés à un emprisonnement d'un mois au moins pour vol, recel, escroquerie, filouterie, abus de confiance, recel de malfaiteur, excitation de mineurs à la débauche, outrage public à la pudeur, tenue d'une maison de jeu, vente de marchandises falsifiées et nuisibles à la santé (articles 379, 401, 405, 406, 407, 408, 248, 330, 334, 410 C. pén., art. 2 de la

---

(1) La réhabilitation fait cesser l'incapacité résultant de l'article 26 de la loi du 15 mars 1850, aujourd'hui remplacé par l'article 5 de la loi du 30 octobre 1886 (décision du conseil impérial de l'instruction publique du 16 décembre 1865. — Bull. admin. de l'inst. publique, n° 200, p. 120). — Mais la réhabilitation n'enlève pas au conseil départemental le droit d'apprécier si l'instituteur offre toutes les garanties de moralité qu'on doit exiger et si, dans ces conditions, il peut être admis à ouvrir une école privée. (Cf. Dalloz, *Lois polit. et administ.*, n° 751).

loi du 27 mars 1851); 2° les débitants condamnés à un mois au moins d'emprisonnement en vertu des **art. 1 et 2** de la loi du 23 janvier 1873 sur l'ivresse.

b) Perpétuellement : 1° les individus condamnés à l'emprisonnement pour crime ; — 2° ceux qui, ayant commis l'un des délits prévus en (*a*), auront encouru dans les cinq ans une condamnation correctionnelle à l'emprisonnement.

IX. — *De se présenter à la Bourse, d'exercer les fonctions d'agent de change ou de courtier, de voter pour l'élection des commerçants ou des prud'hommes* (loi du 18 avril 1816, art. 53) : les individus jugés coupables d'avoir participé à un fait de contrebande.

. X. — *De participer à l'élection des tribunaux de commerce et d'y être éligibles* (loi du 8 décembre 1883, art. 2) :

1° Les individus condamnés à des peines correctionnelles pour faits qualifiés crimes par la loi ;

2° Ceux qui ont été condamnés pour vol, escroquerie, abus de confiance, soustractions commises par les dépositaires de deniers publics, attentats aux mœurs ;

3° Ceux qui ont été condamnés à l'emprisonnement pour délit d'usure, pour infractions aux lois sur les maisons de jeu, sur les loteries et les maisons de prêt sur gages, ou par application de l'article 1er de la loi du 27 mars 1851, de l'art. 1er de la loi du 5 mai 1855, des articles 7 et 8 de la loi du 23 juin 1857 sur les marques de fabrique et de l'article 1er de la loi du 4 février 1888 sur les fraudes dans le commerce des engrais.

4° Ceux qui ont été condamnés à l'emprisonnement par application des lois du 17 juillet 1856, du 23 mai 1863 et du 24 juillet 1867 sur les sociétés ;

5° Les individus condamnés pour les délits prévus par les articles 400, 413, 414, 417, 418, 419, 420, 421, 423, 433, 439, 443 du code pénal et les articles 594, 596 et 597 du code de commerce ;

6° Ceux qui ont été condamnés à un emprisonnement de six jours au moins ou à une amende de plus de 1.000 francs pour infraction aux lois sur les douanes, les octrois et les contributions indirectes et à l'article 5 de la loi du 4 juin 1859, sur le transport par la poste des valeurs déclarées ;

7° Les notaires, greffiers et officiers ministériels destitués en vertu de décisions judiciaires ;

8° Généralement tous les individus privés du droit de vote dans les élections politiques.

XI. — *D'être électeurs ou éligibles aux conseils de prud'hommes* (loi du 1er juin 1853 art. 6) : tous les individus énumérés dans l'article 15 du décret du 2 février 1852 (1).

XII. — *D'être témoin en matière civile* (art. 283 C. proc. civ.) : les individus condamnés pour vol.

Incapacités encourues à titre de peines
complémentaires obligatoires (2).

Le jugement ou l'arrêt doit déclarer incapables :

I.— *De voter et d'être éligibles*, pendant cinq ans

---

(1) C'est-à-dire les individus rayés à perpétuité des listes électorales. Voir *supra*, p. 292.

(2) Le jugement *doit* les prononcer ; si elles ne l'ont pas été, elles ne peuvent frapper le condamné, mais l'arrêt serait susceptible de cassation.

au moins et dix ans au plus : les individus condamnés en vertu des articles 109, 112 et 113 C. pén.

II. — *D'exercer aucune fonction publique* :

a) Perpétuellement, les individus condamnés par application des articles 171 et 175 C. pén. ;

b) De cinq à vingt ans, les condamnés en vertu de l'article 185 C. pén. ;

c) De cinq à dix ans, ceux qui ont commis les délits prévus par les articles 113, 187 et 197 C. pén.

III. — *D'être tuteur, curateur, membre d'un conseil de famille* (art. 335 C. pén.) :

a) Pour une durée de deux à cinq ans, les individus condamnés en vertu de l'article 334 § 1er C. pén. ;

b) Pour une durée de dix à vingt ans, les individus condamnés en vertu de l'article 334 § 2 C. pén.

Si le coupable est le père ou la mère de la victime, il est, de plus, privé de ses droits sur la personne et sur les biens de l'enfant.

IV. — *L'interdiction de séjour* doit être prononcée (1) :

a) Contre ceux qui ont été condamnés pour délits intéressant la sûreté extérieure ou intérieure de l'Etat (art. 49 C. pén.) ;

b) Contre tous les vagabonds (art. 271 C. pén.) et contre certains mendiants (art. 282 C. pén.), pour cinq ans au moins et dix ans au plus.

Incapacités facultatives

I.— Le tribunal ou la cour a la faculté, dans les cas déterminés par la loi, d'interdire au condamné l'exer-

---

(1) Toutefois le tribunal peut écarter l'interdiction de séjour en accordant des circonstances atténuantes. (Garraud, *op. cit.*, t. II, p. 171).

cice de tout ou partie *des droits civils, civiques et de famille* énumérés dans l'article 42 C. pén., c'est-à-dire des droits :

1° De vote ;

2° D'éligibilité ;

3° D'être appelé ou nommé aux fonctions de juré ou autres fonctions publiques, ou aux emplois de l'administration ou d'exercer ces fonctions ou emplois ;

4° De port d'armes, et par suite, d'obtenir un permis de chases ;

5° De vote et de suffrage dans les délibérations de famille ;

6° D'être tuteur ou curateur, si ce n'est de ses enfants et sur l'avis seulement de la famille ;

7° D'être expert ou employé comme témoin dans les actes ;

8° De témoignage en justice autrement que pour y faire de simples déclarations.

L'interdiction de tout ou partie de ces droits entraîne en outre :

1° *L'exclusion de l'armée,* si elle a été prononcée en même temps qu'une peine d'emprisonnement de deux ans ou au-dessus (loi du 15 juillet 1889, art. 4 § 2).

2° *L'incapacité de tenir une école primaire publique ou libre ou d'y être employé, de tenir un établissement public ou libre d'instruction secondaire ou d'y être employé* (loi du 15 mars 1850, art. 26 et 65 ; loi du 30 octobre 1886, art. 5).

3° *L'incapacité d'ouvrir un cours et de remplir les fonctions d'administrateur et de professeur dans un établissement libre d'enseignement supérieur* (sauf si le droit de port d'armes a été seul interdit) (loi du 12 juillet 1875, art. 8).

L'interdiction des droits de l'article 42 a toujours une durée limitée. Elle peut être :

a) De cinq à dix ans, pour les délits prévus par les articles 142, 143, 155, 156, 158, 160, 174, 228, 241, 251, 305, 309, 362, 363, 364, 365, 366, 387, 388, 389, 399, 400, 401, 405, 406, 410, 418 et dans les cas prévus par l'article 463 §§ 6 et 7 C. pén. ;

b) De dix ans au plus, pour le délit de l'article 123 C. pén. ;

c) Pour un temps égal à celui de l'emprisonnement prononcé, dans le cas de l'art. 86 C. pén. ;

d) Pour une durée laissée à l'appréciation des tribunaux (1), dans les cas prévus par les art. 89 et 91 C. pén.

II. — Le tribunal peut prononcer *l'interdiction de séjour :*

a) De deux à cinq ans, contre les individus condamnés en vertu des articles 334 § 1 (art. 335), 415, 419, 452 C. pén. ;

b) De deux à dix ans, contre ceux condamnés en vertu des articles 315 et 317 C. pén. ;

c) De cinq à dix ans, contre ceux condamnés en vertu des articles 57, 58, 142, 143, 156, 174, 221, 228, 246, 251, 305, 326, 343, 362, 363, 364, 365, 366, 387, 388, 389, 399, 400, 401, 418, 444, 463 §§ 6 et 7 C. pén. ;

d) de dix à vingt ans, contre ceux condamnés en vertu des art. 334 § 2 et 335 C. pén.

III.— Les notaires et officiers ministériels peuvent être déclarés déchus des droits *de vote, d'élection et d'éligibilité* par une disposition formelle du jugement ou de l'arrêt de destitution. Cette déchéance est encourue par les greffiers destitués lorsqu'elle a été expressément provoquée en même temps que la des-

---

(1) Peut-être même à perpétuité.

titution par un jugement ou une décision judiciaire. Les uns et les autres cessent alors d'être inscrits sur les listes électorales (art. 3 de la loi du 10 mars 1898, modifiant l'art. 15, n° 8, du décret du 2 février 1852).

IV.— En cas de condamnation pour délit de chasse, les tribunaux peuvent priver le délinquant *du droit d'obtenir un permis de chasse*, pour un temps qui n'excède pas cinq ans (loi du 3 mai 1844, art. 18).

V.— *Le préfet peut refuser le permis de chasse* (loi du 3 mai 1844, art. 6) :

a) à tout individu privé de l'un ou de plusieurs des droits énumérés dans l'art. 42 C. pén., pendant la durée de l'interdiction ;

b) aux individus condamnés pour divers délits énumérés sous les n°s 3, 4 et 5 de l'art. 6 de la loi de 1844, pendant cinq ans après l'expiration de la peine.

Toutes les incapacités et privations de droits ci-dessus énumérées, cessent du jour de l'arrêt qui prononce la réhabilitation. Le réhabilité peut être de nouveau chargé de fonctions publiques et revêtu des grades et dignités que sa condamnation lui avait fait perdre ; mais il lui faudra une nouvelle investiture, comme s'ils ne lui avaient jamais été conférés.

Enfin, la demande en divorce ou en séparation de corps ne pourra plus être motivée par une condamnation que la réhabilitation aurait effacée.

A l'inverse, la réhabilitation ne fait pas disparaître :

1° L'impossibilité d'obtenir la réhabilitation commerciale dans laquelle se trouvent les faillis condamnés pour banqueroute frauduleuse, vol, escroquerie et abus de confiance (art. 612, C. com., 634 § 2 C. I. cr.).

2° L'indignité de succéder établie par les art. 727 et

730 C. civ. Cette indignité ne résulte pas, en effet, de la condamnation, mais du fait même qui a motivé celle-ci et qui se trouve légalement établi par elle. Or, la réhabilitation efface la condamnation, mais elle ne saurait anéantir la matérialité d'un acte ou d'un écrit qui subsiste avec ses conséquences civiles (1).

3° La déchéance de la puissance paternelle encourue de plein droit (loi du 24 juillet 1889, art. 1er) ou facultativement prononcée (loi du 24 juillet 1889, art. 2, § 1 à 4). Mais la réhabilitation permet d'introduire une demande en restitution de la puissance paternelle (art. 15 de la même loi).

B. EFFETS DE LA RÉHABILITATION QUANT AUX CONSÉQUENCES CIVILES DE L'INFRACTION

La victime de l'infraction possède une action en réparation du préjudice causé. Pourra-t-elle exercer ses droits dans le cas où elle ne se serait pas encore portée partie civile ou n'aurait pas obtenu jugement au moment de la réhabilitation ? La question ne se posait pas avant la loi de 1885, puisque la condamnation pénale subsistait, nonobstant la réhabilitation, même au regard de la société ; mais aujourd'hui elle est effacée et l'on sait que l'action civile et l'action publique sont liées au point de se trouver soumises aux mêmes délais de prescription. Cependant l'amnistie qui fait disparaître le fait délictueux et produit ainsi un effet plus énergique que la réhabilitation, laisse, d'après certains auteurs et la jurisprudence de la cour su-

---

(1) Aubry et Rau, t. VI, pp. 281 et s.

prême, subsister les droits des tiers (1). « Le pouvoir social ne peut effacer ni le caractère dommageable du fait, puisque ce caractère ne dépend pas de lui, ni les obligations auxquelles ce fait a donné naissance, puisque ces obligations constituent des droits acquis pour les parties (2) ». D'un autre côté, la prescription de la peine acquise au condamné ne le libère pas des réparations civiles qui ne se prescrivent que par le délai de 30 ans. Enfin, lorsque la condamnation à des dommages-intérêts a été prononcée avant la demande en réhabilitation, celle-ci ne peut être pour le condamné un mode de libération, puisque, pour l'obtenir, il doit justifier qu'il s'est acquitté vis-à-vis de la partie civile. Il serait illogique de prétendre que lorsque l'action en dommages-intérêts, née de l'acte criminel, n'a pas encore été intentée au moment de la réhabilitation ou n'a pas encore reçu de solution, ce qui peut être indépendant de la volonté du tiers lésé, cette action devrait être considérée comme éteinte par l'effet de la réhabilitation. Nous n'hésitons pas à décider, au contraire, qu'elle subsistera. Il eût d'ailleurs été préférable que la loi s'expliquât formellement à cet égard (3).

Nous admettrons, pour des raisons identiques, qu'en cas de condamnation de plusieurs prévenus, si l'un d'eux obtient sa réhabilitation après le paiement

---

(1) Cass. 10 mars 1848 (D. 48-1-102); 9 février 1849 (D. 49-1-125); 2 mai 1878 (S. 78-1-48); 20 juillet 1878 (S. 80-1-89).

(2) Garraud, *op. cit.*, t. II, p. 452. — F. Hélie, *Pratique crim.*, t. I, p. 18.

(3) En ce sens Garraud, *op. cit.*, t. II, p. 484. — Brégeault et Delagarde, *op. cit.*, p. 64.

d'une partie seulement des frais de justice et des dommages-intérêts arbitrée par la cour conformément à l'art. 623 § 5, C. I. cr., les effets de la solidarité n'en persistent pas moins soit vis-à-vis du Trésor, soit vis-à-vis de la partie lésée, soit même vis-à-vis des autres condamnés (1).

Mais la partie civile ou le Trésor pourraient-ils, malgré la réhabilitation, faire usage de la contrainte par corps pour le recouvrement des dommages-intérêts et des frais? La question revient à savoir si la contrainte par corps doit être considérée comme une peine ou comme une simple épreuve de solvabilité. Dans sa conception primitive, la contrainte par corps n'était qu'une voie d'exécution, ainsi que l'avait déclaré et démontré un avis du conseil d'Etat du 15 novembre 1832. Mais ce caractère s'est atténué peu à peu et aujourd'hui la contrainte par corps est autorisée moins dans un intérêt privé que pour compléter le châtiment. Au cours des travaux préparatoires de la loi du 22 juillet 1867, on l'a souvent qualifiée de mesure pénale et plusieurs auteurs en ont conclu qu'elle était une sorte de peine (2). Il faudrait admettre alors que la réhabilitation, de même que l'amnistie, effaçant toutes les conséquences pénales de l'infraction, prive le Trésor et la partie civile de ce mode de recouvrement (3).

---

(1) En ce sens Brégeault et Delagarde, *op. et loc. cit.*

(2) Notamment Sourday. *Traité de la responsabilité*, t. I, n° 212.

(3) En ce sens, Garraud, *op. cit.*, 2ᵉ édition, t. II, p. 353. — En sens contraire, Garraud, *op. cit.*, 1ʳᵉ édition, t. II, p. 146 et 2ᵉ édition, t. II, p. 453. La jurisprudence, qui ne s'est prononcée que pour l'amnistie, paraît hésitante. Cass. 16 mars 1862 (S. 63-

Nous savons maintenant ce qu'il faut entendre par ces mots : « la réhabilitation efface la condamnation ». Le législateur a voulu surtout indiquer que la condamnation ne pourrait plus servir de base aux peines de la récidive, mais il a employé une expression à notre avis trop large. Si la réhabilitation effaçait complètement la condamnation, elle devrait, de même que l'amnistie, l'anéantir avec toutes ses conséquences dans le passé, ce que personne n'a jamais prétendu. Ne suffisait-il pas alors de dire qu'« elle ferait cesser « pour l'avenir tous les effets de la condamnation » ? C'était la formule du code pénal de 1791, elle nous semble plus heureuse que celle de notre article 634.

SECTION II

Réhabilitation de plein droit

Qu'elle résulte de la loi du 26 mars 1891 ou de l'article 10 de la loi du 5 août 1899, la réhabilitation de plein droit produit des effets absolument identiques à ceux de la réhabilitation judiciaire.

I. LOI DU 26 MARS 1891. — 1° La réhabilitation judiciaire efface la condamnation. De même, à l'expiration du sursis, « la condamnation sera comme non « avenue » (art. 1er de la loi du 26 mars 1891).

Par suite :

1-89). Lyon, 15 août 1880 (S. 81-2-75). Bourges, 24 novembre 1881 (S. 81-2-79). Paris, 30 mars 1882 (S. 82-2-158). Alger, 27 février 1882 (S. 83-2-17).

Elle ne pourra servir de base à la récidive ;

Ni être comptée pour la relégation ;

Ni mettre obstacle à un nouveau sursis.

2° Les extraits délivrés aux parties ne doivent pas relever la condamnation effacée par la réhabilitation judiciaire. De même : « Si aucune poursuite suivie de « condamnation, dans les termes de l'article 1er § 2, « n'est intervenue dans le délai de cinq ans, la con- « damnation ne doit plus être inscrite dans les extraits « délivrés aux parties » (art. 4 § 2 de la loi du 26 mars 1891). Ne sont pas inscrites au bulletin n° 3... « 2° les « condamnations effacées par la réhabilitation ou par « l'application de l'article 4 de la loi du 26 mars 1891, « sur l'atténuation et l'aggravation des peines » (loi du 5 août 1899, art. 7).

3° La réhabilitation judiciaire fait cesser pour l'avenir toutes les incapacités résultant de la condamnation. De même encore : « Les peines accessoires et les inca- « pacités cessent d'avoir effet du jour où, par applica- « tion des dispositions de l'article précédent, la con- « damnation aura été réputée non avenue » (art. 2 § 3 de la loi du 26 mars 1891).

4° En rapprochant les §§ 1 et 3 de l'art. 2 de la loi du 26 mars 1891, on voit que l'échéance du sursis ne s'oppose ni au paiement des dommages-intérêts ou des frais, ni à la poursuite du débiteur. En ce qui con- cerne l'exercice de la contrainte par corps, la même question se pose que pour la réhabilitation judiciaire.

II. Loi du 5 août 1899. — L'article 10 de la loi du 5 août 1899 ne mentionne aucun des effets de la réha- bilitation qu'il institue : « La réhabilitation sera ac- « quise de plein droit », se borne-t-il à dire. C'est un renvoi pur et simple au code d'instruction criminelle.

Mais il faut bien se garder de croire que la réhabilitation de droit pourra jamais avoir toutes les conséquences que nous avons attribuées à la réhabilitation judiciaire. Elle n'intervient que dix ans au moins après l'exécution de la peine ; or, à cette époque et par la seule action du temps, la situation du condamné se trouvera déjà très améliorée :

1° La péremption établie par l'article 8 de la loi de 1899 aura fait disparaître la condamnation du bulletin n° 3. Une difficulté se présente toutefois dans l'hypothèse de condamnations multiples. Pour celles-ci, la péremption précèdera la réhabilitation de droit :

. *a)* Dans tous les cas, si l'on admet le système de la chancellerie en ce qui concerne les condamnations à l'amende postérieurement encourues (1) ;

b) Sauf exceptions, quand la condamnation nouvelle est à une peine d'amende, dans le système que nous avons soutenu. En effet, il pourra arriver alors que, pour la première condamnation, la réhabilitation précède la péremption, notamment lorsque la peine n'aura été que de six mois ou moins. Si ce résultat se produisait, la réhabilitation effacerait la première condamnation du bulletin n° 3 avant le délai fixé par l'article 8 n° 3 *in fine* (2).

2° La réhabilitation de droit ne s'oppose qu'à la récidive de peine criminelle à peine criminelle (art. 56 code pénal). En effet, lorsqu'elle est acquise, le délai de cinq ans fixé pour la récidive de peine criminelle à peine correctionnelle ou de peine correctionnelle à

---

(1) Voir *supra*, pp. 185 et suiv.

(2) C'est une nouvelle conséquence du manque d'harmonie entre les deux amendements de M. Bérenger.

peine correctionnelle se trouve expiré (art. 57 et 58 code pénal).

3° Elle n'empêche pas la relégation, pour laquelle toutes les condamnations doivent être comprises dans un intervalle de dix ans.

4° Elle permet de bénéficier de la loi de sursis, mais il paraît douteux qu'en fait les tribunaux l'appliquent.

4° Elle ne fait cesser que les incapacités qui survivent plus de dix ans à l'exécution de la peine. De ce nombre nous citerons :

a) La dégradation civique et les incapacités de la loi du 31 mai 1854 qui frappent les condamnés aux peines criminelles ;

b) L'obligation de résidence perpétuelle à la colonie qui se trouve ainsi réduite, en cas de condamnation unique, à une durée *maxima* de vingt ans ;

c) L'interdiction de séjour, dans les cas très rares où, prononcée pour plus de 10 ou 15 ans, elle accompagnerait une peine égale ou inférieure à six mois ou à deux ans ;

d) L'incapacité électorale, perpétuelle ;

e) L'incapacité d'être juré, perpétuelle ;

f) L'incapacité d'ouvrir un débit de boissons, perpétuelle ;

g) L'incapacité d'enseigner, perpétuelle ;

h) L'incapacité de se présenter à la Bourse, d'être agent de change, etc. ;

i) L'incapacité d'exercer des fonctions publiques, perpétuelle ou pour plus de dix ans ;

j) L'incapacité d'être tuteur, curateur, etc., pour plus de dix ans ;

h) L'incapacité de témoigner en matière civile.

Cette simple énumération nous permet de démontrer que l'on pouvait, sans introduire dans notre législation le dangereux principe de la réhabilitation de droit au profit de condamnés n'ayant pas bénéficié du sursis, arriver à améliorer la situation des plus intéressants d'entre eux, les seuls dont M. Bérenger ait parlé au Sénat.

Procédons en effet par élimination.

Nous ne pouvons admettre la réhabilitation de droit au profit des individus condamnés à une peine afflictive ou infamante. L'immoralité dont ils ont fait preuve justifie toutes les mesures prises à leur égard, et, avant d'y mettre fin, il faut exiger d'eux les marques les plus certaines d'un amendement soutenu.

La réhabilitation de plein droit ne devrait pas non plus mettre fin aux incapacités qui s'opposent à l'exercice de certaines fonctions demandant une honnêteté particulière, au point que si elles sont confiées à des indignes, les intérêts des tiers peuvent se trouver gravement compromis. Nous citerons, en première ligne, les fonctions publiques, celles de juré, d'instituteur, de professeur. L'interdiction de ces fonctions spéciales n'est d'ailleurs pas de nature à porter préjudice au condamné. Nul ne s'étonnera que tel ou tel n'ait jamais figuré sur la liste du jury, ne soit pas fonctionnaire ou professeur ; tout au plus pourra-t-on s'étonner de ce qu'il a cessé de l'être, mais la réhabilitation légale ne lèvera pas ce soupçon.

Nous en dirons autant, en raison de la nature particulière des délits qui les motivent, de la perte des droits de se présenter à la Bourse, d'ouvrir un débit de boissons, de témoigner en matière civile, d'être tuteur, curateur, etc.

Reste l'incapacité électorale perpétuelle. C'est à elle

surtout que s'en prend M. Bérenger (1). Nous sommes
tout à fait de son avis, et nous trouvons étrangement
rigoureuses, presque injustifiables, plusieurs exclu-
sions prononcées par le décret de 1852, notamment
celle des condamnés pour vol, escroquerie, abus de
confiance, vagabondage ou mendicité, ayant encouru
une peine qui peut ne pas dépasser vingt-quatre heures de prison. Fréquemment les citoyens sont appelés
à élire leurs représentants aux assemblées municipales, départementales ou parlementaires ; les parents
du condamné, ses amis ne tarderont pas à remarquer
qu'il s'abstient de voter, qu'il ne reçoit pas de carte
d'électeur ; on l'interrogera, on s'étonnera de son
indifférence. Quelle explication donnera-t-il, quels
faux-fuyants sera-t-il obligé d'inventer ? Malgré tous
ses efforts, la vérité finira par se découvrir, d'autant
plus cruelle qu'elle était restée plus longtemps ignorée ! Guidé par un noble sentiment de commisération,
le législateur a voulu défendre contre cette perpétuelle
menace tous ceux qui, sans justifier d'un amendement effectif, n'ont plus encouru les rigueurs de la
justice pendant de longues années. Nous y applaudissons. Mais, afin d'éviter les surprises, n'aurait-on pas
dû attaquer le mal dans sa racine ? Au lieu de rayer
d'un trait de plume toutes les incapacités pour en effacer une, n'aurait-on pas mieux fait de ne s'en prendre
qu'à l'incapacité électorale, la seule que l'on tenait à
faire disparaître ? Le décret-loi du 2 février 1852 a été
inspiré par un esprit de réaction contre le suffrage
universel que le gouvernement provisoire, revenant
aux principes de 1789, s'était empressé de décréter.

---

(1) Voy. *supra*, p. 237, et *Rer. pénit.*, 1898, pp. 803 et s.

Cet esprit de réaction avait déjà valu à la France la loi funeste du 31 mai 1850 accompagnée de la fameuse sortie de Thiers sur « la vile multitude » ; il avait permis le coup d'Etat du 2 décembre, il devait faciliter le rétablissement de l'Empire par le triomphe de la candature officielle. Que ne revient-on aux dispositions plus libérales de la loi du 15 mars 1849? Faut-il rappeler les éloquentes paroles de V. Hugo à l'Assemblée législative: « Voyez, Messieurs, comme ce qui est profondément juste est, en même temps, profondément politique. Le suffrage universel, en donnant un bulletin à ceux qui souffrent, leur ôte le fusil ; en leur donnant la puissance, il leur donne le calme... Dissoudre les animosités, désarmer les haines, faire tomber la cartouche des mains de la misère, relever l'homme injustement abaissé et assainir l'esprit malade parce qu'il y a de plus pur au monde, le sentiment du droit librement exercé ; montrer aux souffrances une issue vers la lumière et le bien-être, inspirer aux masses cette patience forte qui fait les grands peuples, voilà l'œuvre du suffrage universel, œuvre éminemment sociale au point de vue de l'Etat, éminemment morale au point de vue de l'individu (1)! » Adoucir les rigueurs du décret de 1852, voilà ce qui s'imposait et, loin de s'y refuser, nos Chambres républicaines auraient été heureuses d'accomplir cet acte d'humanité. N'eût-il pas mieux valu le leur demander franchement que d'abuser de leur sensibilité pour leur arracher, par un vote trop hâtif, la réhabilitation de plein droit ?

---

(1) Séance du 20 mai 1850.

APPENDICE

DE LA RÉHABILITATION GRACIEUSE

La réhabilitation judiciaire ne s'obteint qu'à des conditions et suivant une procédure déterminée ; la réhabilitation légale s'acquiert de plein droit, mais exige encore certaines conditions. N'est-il pas permis d'échapper même à celles-ci et la réhabilitation ne pourrait-elle être accordée instantanément, par la seule volonté du pouvoir chargé de faire exécuter la sentence et qui, disposant du droit de grâce, a la faculté de renoncer à cette exécution ?

Depuis la loi de 1885, la réhabilitation produit des effets qui ne sauraient incontestablement résulter de la grâce. En effaçant la condamnation du casier judiciaire, en l'anéantissant au point de vue de la récidive et de la relégation, elle se rapproche de l'amnistie, œuvre du pouvoir législatif, et ses conséquences dépassent le domaine dans lequel peut s'exercer le droit de grâce. Mais en faisant cesser pour l'avenir les incapa-

cités et privations de droits, elle met fin à de véritables peines. La grâce, qui dispense de l'exécution de
la peine principale, ne peut-elle *a fortiori* dispenser
de ces peines accessoires ou complémentaires ? A ce
point de vue, mais à ce point de vue seulement, on
peut se demander s'il existe une réhabilitation gracieuse (1).

Remarquons d'abord que plusieurs dispositions légales autorisent le pouvoir exécutif à restituer à certains condamnés la jouissance des droits dont ils se
trouvent privés :

1° En ce qui concerne les condamnés aux travaux
forcés à temps, le gouvernement peut rendre aux libérés l'exercice dans la colonie de tout ou partie des
droits visés dans les § § 3 et 4 de l'article 34 C. pén.
(loi du 30 mai 1854, art. 12 § 4);

2° L'article 4 de la loi du 31 mai 1854 permet au gouvernement de relever les condamnés à une peine
afflictive perpétuelle de tout ou partie de l'incapacité
de disposer ou de recevoir à titre gratuit établie
par l'article 3 ;

3° Le gouvernement peut, sur l'avis du gouverneur
en conseil, accorder aux déportés l'exercice de tout
ou partie des droits dont ils sont privés par l'art. 34
C. pén. (loi du 25 mars 1873, art. 16).

4° La surveillance de la haute police, remplacée par
l'interdiction de séjour, peut être remise ou réduite
par voie de grâce et même peut être suspendue par
mesure administrative (art. 48 C. pén. modifié par la
loi du 23 janvier 1874);

---

(1) On sait qu'en Belgique la grâce peut s'appliquer aux incapacités. — Cf. *supra*, p. 139.

5° En cas de remise gracieuse de la peine principale, le condamné à la relégation peut en être dispensé par une disposition spéciale. Cette dispense par
voie de grâce peut aussi intervenir après l'expiration
de la peine principale (loi du 27 mai 1885 art. 15). —
Le gouvernement peut encore accorder aux relégués
l'exercice, sur le territoire de la relégation, de tout ou
partie des droits civils dont ils auraient été privés
par l'effet des condamnations encourues (art. 17 de la
même loi),

Mais en dehors de ces cas exceptionnels, le gouvernement peut-il, par une décision gracieuse,
faire remise des incapacités? Deux questions se
posent:

1° Un décret de grâce totale, mais ne contenant aucune clause relative aux incapacités, a-t-il pour conséquence de mettre fin à celles-ci?

2° Un décret de grâce totale ou partielle peut-il, par
une disposition spéciale, relever des incapacités encourues?

*1re question : Un décret de grâce totale, mais
ne contenant aucune clause relative aux incapacités, a-t-il pour conséquence de mettre fin à.cel-
les-ci?* La négative paraît incontestable. De la condamnation devenue irrévocable il résulte d'une part
la peine principale, d'autre part les incapacités;
par la grâce, même totale, le chef de l'Etat ne fait
remise que de la peine principale, le condamné ne la
subira plus, mais il restera frappé des incapacités sur
lesquelles les lettres de grâce ne se sont pas expli-
quées.

Un avis célèbre du conseil d'Etat en date des 8-17
janvier 1823, que nous avons signalé dans notre étude

historique (1), avait cependant admis une distinction.
Il décide en effet :

a) Que les lettres de grâce *accordées avant toute
exécution du jugement* emportent réhabilitation ;

b) Que les lettres de grâce obtenues *après l'exécution du jugement* et ne contenant aucune clause
relative aux incapacités ne produisent pas réhabilitation.

Les peines accessoires, dit le conseil d'Etat, ne sont
encourues que du jour de l'exécution de la peine principale ; or, si la grâce s'oppose à cette exécution, elles
ne peuvent atteindre le condamné qui en réalité ne s'y
est jamais trouvé soumis. Il n'y a donc pas lieu de demander la réhabilitation. Ce raisonnement pouvait
être exact, avant la revision de 1832, pour les peines
afflictives et infamantes qui ne se comptaient que du
jour de l'exposition. Mais les articles 23 et 28 c. pén.
modifiés par la loi du 28 avril 1832, donnent maintenant pour point de départ tant à la peine principale
qu'à la dégradation civique, le jour où la condamnation est devenue irrévocable. On aurait pu le soutenir
encore pour la mort civile, encourue seulement du
jour de l'exécution réelle ou par effigie (art. 26 c. civ.).
Mais la loi du 31 mai 1854 a supprimé la mort civile
et aux termes des articles 28 c. pén. et 3 de ladite loi,

_____

(1) Cf. p. 89. — Cet avis est intervenu dans l'espèce suivante.
L'article 5 de la loi sur les pensions militaires du 28 fructidor
an VII portait que le droit à la solde de retraite se perdait par
la condamnation à une peine afflictive ou infamante, jusqu'à
la réhabilitation. Sous la Restauration, un grand nombre de militaires, condamnés à des peines de cette nature, furent graciés ; ils se présentèrent au minstère des finances pour réclamer leurs pensions et alors s'éleva la question de savoir si la
grâce emportait réhabilitation,

la dégradation civique et l'incapacité de disposer et de
recevoir à titre gratuit atteignent le condamné à une
peine afflictive perpétuelle dès que l'arrêt est devenu
irrévocable (1). En toute hypothèse, la distinction du
conseil d'Etat est aujourd'hui contredite par les textes,
il faut la rejeter.

Quant aux motifs invoqués par le conseil d'Etat
pour démontrer que la réhabilitation ne résulte pas de
plein droit d'une grâce totale, quoique venant à l'appui
d'une solution juste, ils donnent prise à de sérieuses
critiques : « Considérant, dit l'arrêt, que l'article 68 de
la Charte a maintenu les lois qui n'y sont pas contrai-
res ; que la nécessité de la réhabilitation imposée par
le code d'Instruction criminelle au condamné pour
qu'il soit relevé des incapacités légales encourues par
l'exécution du jugement, n'a rien de contraire à l'article 67 de la Charte qui donne au roi le droit de faire
grâce et de commuer les peines ; qu'en effet la grâce
et la réhabilitation diffèrent essentiellement, soit dans
leurs principes soit dans leurs effets ; que la grâce dérive de la clémence du roi, la réhabilitation de sa justice ; que l'effet de la grâce n'est pas d'abolir le jugement, mais seulement de faire cesser la peine ; qu'aux
termes du code d'Instruction criminelle, le droit de
réhabilitation ne commence qu'après que le condamné a subi sa peine ; que l'effet de la réhabilitation
est de relever le condamné de toutes les incapacités
soit politiques, soit civiles qu'il a encourues ; que ces
incapacités sont des garanties données par la loi, soit
à la société soit aux tiers et que la grâce accordée au
condamné ne peut pas plus le relever de ces incapaci-

_____

(1) En cas de contumace, cinq ans après l'exécution par effigie, alors que l'arrêt peut encore être annulé.

tés que de toutes les autres dispositions du jugement qui auraient été rendues en faveur des tiers.... »

Toute la première partie de cette argumentation repose sur l'antithèse : « La grâce dérive de la clémence du roi, la réhabilitation de sa justice », si le souverain a accordé sa clémence au condamné, il ne s'ensuit pas qu'il l'ait fait bénéficier de sa justice. N'est-ce pas se payer de mots ? Toute justice émane du roi, mais elle est administrée en son nom par les juges qu'il institue et dont il ne peut révoquer les arrêts ; il n'a plus aucun pouvoir d'évocation ni de justice retenue ; la distinction des lettres de justice et des lettres de grâce a été abolie par le code de 1791 et, d'ailleurs, les lettres de réhabilitation se classaient parmi les lettres de grâce. Le conseil d'Etat a-t-il voulu rappeler sur quels principes philosophiques reposent la grâce et la réhabilitation ? Nous objecterons alors que la grâce, sous peine de devenir excessive et contraire à l'intérêt social, doit rester, non moins que la réhabilitation, un complément de la justice. D'autre part, surtout en 1823, la réhabilitation, pas plus que la grâce, n'abolissait le jugement. Le dernier considérant, beaucoup plus fondé, établit surtout que le souverain ne peut jamais relever des incapacités ; il nous conduit à examiner notre seconde question.

2ᵉ question. — Un décret de grâce totale ou partielle peut-il, par une disposition spéciale, relever des incapacités ?

Avec le conseil d'Etat, avec la doctrine pour ainsi dire unanime, nous refuserons au pouvoir exécutif le droit de relever les condamnés, par une grâce spéciale, des incapacités et privations de droits dont le jugement les a frappés ou qui résultent légalement de la condamnation. A l'appui de cette solution, nous présenterons trois séries d'arguments, les uns d'ordre historique, les seconds fondés sur les textes, les derniers purement théoriques.

a) Arguments historiques : En droit romain, *l'indulgentia* proprement dite, accordant la remise de la peine, laissait subsister l'infamie : « *indulgentia quos liberat notat* » ; elle se séparait nettement de la *restitutio* partielle ou de *l'integrum restitutio* qui seules faisaient cesser les incapacités (1).

La même distinction se retrouve dans notre ancien droit : « la grâce entache », disent les vieux juristes. « Nous remarquons que les lettres de grâce, quoique valablement entérinées, ne lavent point en général de de l'infamie encourue par la condamnation (2). « L'infamie ne cesse que par des lettres de réhabilitation et si parfois (3) les lettres de rappel de ban ou des galères et de commutation de peine ont pu en relever par une clause spéciale, cela provient de ce fait que le pouvoir de remettre les peines et celui de prononcer la réhabilitation se trouvaient encore réunis entre les mains du souverain. Mais bien que les unes et les autres émanent du roi, on a soin de distinguer les décisions qui modifient l'application de la peine et celles qui rendent la capacité.

L'Assemblée constituante creuse entre elles un fossé plus profond. Elle abolit le droit de grâce royal et confie à l'autorité judiciaire le soin de prononcer la

---

(1) Cf. *supra*, p. 29 et suiv.

(2) Richer. *Traité de la mort civile*, p. 519. — Cf. *supra*, p. 55 et suiv.

(3) Mais rarement ; Cf. *supra* p. 64.

réhabilitation (1). Dès lors celle-ci se dégage absolument de la grâce ; elle constitue un acte à part, d'une nature toute spéciale, et quand le sénatus-consulte du 16 thermidor an X vint restituer le droit de grâce au premier consul, il ne le lui rendit que sous réserve de l'exception créée par le code de 1791, en ce qui concerne la réhabilitation. En d'autres termes, dans le sénatus-consulte de l'an X et dans toutes les constitutions qui l'ont suivi, le droit de grâce n'a plus la même étendue qu'avant la Révolution ; il ne comprend pas plus le pouvoir d'accorder la réhabilitatiou que celui d'ordonner la revision des procès (2) ; on doit l'entendre dans le sens étroit que lui donnaient fréquemment déjà les anciens auteurs et le restreindre à la faculté de renoncer à l'exécution de la peine corporelle ou pécuniaire.

Le code d'instruction criminelle remit, il est vrai, à l'empereur la mission de statuer définitivement sur la réhabilitation, mais afin de rendre cette institution « plus utile » et non comme un corollaire nécessaire de son droit de grâce(3).Ne voit-on pas d'ailleurs quels conflits auraient pu s'élever entre l'autorité judiciaire et le pouvoir exécutif si l'on avait permis au souverain d'accorder la remise des incapacités *de plano* et au mépris d'un arrêt rejetant une demande

---

(1) Cf. *supra*, p. 74.

(2) On sait que les lettres de revision de procès et pour ester à droit comme celles de réhabilitation rentraient dans les lettres,de grâce proprement dites. Cf. *supra*, p. 55.

(4) Cf. *supra*, p. 82. « Maintenant *on peut* adopter un système différent « dit Cambacères » et non, maintenant *on doit*...

de réhabilitation, contre lequel la loi refusait tout recours ?

b) *Arguments de texte* : 1° Depuis 1832, la réhabilitation est ouverte aux condamnés qui ont bénéficié d'une décision gracieuse. Si la grâce avait pu mettre fin aux incapacités, n'eût-on pas soigneusement distingué entre le cas où le pouvoir exécutif aurait donné à la grâce l'effet de réhabiliter et celui où il l'aurait borné à la remise la peine.

2e La loi de 1852 étend la réhabilitation aux condamnés à la surveillance de la haute police considérée comme une incapacité à laquelle la grâce ne saurait s'appliquer (1).

3° Nous avons vu que plusieurs lois spéciales confèrent au gouvernement la faculté d'accorder à certains condamnés la jouissance de tout ou partie des droits dont ils se trouvent privés. Pourquoi ces dispositions particulières si le pouvoir exécutif avait en général le droit de faire remise des incapacités (2).

c) *Arguments théoriques* : L'énumération des incapacités dont la réhabilitation relève suffit pour montrer que la plupart constituent bien moins des peines infligées au coupable pour lui imposer une souffrance morale ou dans le but de l'amender que des garanties données à la société

---

(1) Cf. *supra*, p. 99. — L'exposé des motifs de la loi de 1852 déclare que : « la grâce agit sur les inflictions matérielles ou sur la peine » tandis que « la réhabilitation agit sur les inflictions morales ou les incapacités. »

(2) Dans l'exposé des motifs de la loi du 31 mai 1854, il est formellement reconnu « qu'une incapacité résultant d'une condamnation judiciaire ne peut être relevée que par la réhabilitation » (D. 1854-4-91).

et aux tiers pour les défendre contre l'immoralité du condamné. L'exécution de la peine corporelle ou pécuniaire est un droit que le jugement confère au pouvoir exécutif, celui-ci reste libre d'y renoncer ; quand il y renonce, les citoyens n'ont rien à dire, sauf qu'ils pourront rendre le gouvernement responsable de la manière dont il comprend la répression, s'il abuse de la grâce (1). Mais les incapacités, atteignant le condamné en dehors de toute exécution et par le seul fait que le jugement est devenu définitif, protègent directement les intérêts particuliers ; les tiers ont à cette protection un droit immédiat dont le gouvernement ne peut les priver. Pour lui permettre de le leur enlever il faudrait un texte qui n'existe pas.

L'avis du conseil d'Etat des 8-17 janvier 1823 observant dans les considérants reproduits ci-dessus que : « les incapacités sont des garanties données à la « société et aux tiers dont la grâce ne peut pas plus « relever le condamné que de toutes les autres disposi- « tions du jugement rendues en faveur des tiers » et ajoutant que « la prérogative royale ne peut aller jus- « qu'à dispenser les citoyens des obligations qui leur « sont imposées en vertu des lois maintenues par la « Charte et dont ils ne pourraient être relevés que par la « puissance législative », refuse également au souverain la faculté de dispenser des formalités de la réhabilitation même par une clause spéciale des lettres de grâce.

Cette opinion, admise par la généralité des au-

_____

(1) Tout décret de grâce est contresigné d'un ministre.

teurs(1), a cependant rencontré quelques adversaires,
en particulier Merlin et Blanche.

Merlin (2) soutient que non seulement le roi pourrait, par une disposition expresse, réhabiliter le condamné, mais que, même sans cette clause, les lettres
de grâce, quand elles remettent la totalité de la peine,
réhabilitent virtuellement. Nous avons déjà écarté
cette manière de voir, inadmissible surtout depuis
que la réhabilitation a été étendue à tous les condamnés graciés sans distinction.

Blanche (3) admet seulement qu'une disposition spéciale des lettres de grâce peut relever des incapacités.
Il se fonde sur ce que le sénatus-consulte du 16 thermidor an X a rendu au souverain le droit de grâce le
plus étendu, lui permettant d'accorder jusqu'à des
amnisties. En effet, sous le règne de Napoléon Ier,
plusieurs décrets d'amnistie avaient été rendus (4).
Les chartes de 1814 et de 1830 ne changèrent rien à
cet égard et la royauté nouvelle usa du droit d'amnistie comme le pouvoir précédent. La constitution
de 1848 remit au président de la République le droit
de faire grâce et réserva le droit d'amnistie au pouvoir
législatif, mais le sénatus-consulte du 25 décembre

(1) En ce sens : Demolombe. *Cours de code civil* t. I. p. 38.—
Aubry et Rau. *Droit civil*, 4ᵉ édit. t. I., p. 336, texte et note 6.
— Laborde, *op. cit.*, p. 403 et suiv. — Garraud, *op. cit.*, t. II,
p. 461 et suiv. — Favart de Langlade, *Répert. Vᵒ Réhabilitation.* — Lair, *op. cit.*, pp. 122 et suiv.

(2) Merlin : *Rép. vᵒ Mort civile*, § 1, art. 6, nᵒ 5 et § 2 ; *Questions vᵒ Grâce*, § 1.

(3) Blanche : *Etudes sur le code pénal :* t. I, pp. 192 et suiv.

(4) Décrets des 25 mars 1810, 9 décembre 1810, 15 juillet 1811,
16 août 1811, 13 juin 1813, etc.

1852 déclara dans son article premier que « l'empe-
« reur a droit de faire grâce et d'accorder des amnis-
« ties ». Or, dit-on, dès que le droit de faire grâce renferme celui d'accorder l'amnistie, il faut de toute
nécessité qu'il renferme aussi le droit de faire cesser
les incapacités qui résultent des condamnations. Nous
n'avons pas à rechercher si cet *a fortiori* est bien ou
mal fondé puisque, d'après l'article 3 de la loi constitutionnelle du 25 février 1875, le président de la République a droit de faire grâce, mais que les amnisties
ne peuvent plus être accordées que par une loi. L'opinion de M. Blanche, qui écrivait en 1861, manque
aujourd'hui de base et il le reconnaît lui-même par
avance, lorsque parlant de la Constitution de 1848, il
dit : « Assurément si cette Constitution était encore en
vigueur, il ne serait pas permis de revendiquer, au
profit du chef de l'Etat, le droit de remettre par ses
lettres de grâce, non seulement la peine proprement
dite, mais encore les incapacités qui en sont l'accessoire (1). » On peut donc considérer la solution que
nous avons soutenue comme ralliant l'unanimité des
auteurs.

Depuis l'avis du Conseil d'Etat de 1823, la jurisprudence décide uniformément que la remise gracieuse
même de la peine entière ne relève pas des incapacités (2). A notre connaissance, elle n'a jamais été appelée à statuer sur la validité d'une clause spéciale,
mais les motifs de plusieurs arrêts semblent indiquer
qu'elle entend refuser au pouvoir exécutif toute faculté

(1) Blanche, *op. cit.*, p. 197.
(2) Cass. 10 avril 1849 (S. 49-1-311). Cass. 6 novembre 1873
(S. 73-1-84). Cass. 4 août 1886 (S. 87-1-37).

de dispenser les condamnés des formalités de la réhabilitation.

Enfin, d'après M. Laborde (1), la chancellerie se reconnaîtrait le droit de remettre les incapacités : 1° s'il s'agit d'une peine principale ou complémentaire prononcée par le juge ; 2° si la grâce intervient avant l'exécution de la peine corporelle. Nous n'avons trouvé dans les recueils de décisions et circulaires ministérielles aucune trace de cette pratique dont nous n'avons jamais vu d'exemples ; si elle existe, elle ne nous paraît pas juridique.

Il reste à nous demander s'il serait désirable qu'une disposition iégale autorisait le pouvoir exécutif à faire remise des incapacités. Cette disposition existe dans le projet de code pénal français rédigé par la commission instituée en 1887 et dont le titre général a été publié en 1893 (2). Aux termes de l'article 41 : « La relé-« gation, *l'interdiction des droits politiques ou* « *civils*, l'interdiction de séjour, le placement dans un « établissement de travail, la confiscation spéciale et la « publication du jugement pourront être remisen tout « ou partie par voie de grâce (3). »

---

(1) Laborde *op., et loc. cit.*

(2) Voir le texte dans la *Revue pénitentiaire*, 1893, pp. 190 et suiv.

(3) Cette énumération embrasse toutes les peines accessoires (art. 10 du projet). *L'interdiction de certains droits politiques ou civils* comprend (art. 32) les droits : 1° de vote et d'éligibilité ; 2° de remplir aucune fonction ou emploi public ; 3° de faire partie d'un conseil de famille ; 4° de puissance paternelle, tutelle, curatelle, si ce n'est à l'égard de ses enfants et seulement en vertu d'un jugement du tribunal rendu après l'avis du conseil de famille et de l'administration pénitentiaire ; 5° d'être juré, expert ou témoin dans les actes ; 6° de témoignage en justice

Doit-on approuver cette mesure en ce qui concerne l'interdiction des droits politiquesou civils? En principe nous ne le croyons pas. La restitution des droits enlevés par une condamnation pénale ou disciplinaire touche à la capacité des personnes ; or, les questions de capacité sont, avant tout, de la compétence des tribunaux. On peut craindre aussi qu'un gouvernement n'abuse du droit de relever des incapacités politiques pour augmenter le nombre de ses partisans. On a d'ailleurs vivement contesté la légitimité du droit de grâce : « Si la peine est nécessaire, dit Bentham, on ne doit pas la remettre, si elle n'est pas nécessaire, on ne doit pas la prononcer (1). » « Le droit de grâce, c'est le procédé des législations primitives, c'est l'instrument grossier qui sert à une foule d'usages. Mais lorsque la législation se perfectionne, lorsqu'elle a des instruments plus spécialisés, mieux adaptés à leurs fins, pourquoi garder l'outil primitif, contemporain d'une civilisation, d'un régime social et politique disparus (2). » Nous n'irons pas jusqu'à souhaiter l'abolition du droit de grâce, mais nous pensons qu'il doit rester une voie de recours extraordinaire contre les erreurs et les surprises que la raison humaine n'a pu

---

autrement que pour y faire de simples déclarations. Elle est encourue de plein droit, en totalité et à perpétuité par tout condamné à l'emprisonnement perpétuel ou à la relégation ; elle est facultative, partielle ou totale et limitée à une durée variant entre cinq ans et le double de la peine principale, pour les individus condamnés à cinq ans au moins d'emprisonnement ou de détention et, en outre, dans les cas prévus par la loi.

(1) Bentham. *Théorie des peines et des récompenses*, liv. II, chap. XIX.

(2) M. Larnaude, professeur à la faculté de droit de Paris. *Rev. pénit.* 1899, p. 938.

conjurer ni prévoir. Nous voulons que la grâce demeure un *ultimum subsidium*. Pour mettre fin aux incapacités, il existe une procédure générale et ordinaire, celle de la réhabilitation. Pourquoi permettre aux condamnés de s'y soustraire, pourquoi ne plus leur imposer l'expiation préalable, pourquoi ne plus exiger d'eux aucune garantie d'amendement? Car le chef de l'Etat exerce son droit de grâce avec la plus absolue liberté. Il peut en faire bénéficier ceux qu'il veut, quand il le veut, sans leur fixer aucune condition, sans leur demander la moindre justification!

N'exagérons rien cependant. En fait, les recours en grâce qui paraissent susceptibles de recevoir une suite, sont adressés au parquet du tribunal ou de la cour qui a prononcé la condamnation. Le procureur de la République recueille tous les renseignements utiles et rédige un rapport circonstancié dans lequel il formule son avis. Le procureur général donne également son appréciation sur le mérite de la demande. A la chancellerie, la direction des affaires criminelles et des grâces soumet la requête à un dernier examen et tient grand compte de l'opinion des magistrats. Cette instruction administrative offre des garanties incontestables; on s'y préoccupe de la conduite du condamné et de sa moralité; on pourrait s'en informer avec plus de soin encore pour les individus qui voudraient être rétablis dans l'intégrité de leurs droits, afin de n'accorder cette faveur qu'à ceux dont l'amendement serait bien démontré. A tout prendre, pour relever des incapacités, nous préférerions donc la réhabilitation gracieuse à la réhabilitation de plein droit.

CONCLUSION

« On peut songer à prévenir les crimes en récom-
« pensant la vertu, observe Beccaria, la monnaie de
« l'honneur distribuée avec sagesse ne s'épuise jamais
« et produit sans cesse de bons fruits (1)». Tel est le but
de la réhabilitation judiciaire. Investie d'une puissance
presque surhumaine, puisqu'elle pardonne et qu'elle
remet les crimes, elle moralise les condamnés en leur
offrant le prix de leur bonne conduite, elle les soutient
pendant l'expiation par la pensée d'un relèvement
possible et les préserve de la corruption en leur donnant l'assurance qu'ils pourront effacer toutes les conséquences de leur faute ; elle rattache à la société
ses plus terribles ennemis et transforme en citoyens
utiles des hommes qui, privés de cette espérance, me-
naceraient incessamment son repos. De toutes les ressources que la science pénitentiaire met à la disposition du législateur, il n'en est pas de plus morale, de

---

(1) Beccaria. *Des délits et des peines*, édit. F.-Hélie, p. 219.

plus élevée, de plus conforme aux idées de justice et d'humanité.

Applaudissons donc à toutes les réformes qui l'ont rendue plus facilement accessible, félicitons-nous de voir s'élever chaque année le nombre de ceux qui l'obtiennent. Hélas! il reste bien faible encore, si on le compare à cette armée de délinquants qui encombre les prétoires des cours d'assises et des tribunaux correctionnels. Sans doute beaucoup d'entre eux, récidivistes endurcis, ont depuis longtemps perdu toute idée de régénération; mais beaucoup aussi, même des plus coupables, se repentent sincèrement, sortent vainqueurs des périlleuses épreuves de la prison et réussissent à se reclasser. Pourquoi ne viennent-ils pas tous réclamer la récompense due à leurs persévérants efforts? C'est que, malheureusement, les intéressés connaissent trop peu la réhabilitation; ou bien ils l'ignorent tout à fait, ou bien ils se figurent qu'elle ne s'obtient qu'à grand'peine, qu'elle exige des démarches et des formalités coûteuses, qu'elle présente de sérieux dangers.

Nous avons montré combien ces craintes étaient vaines, mais nous voudrions qu'on cherchât à les écarter de l'esprit des condamnés. Les moyens ne manqueraient pas. Il suffirait d'indiquer aux détenus à quelles conditions ils peuvent obtenir leur réhabilitation, dans quelles formes et à quelle autorité la demande doit être faite, en précisant surtout ce point que la procédure en est gratuite. On devrait afficher dans l'intérieur des prisons, dans les préaux et dans les cellules, les principales dispositions de la loi. Au moment de la libération, le directeur ou le gardien-chef devrait prendre à part l'homme qui va rentrer dans la société, lui expliquer les avantages de la réhabilitation et lui remettre une note claire et concise lui faisant connaître les formalités à remplir. Enfin, dans les conférences et les visites que les sociétés de patronage organisent avec un dévouement au-dessus de tout éloge, l'un des sujets que l'on pourrait le plus utilement traiter, ne serait-ce pas justement celui qui nous occupe?

Si l'on joignait à cette propagande en faveur de la réhabilitation les quelques simplifications de procédure que nous avons signalées, nous croyons que les statistiques feraient bientôt ressortir des résultats aussi inattendus que ceux qui suivirent la réforme de 1885.

En l'état, il faut s'attendre à voir baisser dans une notable proportion le chiffre des demandes. N'oublions pas, en effet, que la réhabilitation de plein droit va faire une terrible concurrence à la réhabilitation judiciaire, la seule efficace, la seule vraie! A quoi bon nous adresser aux magistrats, penseront les plus avisés, puisque le temps, ce grand maître, nous donnera le certificat d'honneur que la justice nous refuserait peut-être? A quoi bon rechercher l'estime des honnêtes gens, puisqu'il nous suffit d'être assez adroits pour rester dans la marge du Code? Le repentir serait une naïveté! Et ils reprendront cette vie déréglée qui n'avait pas permis de leur accorder le bénéfice de la loi de sursis, évitant seulement d'encourir des condamnations multiples dont l'ensemble dépasserait un an!

Il nous reste toutefois un espoir. La réhabilitation de plein droit ne s'acquiert qu'au bout de longues années. Puissent les condamnés trouver ces délais excessifs; puissent-ils vouloir dépouiller au plus vite « cette fatale robe de Nessus » dont parlait M. le sénateur Bérenger, lorsqu'il défendait la loi du 14 août 1885; puissent-ils avoir à cœur de mériter leur pardon ! Alors qu'ils prennent courage ; qu'ils luttent pour racheter le passé, confiants dans l'avenir ; qu'ils se régénèrent par l'effort : ils y parviendront. Aux individus comme aux peuples, le travail garantit la victoire. « O travail, libérateur et sacré, c'est toi qui ennoblis et c'est toi qui consoles ! Sous tes pas l'ignorance se dissipe, le mal s'enfuit ! Par toi, l'humanité, affranchie des servitudes de la nuit, monte, monte sans cesse vers cette région lumineuse et sereine où doit se réaliser un jour l'idéal et parfait accord de la puissance, de la justice et de la bonté ! (1). »

---

(1) Discours de M. le ministre du commerce à l'ouverture de l'Exposition universelle de 1900.

TABLE DES MATIÈRES

Pages

AVANT-PROPOS. — Définition de la Réhabilitation.
— Plan de cette étude 1

PREMIÈRE PARTIE. — Histoire et Droit comparé.. 9

Chapitre I. — La Réhabilitation dans l'antiquité 11
Section I. — Grèce 11
Section II. — Droit romain....................... 13

Chapitre II. — Ancien Droit....................... 32

Chapitre III. — Droit intermédiaire................. 67

Chapitre IV. — La Réhabilitation dans le code d'instruction criminelle et jusqu'à la loi du 14 août 1885 81

Chapitre V. — Législation actuelle 111

Chapitre VI. — Droit comparé 131
Section I. — Réhabilitation sollicitée par le condamné 132
Section II. — Réhabilitation de plein droit 145

DEUXIÈME PARTIE. — Théorie actuelle....... 153

Chapitre I. — Des condamnés admis à la Réhabilitation. 155
Section I. — Réhabilitation judiciaire.............. 155
Section II. — Réhabilitation de plein droit.......... 169

CHAPITRE II. — Conditions de la Réhabilitation......... 194

Section I. — *Réhabilitation judiciaire*......... 194
Section II. — *Réhabilitation de plein droit* 224

CHAPITRE III. — Procédure............................ 239

Section I. — *Réhabilitation judiciaire*.............. 239
Section II. — *Réhabilitation de plein droit* 265

CHAPITRE IV. — Effets de la Réhabilitation............. 277

Section I. — *Réhabilitation judiciaire*.............. 277
Section II. — *Réhabilitation de plein droit* 304

APPENDICE. — De la Réhabilitation gracieuse ......, 313

CONCLUSION 329

IMP. BARBIER-MARILIER, DIJON

www.ingramcontent.com/pod-product-compliance
Lightning Source LLC
Chambersburg PA
CBHW060139200326
41518CB00008B/1081